崔　毅◎著

A Brief History of Europe Since 3500 BC

欧洲五千年简史

从希腊罗马到英国脱欧

金城出版社
GOLD WALL PRESS
北京·2019

图书在版编目（CIP）数据

欧洲五千年简史 / 崔毅著 .— 北京：金城出版社有限公司，2019.10（2024.5 重印）

ISBN 978-7-5155-1884-8

Ⅰ.①欧… Ⅱ.①崔… Ⅲ.①欧洲—历史—通俗读物 Ⅳ.① K500.9

中国版本图书馆 CIP 数据核字（2019）第 141055 号

欧洲五千年简史

作　　者　崔　毅
责任编辑　李　涛
开　　本　710 毫米 × 1000 毫米　1/16
印　　张　16.5
字　　数　260 千字
版　　次　2019 年 10 月第 1 版
印　　次　2024 年 5 月第 2 次
印　　刷　天津旭丰源印刷有限公司
书　　号　ISBN 978-7-5155-1884-8
定　　价　49.80 元

出版发行　**金城出版社**　北京市朝阳区利泽东二路 3 号（100102）
发 行 部　（010）84254364
编 辑 部　（010）61842989
总 编 室　（010）64228516
网　　址　http://www.jccb.com.cn
电子邮箱　jinchengchuban@163.com
法律顾问　北京植德律师事务所　18911105819

前 言

欧亚大陆的西部，从乌拉尔山到大西洋沿岸，有一片面积大约1016万平方公里的美丽丰饶的土地，这就是欧洲。欧洲是一个风景秀丽的地方，它有高山，有大河，有平原，有森林，有绿油油的阜地，有白皑皑的雪山，有层峦叠嶂的山峰，也有平和安静的山间峡谷和缓暖流动的林中小溪。就是在这片土地上，人类创造出了辉煌灿烂的古希腊文明与古罗马文化，成为现代欧洲文明的源头。

在长达千余年的中世纪，基督教成为欧洲的正统意识形态，基督教会的势力遍布欧洲各地。在13世纪，罗马教皇更是成为西欧各国的“万王之王”，基督教的宗教仪式也成为欧洲从王侯到农奴日常生活的一部分。从14世纪到17世纪，西欧开始了波澜壮阔的文艺复兴和宗教改革运动，当地的中产阶级与开明人士不顾基督教保守势力的迫害与威胁，冲破了基督教对人性的束缚，欧洲大地进入历史的新纪元。

15世纪后，在巨额利润的诱惑下，欧洲的一批航海家和冒险家扬帆远航，通过商业贸易与殖民活动，把欧洲和美洲、非洲、亚洲、大洋洲联系在一起，人类历史从此进入全球史时代，而欧洲从此也就成为世界文明的中心。18世纪在欧洲出现的工业革命更是把欧洲带入工业化的最前端，欧洲的生产力和势力范围获得了前所未有的发展，从

“海上马车夫”到“日不落帝国”，欧洲人俨然成为世界的主宰。

进入20世纪，欧洲面临着前所未有的挑战，一方面，美国与日本的迅速崛起对欧洲国家的霸主地位构成强有力的挑战；另一方面，欧洲各强国之间围绕殖民地和市场资源的争夺日益达到白热化程度，最终酿成了以欧洲为中心的两次世界大战，造成英、法、德等原先的欧洲强国实力大损，美丽富饶的欧洲大地满目疮痍。美国依靠其强大的经济和军事实力借机全面渗入欧洲的国际关系之中，西欧各国被迫沦为美国的小兄弟。

第二次世界大战后，西欧各国不甘沉沦，通过建立欧洲共同体走上了联合共荣的道路，各国摈弃前嫌，彼此开放市场，让资源得以在共同体各国之间自由流动。而东欧国家也在苏联的影响下进行了共产主义的艰难探索。到20世纪90时代初，随着东欧剧变、苏联解体，欧洲告别了原先的意识形态与军事对立，开始了新的融合进程，一体化程度更高的欧洲联盟就此诞生了。1999年元旦，欧洲的统一货币——欧元产生了，越来越多的欧洲国家从此采用了同一种货币。当然，欧洲的联合共荣之路并不是一帆风顺的，东西欧国家两种经济社会制度的磨合，英、法、德等国家围绕国家利益的博弈，各不同经济发展水平国家经济政策的协调，时刻都在考验着欧洲联盟。2008年以后，希腊等南欧国家爆发的欧债危机成为欧洲联盟国家不得不面对的难关。

数千年的欧洲历史，蕴含众多有趣的话题，风格各异的帝王将相，刀光剑影的政治斗争，血雨腥风的军事征伐，使得欧洲历史一直成为世界史研究的显学。接下来，让我们一起走进欧洲这片神奇的土地，来品味其中的兴与衰、荣与辱、善与恶吧！

目 录

第一章

希腊时代

欧洲文明的源头是希腊。现代欧洲的自由和平等观念，民主制度和科学精神，都可以在古希腊文明中找到痕迹。如德国大哲学家黑格尔所说：“一提到希腊这个名字，在有教养的欧洲人心中，自然会引起一种家园之感。”古希腊人因创造出远远超乎于他们所处时代的“成熟”文明而成为现代欧洲文明的先驱。

一、爱琴文明——欧洲文明孕育的摇篮

对于中国人来说，爱琴海是一片充满着浪漫气息的海洋，它位于地中海东北部、希腊和土耳其之间，爱琴海的海岸是一片地形特别美丽的地区。在那晶莹剔透的海水拍打着的长长的海岸线上，有着许许多多橄榄树果园、峻峭的山岩以及被松林拥抱着的广阔而素雅的海滩；牧歌式的渔村散落于平民疗养地和拥有5000年历史文化与神话遗产的古代文明之中。

（一）揭开爱琴文明的面纱

爱琴海是地中海东部的一片海域，它介于小亚细亚半岛西部和希腊半岛之间。爱琴海号称“多岛之海”，海面上散落分布着大大小小数百个岛屿，其中最大的岛屿是南端的克里特岛。爱琴文化分布于爱琴海地区，属于青铜时代的文化。该文化的中心起初在地中海上的克里特岛，后来转移到南希腊的迈锡尼。一直到19世纪70年代，人们都不知道在古典的希腊文化之前有一段光辉灿烂的爱琴文化。

▼爱琴文明

在19世纪70年代，通过划时代的考古发掘，人们才认识到了爱琴文明的存在。对此贡献最大的有两个人：一个是德国考古学家谢里曼（1822—1890）；另一个是英国考古学家伊文思（1851—1941）。

谢里曼是一个传奇式的考古学家，他自幼家庭贫困，童年是在不幸当中度过的。在他7岁的时候，哥哥送给他一本《图解世界史》儿童故事书，里面讲述了关于特洛伊战争的故事。他为之着迷，立下志向自学希腊语。后来他通过做石油生意成为一名富商。商海的风雨并没有泯灭他儿时的梦想。1868 年，他来到梦想的地方，寻找他梦中的特洛伊城。在得到当时统治希腊的土耳其政府的允许之后，他按照《荷马史诗》的记载去发掘，挖掘出了大量的金银器皿和黄金首饰。1873 年，他在土耳其的小亚细亚半岛西部爱琴海边挖掘出了特洛伊古城的遗址。1876 年开始，他又在希腊半岛先后挖掘出了迈锡尼时代的一些城市遗址和坟墓以及许多金银器具和武器。

1900 至 1905 年，英国考古学家伊文思继续谢里曼的考古挖掘工作，他在克里特岛上挖掘出了克诺索斯城的王宫及大量文物。此后的考古学家们又进一步挖掘研究，大量的材料证明了希腊神话和《荷马史诗》中所说的克里特和迈锡尼文明是确实存在过的。

发现者还是破坏者?

在挖掘过程中，谢里曼雇用 120 名民工，命令他们挖出了一道 130 英尺长的坑。有人讥讽道："他简直是在挖苏伊士运河，哪里像是在考古现场发掘！"谢里曼却不以为然地说："我的目的是掘出特洛伊，我估计它是较低地层遗址中的一个，我不得不破坏而放弃较上面的地层中许多有趣的遗址。"他的鲁莽与妄动使当时的一些学者十分不满，称他是"特洛伊第二个破坏者"。

（二）克里特文明

克里特文明的文字是一种线形文字，刻在印章、泥板上。后来迈锡尼人借用克里特的线形文字来拼写迈锡尼人的语言，所以把克里特的线形文字称为线形文字 A，而把迈锡尼的线形文字称为线形文字 B。由于线形文字 A 留存数量较少，同时似乎与印欧文字不属于同一种类型，至今没有被译读出来；而线形文字 B 在 1952 年被英国学者麦克尔·文屈斯译读出来。

据现今的考古发现，克里特文明的中心是克诺索斯城，克诺索斯的王宫是克里特文明最重要的遗迹。王宫东西和南北的长度有 150 米，中间有一个长约 60 米、宽约 30 米的大庭院，城中的王宫遗址结构复杂，千门百户且曲折相通，共有 300 多个房间，建筑面积达 1 万多平方米。遗址中不仅有国王的宝殿、接待室、卧室，还有众多的仓库和占整个王宫半数以上的手工作坊。更为奇特的是王宫中复杂的取水和排水系统，直到近代以前可能都是最为先进的。王宫的墙上、出土的器皿上都有各种各样表现自然景物和日常生活的绘画。

克里特岛不仅文化繁荣，而且商业也十分发达，独特的地理环境，使其成为当时地中海沿岸的贸易中心。克里特人在当时的地中海上拥有相当的霸权。克里特的壁画、印章上常常出现海神使用的武器——三叉戟的图案，这也是克里特当时拥有海上霸权的标志。从留存的壁画上的人物形象来看，这些人具有非洲人种和东方人种的特点，头发黑色卷曲，腰身纤细。

大约在公元前 1400 年，克里特文明神秘地衰落下去，原因不详。一般认为可能是受到来自大陆的希腊人的入侵所致；也有人认为是由于克里特北部的锡拉火山喷发，掀起海啸，火山灰覆盖了克里特岛。但从此米诺斯文明从克里特岛开始向外传播到爱琴海的诸小岛、希腊沿海地区和小亚细亚沿岸。

线形文字B的破译

为了破译线形文字 B，伊文思呕心沥血，但直到他 1941 年去世，仍然没有完全解读这种神秘的文字。1936 年，伊文思在伦敦召开以“久被遗忘的古代克里特文明及其神秘的文字体系”为主题的学术会议，与会者当中，一名年仅 14 岁的男孩对古代语言文字抱有极其浓厚的兴趣。他暗自发誓：一定要揭开克里特文字之谜。这个男孩就是麦克尔·文屈斯。经过多年的奋斗，文屈斯终于在 1952 年成功破译线形文字 B，无可辩驳地证明了这种文字是希腊大陆迈锡尼居民所使用的书写体系。遗憾的是，文屈斯于 1956 年死于一场车祸，年仅 34 岁。

（三）迈锡尼文明

大约在公元前 1600 年前后，希腊部落中的阿卡亚人自巴尔干半岛北部南下，进入希腊中部和南部，征服了当地土著居民，创建了以迈锡尼城邦为代表的迈锡尼文明。一般把希腊历史从大约公元前 1600 年到公元前 1100 年称为迈锡尼文明时期。

迈锡尼文明的范围包括希腊半岛的南部和中部以及克里特岛和爱琴海上的一些其他岛屿。迈锡尼文明时期，希腊半岛上出现了许多奴隶制国家，主要有迈锡尼、雅典、皮洛斯等。迈锡尼人曾经受到克里特文明的影响，但后来迈锡尼人的军事力量逐渐超过了克里特人。他们大约在公元前 1450 年左右渡海占领了克里特岛和克诺索斯城。

迈锡尼城邦内部组织严密，国王是最高统治者，总揽大权，以下是将军、侍从和各级官吏。当时社会基本组织是公社，其首领为长老，负责征收税收、征集徭役等事务。

迈锡尼的各个国家曾经建造了许多坚固的城堡，这些城堡一般建在山坡顶上，用巨石砌成城墙。建造这些城墙的巨石一般有 3 米长、1 米宽，由于石块非常巨大，后人认为这些城墙是神话传说中的独眼巨人建造的，称之为“独眼巨人墙”。迈锡尼文明遗址中还发掘出大批文物和金银器具，这在一定程度上印证了迈锡尼“黄金遍地”的说法。

公元前 13 世纪后半叶，希腊半岛的各个城邦国家组成联军，渡过爱琴海进攻富饶的特洛伊城。这场战争持续了大约 10 年，虽然特洛伊城最后被攻破，但希腊也元气大伤。大约在公元前 1100 年左右，迈锡尼文明走向衰亡。约公元前 12 世纪至公元前 11 世纪，居住在北方的多利安人大举南下，摧毁了迈锡尼文明。此后，从公元前 11 世纪到公元前 8 世纪被称为“荷马时代”。

“欧洲”名称的来历

“欧洲”的全称是欧罗巴洲。关于此名称的由来，有一个传说。在古希腊神话传说中，腓尼基国王有个女儿叫欧罗巴。一天，她梦见两个女神来到她面前，一个穿着本土的衣服，另一个穿着希腊长袍。穿希腊长袍的女神对她说：“我要带你走，你将成为天神宙斯的妻子。”本土女神想留住公主，但希腊女神还是把她拉走了。

后来，欧罗巴和女伴在海边嬉戏，被天神宙斯看见。宙斯爱上了她并决定把她抢走。宙斯变成一头非常美丽的公牛，它的毛像黄金一样闪闪发光，双角弯弯像银色的新月。公牛走到公主跟前，躺在她的脚旁，示意她坐上它的背。公主刚坐上公牛的背，宙斯变身的公牛便跳了起来，向大海奔去。奔腾的海浪一下子平静下来，牛在平滑如镜的海面上奔跑。欧罗巴惊慌地看着蔚蓝的天空和无边的海洋，问道：“古怪的牛，你是谁？你要把我背到哪儿？”宙斯说出了自己的名字，并告诉她抢走她是因为爱她，要同她一起去克里特。就这样，欧罗巴成了宙斯的妻子。这时，欧罗巴梦中的希腊女神出现了，原来她就是爱神阿芙罗狄忒，她对公主说：“你注定要成为天神宙斯的妻子，远离你的祖国。而你脚下的土地，将用你的名字命名，它叫欧罗巴。”

二、希腊城邦兴起

四年一次的奥林匹克运动会已经成为备受世人关注的国际盛事，众多体育健儿为实践更高、更快、更强的奥林匹克精神而刻苦拼搏，而奥林匹克运动会最早起源于公元前1000年的希腊城邦。城邦是当时古希腊国家社会存在的主要形式，在其中，斯巴达和雅典是风格迥异的两个典型。

（一）希腊城邦的形成

公元前12世纪，迈锡尼文明衰落之后，希腊大部分地区由尚处于氏族社会阶段的较为落后的多利安部落统治，与昔日相比，希腊半岛经济凋敝、文化处于荒芜状态，这种情况一直持续了300多年。因为与欧洲历史上黑暗、落后的中世纪相类似，所以人们常把这一时期称作“希腊的中世纪”。由于反映这一时期的资料只有一部《荷马史诗》，因此这一时期也被称作“荷马时代”。

随着时间的推移，希腊半岛的人口有所增长，农业技术也得到改进，农业生产的进步使得人口的迁移变得不那么频繁，这样在希腊半岛上定居的居民逐渐突破原来以血缘关系结成的氏族部落的限制，建立起以居住的地域为基础的社会组织，希腊人称之为“波里斯”的社会组织，它是希腊城邦的雏形。

▼ 古代希腊城邦

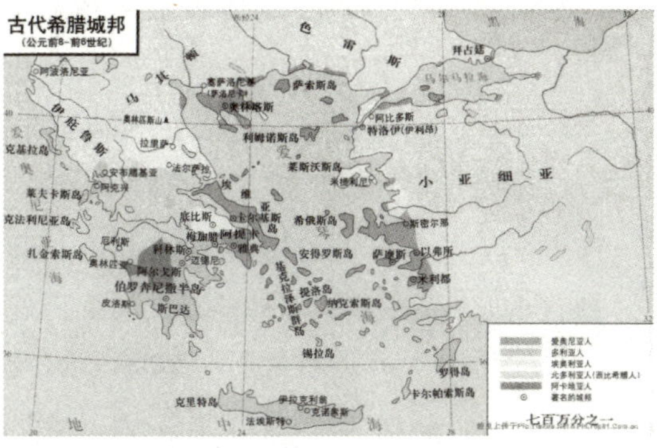

“波里斯”由城镇或者城市及其周围的乡村组成。在它的范围内，军事行动由执政官负责，其目的仅仅是代表“波里

斯”保卫国家和抵御外敌。宗教仪式也同样由“波里斯”的代表主持，并以全体公民的名义举行。随着部落的衰败和“波里斯”的强大，人们逐渐完全忠实于他们居住的城邦。“波里斯”所代表的共同利益能够同时也的确要求公民牺牲他们的时间、金钱甚至生命。

在此期间，希腊诸城邦开始了大规模向海外移民的行动，早期的移民多半带有农业的性质，目的是为了寻觅新的适合耕种的土地。后期的移民则和海外的商业发展有关，起初是为了建立航运相联系的商站，后来这些商业据点也就逐渐发展为新的城邦。移民的范围已经远远超出爱琴海的范围，东北到黑海沿岸，西到意大利半岛、西西里岛、西班牙的东南岸，南到尼罗河口、利比亚，到处都有希腊移民的足迹。公元前 8 世纪到公元前 6 世纪，希腊境内先后出现了 200 多个城邦，每个城邦国家的面积很小，往往只有 3000—5000 平方公里，人口也不过数万人。这些城邦一般都以一个城市为中心，联合周围的一些农村公社，作为城邦统治中心的城市通常建筑在小山之上以便于防守或者建在海滨以利于通航。其中，最重要的两个城市就是雅典和斯巴达。

“雅典”名称由来

据说，当雅典首次由一个腓尼基人建成时，波塞冬与雅典娜争夺为之命名的荣耀。最后达成协议：能为人类提供最有用东西的人将成为该城的守护神。波塞冬用他的三叉戟敲打地面变出了一匹战马，而雅典娜则变出了一棵橄榄树——和平与富裕的象征。因战马被认为是代表战争与悲伤，因此雅典城就以女神的名字命名为雅典。

（二）早期雅典和贵族政治

雅典城的建立大约是在公元前 8 世纪，坐落于希腊东南的阿提卡半岛。阿提卡半岛面积约 4100 多平方公里，大部分区域是山地，仅有三个小平原，土壤薄而贫瘠。在古代生产力低下的情况下，农产品产量很少。雅典城位于阿提卡半岛中央，最初只是一个渔村，但是由于地处地中海北岸的中心位置，所以它很快成为北地中海的商业中心并迅速地繁荣起来。

在公元前 8 世纪，雅典统一了阿提卡半岛，这时雅典人的手工业与农业开始分工，商业与航海业有了初步发展。雅典“王”提秀斯实行了初步改革，建立起国家机构的雏形，他在雅典设置中央管理机关，处理各个部族的共同事务。在公元前 753 至前 752 年之间，“王”权削弱，政权渐渐转入贵族之手而产生了贵族政治。

在贵族政治时期，贵族占有优越的政治地位，他们组成贵族院，掌有刑审、监察和决定国家大事的权力，并由贵族推荐，从贵族中选出执政官。起初，执政官是终身制，后来任期改为10年，最后变为1年一任。执政官最先只有1人，到公元前6世纪中叶增加到9人，分别掌管宗教、军事和司法等方面。这时雅典国家的真正权力机关是贵族院。贵族院不仅左右执政官，而且也为公民会议安排议程，在实际上控制了公民会议。

贵族对国家政治进行了全面的垄断，他们包揽官职，随意制定法律并在政治上压迫平民百姓，经济上则通过高利贷、土地兼并和债务奴隶制度使贫苦的农民、手工业者破产，流离失所，甚至卖儿卖女，无以为生。

（三）穷兵黩武的军事强国——斯巴达

斯巴达位于伯罗奔尼撒半岛南端（今希腊境内卡拉梅一带）。公元前800年左右，多利亚人的一支在斯巴达定居，被称为斯巴达人。公元前730年，斯巴达人通过军事手段，控制了整个伯罗奔尼撒南部，势力日渐强盛。

在政治制度上，斯巴达设国王两人，分别由两个家族世袭，平时权力不大，战时一个国王带兵打仗，一个国王留在国内处理政务。一切重要政务由长老会议负责处理，长老会议成员由两个国王和28位60岁以上的长老组成。公民大会由30岁以上的斯巴达男子组成，他们对长老会议的决议有表决权。另外，还设监察官1人，通过公民大会从年过60岁的贵族中选举产生，一年一选，负责监察政务及国王、长老。

▼斯巴达地图

斯巴达社会的阶级结构分为三个等级：全体斯巴达人（约9000户）为第一等级，他们既是奴隶主又是公民，享有一切政治权利，不从事生产劳动，作战是他们的主要职责。皮里阿西人（约3万户）是对斯巴达的统治比较服从的当地居民，他们没有公民权，但有人身自

由，他们被安置在斯巴达边界上的100个小城市，作为斯巴达人的外围，防御外敌的进攻。希洛人（约3.6万户）是被征服的当地居民，作为斯巴达国家的奴隶，从事繁重的生产及家务劳动。

为了镇压希洛人，防止他们叛变，斯巴达国家用青年组成秘密侦察队。这些斯巴达青年身带利刃巡行于希洛人之间，对认为形迹可疑者，当即刺杀。斯巴达监察官在就职时，总是对希洛人进行一次大规模屠杀。

斯巴达人不种田、不做工、不经商，更不注重文学、艺术和科学活动。他们用笨重的铁币作为货币，说明他们既不想从事国际贸易，也不想发展国内贸易。从事手工业、农业的是皮里阿西人和希洛人。在希腊城邦中，斯巴达的手工业发展缓慢、商业落后，唯一值得称道的是他们的军事作战能力。

斯巴达是希腊城邦中典型的军事化国家，其显著特点是对全体公民实行军事训练和兵营生活制度。斯巴达公民的一生从摇篮到坟墓都由国家管理和指导。斯巴达的婴儿出生后就要受到长老院长老们的挑选。如果长老认为哪个婴儿体质不良，就会把该婴儿抛到荒山野外，任其死去。儿童长到7岁后就离开家庭由政府负责训练，他们被编成少年队开始体育锻炼，并参加初步军事训练。随着孩子年龄的增长，团队的训练也越来越严格。他们总是剃着光头，赤脚，穿极为粗糙的衣服，晚上睡在自己编织的芦席上；到了冬天，席子里就夹杂一些蓟花絮来取暖。年满20岁的男性斯巴达人必须服兵役，而且得住在兵营，直到30岁才能过正常的家庭生活，但此时他们必须参加一种公民社团，每团15人，平时一起聚餐，一起扎营，在战时就组成一个共同作战的小队。他们还必须每日出操，直到60岁才可以结束这种军事生活。斯巴达人认为健壮的母亲才能生育健壮的儿童，因此，女子在出嫁前亦必须参加各种体育训练、竞技。

斯巴达独特的军事社会制度使它拥有其他城邦所不及的军事优势。到公元前6世纪，它已经成为伯罗奔尼撒半岛上最强大的国家，并且组成伯罗奔尼撒同盟，自居首领的地位。

斯巴达军事训练

斯巴达妇女很勇敢，也很坚强，她们不怕看到儿子在战场上负伤或死亡。一个斯巴达母亲送儿子上战场时，不是祝他平安归来，而是给他一个盾牌，说："要么拿着，要么躺在上面。"意思是说，要么拿着盾牌光荣胜利归来，要么光荣战死被别人用盾牌抬回来。

雅典卫城

在希腊古代遗址中，最为有名的当属雅典卫城。雅典卫城面积约 4 平方公里，位于雅典市西南部的卫城山丘上，始建于公元前 580 年。希腊语称其为“阿克罗波利斯”，原意为“高丘上的城邦”。当时主要用于修建神庙，同时又是城市防卫要塞。

帕特农神庙（Parthenon Temple，又称雅典娜神庙）是雅典卫城最著名的建筑，它是古希腊建筑艺术的标志，代表了古希腊建筑艺术的最高成就，被称为“神庙中的神庙”。顾名思义，雅典娜神庙是祭奉雅典娜女神的神庙，“雅典”之名即源于此。

帕特农神庙的雕刻装饰是由著名的建筑师和雕刻家菲迪亚斯设计的，从神庙西山墙中央的人像到最引人注目的排档间饰上都可以领略大师的伟大。帕特农神庙呈长方形，庙内有前殿、正殿和后殿，神庙长 70 米、宽 31 米，被 48 根立柱所环绕，每根柱子高 10 米、直径 2 米，内外比例对称，每根巨柱均向内微斜，这种独特的设计在美学原理上，矫正了视觉上的偏差，该神庙被认为现存最具均衡美感的伟大建筑。

▲帕特农神庙

三、雅典民主制度

希腊雅典的民主制度是世界文明史上的一朵奇葩。在其他国家和地区普遍处于专制王权统治之下时，唯独雅典在历史上建立了以普选为基础的相对完善的民主制度，对后世产生了极为深远的影响。

（一）梭伦改革

在公元前六七世纪，雅典城邦的阶级矛盾十分尖锐，贫民如果无法还清贵族的债务，贵族就在借债者的土地上竖起债务碑石，借债者就会沦为“六一农”（他们为贵族做工，收成的5/6给贵族，自己只有1/6）。如果收成不够缴纳利息，贵族便有权在一年后把借债者及其妻子、子女变卖为奴。在此背景下，雅典陷入严重的社会危机之中。基于此等形势，作为雅典民主制度奠基者的梭伦进行了划时代的改革。

▼梭伦雕像

梭伦（约公元前640—前558）是古希腊著名的政治家和诗人。他出身于贵族家庭，年轻时一边经商，一边游历，到过许多地方，漫游名胜古迹，考察社会风情，后被誉为古希腊“七贤”之一。梭伦早期的游历经商生涯，不仅丰富了他的知识和经验，而且使他了解了下层平民的疾苦，从而抛弃了贵族的特权意识，立场转移到平民方面。

公元前594年，梭伦当选为雅典的首席执政官。上任后，他马上进行了一系列取消贵族特权的改革。改革的第一项重要措施，就是发布“解负令”，规定“公民间所有的债务必须豁免，以后不允许任何人在放债时以债务人的人

▲梭伦改革前贵族的激辩

身作抵押”。“解负令”发布后，正如梭伦所言，“拔除了雅典城里到处竖立的债权碑”。他还立法按财产的多少将全体公民划分为四个等级，不同等级的公民享有不同的政治权利。谁的财产多，谁的等级就高，谁就享有较高的政治权利。第一、二等公民可担任包括执政官在内的最高官职，第三等公民只能担任低级官职，第四等级不能担任任何官职。这样新兴的工商业者可凭借自己的私有财产，跻身于城邦政权之中。这就打破了贵族依据世袭特权垄断官职的局面，为非贵族出身的奴隶主开辟了取得政治权利的途径。

梭伦还下令恢复公民大会，使它成为最高权力机关，决定城邦大事，选举行政官。一切公民，不论贫富，都有权参加公民大会。他还设立了新的政府机关——四百人会议，类似公民会议的常设机构，由雅典 4 个部落各选 100 人组成，除第四等级外，其他各级公民都可当选。此外，还设立了陪审法庭作为雅典的最高司法机关，每个公民都可被选为陪审员，参与案件的审理。梭伦推行的卓有成效的改革措施，为雅典民主制度的确立奠定了基础。

（二）克里斯提尼改革

梭伦改革以后，虽然雅典贵族的特权受到很大限制，但平民与氏族贵族的斗争依然十分激烈，保有血缘关系的氏族和部落组织的政治结构已经不能适应雅典进一步发展的需要。公元前 509 年，执政官克里斯提尼在平民的支持下对雅典的政治制度进行了进一步的改革。改革最重要的内容是打破了传统的部落制度，以 10 个地区部落代替原先的 4 个血缘部落作为选区单位，这就有力杜绝了贵族利用部落血缘关系操纵选举活动的弊端。

作恶的人每每致富，而好人往往受穷；但是，我们不愿把我们的道德和他们的财富交换，因为道德是永远存在的，而财富每天都在更换主人。

——梭伦

▲陶片放逐

陶片放逐法是古希腊雅典等城邦实施的一项政治制度，由雅典政治家克里斯提尼于公元前510年左右创立，约公元前487年左右才首次付诸实施。雅典公民可以在陶片上写出那些不受欢迎的人的名字，并通过投票表决将企图威胁雅典民主制度的政治人物予以政治放逐。

其次是改革四百人会议，将成员数目增至500人，每个部落各选50人，城邦的日常工作由五百人会议下设的若干委员会负责，有重大决策时，召集五百人全体会议，但会议的重要决策必须得到公民大会的批准。

再次是建立了一个十将军委员会，它由10个选区各选1人组成，共同统领军队，任期1年。最后，克里斯提尼还创立了“陶片放逐法”（Ostrucism）的制度，规定公民大会可以此进行投票，决定放逐危害国家的人。受此惩处者，于流放10年期满回国后，还可继续为国效力。

克里斯提尼改革巩固了梭伦以来雅典的民主政体，它以地域原则取代血缘原则，扫除了氏族制度的残余，从而奠定了雅典民主制度黄金时代的政治基础。

（三）伯里克利开创的“黄金时代”

伯里克利是希腊著名的政治家，出身贵族，是雅典统治阶级中很有见识和才干的人。伯里克利青年时代曾作为雅典公民忠实地执行军事勤务，也曾参与为限制贵族会议特权的斗争，他廉洁奉公，慎思明辨，多才多艺，在雅典公民中拥有很高的声望。公元前444至前429年一直担任十将军委员会的首席将军，成为雅典的实际统治者。在此期间，雅典民主政治达到雅典历史上的“黄金时代”，即马克思所说的“希腊最高峰的内部繁荣时期”。

当时雅典的最高权力机关是公民大会，按照雅典城邦的规定，公民大会由年满20岁的男性公民参加，每9天在雅典城两边的广场上召开，讨论并表决内政、外交、战争等国家大事。会上，每个公民都可以登上讲台对国家的政策和所有公职人员提出批评和建议。国家的一切重大决定必须经过公民大会讨论表决后方能生效。公民大会还是最高的立法机关，所有参加大会的公民都可提出议案，经公民大会通过，五百人会议审理，再交公民大会表决，陪审法庭批准，即成为法律。最高行政机关为五百人会议，对内处理国家日常事务，管理国库和档案，负责各项公共事业；对外代表国家，委派使节，接见并向公民大会介绍外国使节。最高司法机关为陪审法庭，没犯过法、不负国债、年满30岁以上的公民都可以当选为陪审员。法庭的判决由陪审员秘密投票决定，法庭主席仅仅主持审判程序的进行，不作任何结论，以保证判决不受其他因素影响。

为了保证一般公民都能担任国家公职，伯里克利制定了公职津贴制，规定除大将军外，所有担任公职的人员每日都可得到政府的津贴。在此背景下，雅典的公民把担任公职当作一种荣誉，谁要是一生中没有担任过任何公职，会被认作是懒汉和没有出息的人，那将是一生的耻辱。

雅典的政治制度到了伯里克利时期，公民成为国家的主人，他们有权监督官吏，制裁无视法纪的官吏，维护政府的廉洁和政局的安定。雅典公民由于有较多的民主权利，因而发挥了参政、议政的积极性，在保卫国家、国家管理、官员监察等方面发挥了极为重要的作用。与此同时，民主政治为雅典公民的主观能动性和聪明才智提供了尽情发挥的可能，使雅典在政治、经济和思想文化方面成为全古希腊的学校和样板，产生了大批彪炳史册的政治家、哲学家、戏剧家、历史学家、美术家等，为人类文明的发展作出了卓越贡献。

伯里克利的演讲

在雅典人纪念死去的战争英雄的一次集会上，伯里克利作了如下演讲：“我们的国体之所以被称作民主，是因为权力不是被少数人，而是被所有人民所掌握。当私人纠纷产生时，所有人在法律面前一律平等。正像我们的政治生活是自由而开放的那样，日常生活中我们的人与人之间的关系也是如此……在这里每一个个人不仅对他自己的私事感兴趣，也对整个社稷的大事感兴趣。”

宽宏大度的伯里克利

作为雅典杰出的政治家，伯里克利有着极为出色的个人修养，对人非常宽容大度。有一次，他开会回来，反对他的人跟在他身后一路辱骂他，但他却一声不响，直到走到自己家门口，他才叫奴仆点上一根蜡烛把辱骂他的人送回去。

伯里克利的爱妻阿斯帕西娅原先是妓女，但她才貌出众，智慧过人，尤其擅长文学和修辞，深受伯里克利的钟爱。伯里克利不计较别人如何议论，丝毫不为所动。他的这位妻子也受到希腊许多学者的称赞，就连古希腊哲学家苏格拉底、柏拉图和历史学家色诺芬也跟随她学习言谈技巧。柏拉图半开玩笑地说，伯里克利的演讲稿都是阿斯帕西娅起草的。苏格拉底是伯里克利的好友，也是他家中的常客。虽然苏格拉底的政治观点是反对雅典民主制的，但伯里克利还是愿意与他交友。

▲伯里克利

四、希波战争

公元前5世纪上半期，在地中海的爱琴海区域发生了一场历史上著名的战争。参战的一方是东方的波斯帝国，另一方是以雅典为首的希腊城邦。战争断断续续地进行了43年（公元前492—前449年），最后以波斯失败并承认雅典的海上霸权而告终，历史上称它为希波战争。

（一）战事初起

公元前6世纪，在伊朗高原的西南部，兴起了强大的波斯帝国。波斯人是雅利安人的一支，大约在公元前800年左右迁移到现在的伊朗。公元前558年，波斯的贵族居鲁士第一次把波斯各部族统一成为波斯王国。此后波斯统治者发动了一系列侵略战争，逐步征服了米底王国、吕底亚王国、爱琴海东部沿岸的希腊城邦以及巴比伦和埃及等地，形成一个空前的大帝国。

公元前492年夏天，波斯帝国皇帝大流士（公元前522—前486）借口雅典曾援助小亚细亚的希腊城邦米利都反抗波斯的起义，命令海陆大军沿色雷斯海岸向希腊推进。谁料当波斯舰队到达阿陀斯海角（在今希腊萨洛尼卡半岛南端）时，突然暴风骤起，波斯战舰顷刻间被巨浪击沉或互相撞沉，共有300艘战舰沉入大海，2万多名士兵葬身鱼腹。波斯的第一次侵略战争就这样不光彩地失败了。

▼ 全盛时期波斯帝国的疆域

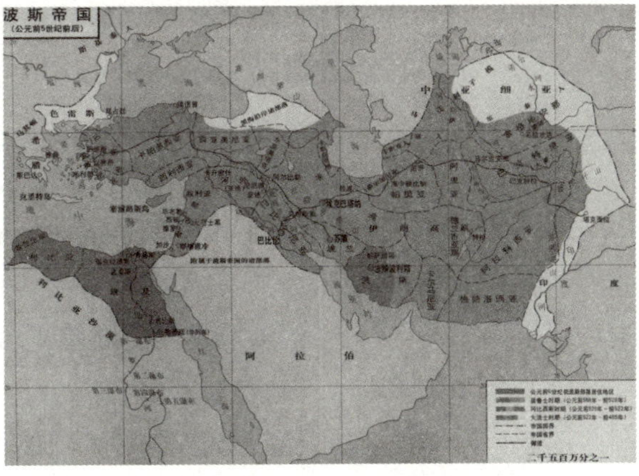

波斯第一次东征希腊失败后，便加速进行更大规模的备战活动。第二次东征前，大流士首先派使者到希腊各邦要求“土和水”，意思就是要他们无条件投降，并借此试探希腊各城邦的态度。当波斯使者到达雅典时，雅典人把他从悬崖抛入深渊。斯巴达人则把使者抬到井边，指着水井对他说：“井里有土又有水，你要多少就拿吧！”说毕，就把他扔下井去。希腊和斯巴达人的强硬态度大大激怒了大流士，他命令富有战斗经验的老将达提斯统率大军，第二次东征希腊。

（二）马拉松和温泉关战役

雅典处境危急，斯巴达则拒绝援助，雅典人民决心奋起反击。1万名全副武装的雅典军在著名将领米太亚得（Miltiades）的带领下，在马拉松与波斯军展开了历史性的决战。公元前490年9月12日的早晨，米太亚得命令部队在山坡上摆开阵势。为了不给敌方冲锋的机会，米太亚得决定先发制人，命令全军飞奔下坡，冲击敌阵。激烈的战斗就此开始。

波斯军很快突破了希腊军的中央阵线，希腊军且战且退，波斯军队步步紧逼。在这十分紧急的关头，雅典的两翼部队突然喊声雷动，从两侧夹攻敌军。波斯军由于拉长了战线，弄得三面受敌，首尾不能相顾，在败退中阵容大乱，死伤遍野。希腊军乘胜猛追，一直追到波斯军停靠舰队的地方。根据历史学家考证，在这次战役中，波斯军队伤亡6400余人，而雅典军队伤亡仅192人。马拉松战役后，波斯残兵退回亚洲，第二次希波战争以雅典军队大获全胜而告终。大流士此次失败后，不几年就死了，他把侵略希腊的野心遗留给了他的儿子薛西斯（Xerxes）。

波斯王大流士死后，他的儿子薛西斯登上王位。薛西斯为实现父亲的遗愿，发誓要踏平雅典，征服希腊。

在平定埃及各地的反抗后，薛西斯开始积极准备第三次东征希腊。他招募海陆大军，征集粮草，开凿运河。公元前480年春，薛西斯率领数十万海陆大军，渡过赫勒斯滨海峡，进入爱琴海地区。在大敌当前的情势下，以雅典和斯巴达为首的30多个希腊城邦捐弃前嫌、联合起来，组成军事同盟，公推拥有最强大陆军的斯巴达为盟主，统率海陆大军北上迎敌。

▲李奥尼达在温泉关

作为希腊联军的先头部队，驻守在温泉关（在希腊北部和中部的交界处）的联军总人数只有四五千人，其中战斗力最强的是斯巴达的300名重装步兵。驻守温泉关的全部希腊盟军都由斯巴达王李奥尼达（Leonidas）指挥。李奥尼达是一个坚强勇敢、富有战斗经验的领袖，他一面积极布防，一面派人到各个城邦请求援助。

根据温泉关地势险要、山道狭窄，部队无法展开，骑兵和战车派不上用场的特点，薛西斯采取了派步兵轮番冲击的强攻战法，企图利用人数的优势打垮斯巴达人。而斯巴达人却利用温泉关“一夫当关、万夫莫开”的地形优势，居高临下，用锋利的长矛凶狠地刺向手持波斯刀的敌人。波斯士兵一批一批地倒下，攻打了数日，却没能前进一步。

正当薛西斯无计可施的时候，一个贪图钱财不惜卖国叛变的当地农民来报告，说有条小路可以通到关口的背后。薛西斯一听，大喜过望，立即带领军队沿着荆棘丛生的小道直插后山。他们穿峡谷，渡溪流，攀山崖，黎明的时候，终于越过一片橡树林，接近山顶，于是直向温泉关背后插了进去。

李奥尼达得知波斯军迂回到背后时，知道大势已去。为保存实力，他把其他城邦的军队调至后方，只留下自己带来的300名斯巴达士兵断后。波斯军队前后夹攻，潮水般扑向关口，腹背受敌的斯巴达人奋勇迎战，进行了顽强的抵抗。他们的矛刺断了，就用剑砍，剑折了，就奋不顾身地拳打脚踢，甚至用牙咬。斯巴达人奋不顾身，接连四次打退波斯军，李奥尼达最终血洒疆场，壮烈牺牲。在失去首领后，斯巴达守军仍然坚持战斗，没有一个人逃跑，也没有一个人投降，直到波斯人用投枪把他们最后一个

李奥尼达出征

作为这支先遣部队的统帅，斯巴达的李奥尼达国王广受尊敬。希罗多德写道：“李奥尼达清醒地认识到这次出征是一次必死的行为，他统领的这支部队数量微小，根本无法取得最后的胜利，因此他从军队中挑选了那些已经育有儿子的精锐战士，将他们编入出征队伍。”普鲁塔克在他的《斯巴达妇女的话语》一书中提到，出征前当李奥尼达的妻子Gorgo鼓励完她的丈夫，最后问到还有什么嘱咐时，李奥尼达简单地回答：“嫁个好人，养育好孩子。”

人射倒为止。

为纪念他们的英勇行为，希腊人在此立碑，碑文上悲壮地写道：“异乡过客，请告诉斯巴达人，我们在这里尽忠死守，直至粉身碎骨。”斯巴达军队的英勇抵抗为雅典军民赢得了宝贵的时间，等波斯军队攻至雅典时，雅典已经只剩下一座空城，全城居民早已撤走，结果波斯军只得焚城以泄愤。

（三）萨拉米海战

战前预言

当时在希腊，一直流传着太阳神的一个预言：希腊的命运要靠木墙才能拯救！根据这个预言，有人主张把居民撤到山上去。可是，雅典杰出的海军统帅提米斯托克利对古老的预言有自己的理解。他说希腊的未来在海上，太阳神所说的木墙就是指大船。因此，他建议所有的妇女、儿童都坐船到亚哥斯的特洛辛和本国的萨拉米岛上躲避，所有的男人都乘着战船，集中到萨拉米海湾。雅典和其他城邦接受了他的建议，在木船的帮助下，最终取得胜利。

雅典城失陷后，雅典军队统帅提米斯托克利把全部海军力量集中到萨拉米岛附近，以图利用狭窄的海峡，使波斯的舰队不易灵活调动，从而战胜波斯海军。从双方海军的特点来看，波斯的船大、数量多，宜于在宽阔的海面上作战；雅典的船小、数量少，宜于在狭窄的海面上作战。急于求胜的薛西斯中了希腊人诱敌之计，公元前 480 年 9 月 20 日黎明，波斯海军开进萨拉米海湾。

希腊人在“为祖先的坟墓、为希腊诸神的祭坛而战斗”的口号鼓舞下，个个奋勇争先。船身较小的希腊战舰，在狭窄的海峡里运动自如，用猛攻战术打乱了波斯战舰的队形。而大型的波斯战舰则指挥调度失灵，自相撞击，前后不能呼应，处于被动挨打的境地。提米斯托克利见此情景，乘机指挥全军四面出击。希腊人越战越勇，直打到残阳如血的时候，海上漂满破舰的碎片。波斯海军已无心恋战，丢下落在水中的战友，灰溜溜地撤离了萨拉米海湾。

薛西斯在海岸上目睹了海战的全过程，眼睁睁地看着波斯舰船沉没的沉没，被擒的被擒，他心如刀绞，万万没有想到自己庞大的舰队败得如此惨烈，不由得顿足捶胸，失声恸哭，连自己华丽无比的皇袍也被扯得七零八落。他知道如果雅典的海军乘胜追击，极有可能切断波斯军队的后路。而且地中海的雨季就要来临，那样漫长的给养线也让他无法维持。他被迫做出退军的决定，自己先退回小亚细亚，其军队也随后离开雅典。经此一战，庞大的波斯帝国再度失败了。

在此期间，为共同抗击波斯的侵略，以雅典为首的许多希腊城邦成立了“雅典人和他们的同盟”，同盟的会址和金库都设在提洛岛，故称“提洛同盟”。公元前454年，同盟金库迁到雅典，入盟各邦实际上成了雅典的附属。是时，波斯因国内动乱，无力再战。公元前448年，雅典使节在波斯首都苏萨和波斯签订和约，史称《卡里阿斯和约》。和约规定，小亚细亚希腊各城邦独立，波斯放弃对爱琴海地区的统治。雅典一跃上升为爱琴海地区的霸主，就此取得了东地中海和黑海地区的海上霸权。

希波战争是古代世界史上很著名的一次战争。希腊历史家希罗多德为它写了一部有名的战纪，名为《历史》。在这本书中，希罗多德歌颂了希腊人的自卫战争，歌颂了雅典在自卫战争中的作用。

希腊在希波战争中取胜，使得西方世界的历史中心由两河流域向地中海地区转移，希腊文明得以保存并发扬光大，成为日后欧洲文明的基础。这次战争在一定程度上也加强了东西方的文化交流，打破了东西方几乎完全隔绝的局面，推动了社会的进步和发展。

马拉松长跑的由来

马拉松战役进行时，雅典人都自动汇集在雅典城的中央广场，翘首等待前线的消息。战役结束后，前线统帅米太亚得为了尽快让大家听到胜利的喜讯，派出快跑能手斐力庇第斯跑回雅典报信。此时斐力庇第斯已经受伤，但他毅然接受了任务。当斐力庇第斯满身血迹、筋疲力尽地出现在雅典人民面前时，他激动地高喊了一声“欢乐庆祝吧，我们胜利了”，便倒地牺牲。这个古代英勇信使的故事流传了2000多年，至今听来仍令人激动不已。人们为了纪念他，在奥林匹克体育运动会中，设立了马拉松长跑竞赛这一项目，并把战场至雅典的距离42.195公里，定为马拉松竞赛的长度。

五、伯罗奔尼撒战争与希腊城邦的衰落

希波战争后，希腊城邦雅典和斯巴达的矛盾逐渐上升，为争夺商业利益和海上霸权，雅典和斯巴达最终展开了一场长达30年的战争。这场战争使希腊地区生灵涂炭，社会经济遭到严重破坏，即使最后获胜的斯巴达，其实力也已是大不如前，希腊城邦自此一步步衰落，逐渐沦为新兴的马其顿王国的附属。

（一）雅典与斯巴达的矛盾

希波战争以后，希腊形成了两大集团：一个是以斯巴达为首的伯罗奔尼撒同盟；一个是以雅典为首的提洛同盟。提洛同盟虽然成立较晚，但它的盟主雅典拥有雄厚的经济力量和强大的海军，大有压倒伯罗奔尼撒同盟的趋势。雅典的扩张，严重触犯了斯巴达在伯罗奔尼撒地区的固有利益。

在政治制度上，雅典是实行民主体制的国家，并且到处扶植民主势力，这一基本政策正好和斯巴达的贵族专制制度针锋相对。斯巴达不仅在国内保持贵族政治，而且在其他国家支持贵族，它甚至以恢复希腊各邦的独立自主为口号，企图拆散提洛同盟，对雅典的扩张采取完全敌视的态度。在经济方面，雅典跟伯罗奔尼撒同盟中的手工业、商业城邦科林斯有不可调和的矛盾。希波战争之后，科林斯商业势力进一步向爱琴海北岸扩张，争夺雅典在这一海域的经济利益。而雅典也竭力向西地中海地区扩展势力，与科林斯进行激烈的竞争。斯巴达为了维护伯罗奔尼撒同盟的盟主地位，抑制雅典的扩张，争夺希腊霸权，采取坚决支持科林斯的态度。

（二）战争经过

公元前431年3月，伯罗奔尼撒战争由斯巴达同盟城邦底比斯夜袭雅典同盟城邦普拉提亚而正式打响。从战争爆发到公元前421年双方签订《尼西亚和约》止，这一阶段在伯罗奔尼撒战争史上被称为“十年战争”。战争开始阶段，双方实力几乎势均力敌，各有千秋。雅典财政力量雄厚，海军实力强大，而斯巴达陆军强大，尤其是重装步兵。

雅典领导人伯里克利认识到战争已经迫在眉睫，于是他对比双方实力，制定了坚守抗敌的策略。他知道斯巴达将采取陆上围攻的计策，就把雅典取胜的关键放在海上反击和城市固守等方面。为此他修筑并加固了连接雅典城和海港皮雷埃夫斯的长垣夹道，在他看来，只要此墙未破，雅典城就能安然无恙，还可凭其占优势的海军袭击斯巴达和伯罗奔尼撒同盟的城市。不想战争爆发不久，一场无法估计的灾难袭击雅典，使伯里克利战略功亏一篑。公元前430年，正当雅典周围的农村人口入雅典城避难时，由海外传来的鼠疫在密集的居民中迅速散布开来。此后一年多的时间里，雅典人口大量死亡。据估计，全城1/4的居民染疾而死，伯里克利也被瘟疫夺去了性命。

在第一阶段的战争中，双方各有胜负，呈相持之势，最后雅典主和派得势上台，双方于公元前421年订立了50年休战和约。按照和约规定，双方恢复一切常态，雅典许诺，如斯巴达奴隶暴动，须派兵援助斯巴达。第一阶段的战争至此结束。

▼伯罗奔尼撒战争

但和约并没有从根本上解决双方的矛盾对立，不久后战事又开，这一阶段的战争以公元前415年雅典发动西西里东征开始。当时，西西里岛最大城邦叙拉古与斯巴达是同盟，雅典想以空前规模的海上东征占领叙拉古，但结果事与

愿违，全军覆没。这次惨败使雅典的海军元气大伤，再也无力恢复，失败的命运在所难免。此后斯巴达不断出兵侵入雅典国内，长期盘踞在雅典城北面，雅典农村遭严重破坏，雅典城内又发生了 2 万奴隶大逃亡事件，致使雅典经济濒于崩溃。斯巴达一方则不仅拥有占绝对优势的陆军，还借波斯资助建立海军，实力大增。公元前 404 年，雅典海陆均被包围，城内粮源亦断绝，陷入饥饿贫困的境地，只得被迫投降，结束了长久的伯罗奔尼撒战争。

公元前 404 年的和约规定：解散提洛同盟；雅典只能保留 12 艘警卫用的舰只，拆除长垣通道和海港防御工事并加入伯罗奔尼撒同盟。这样，一败涂地的雅典被降为俯首听命于斯巴达的二等城邦，持续 30 年的伯罗奔尼撒战争就此结束。在战争中希腊各城邦相互攻伐，致使生灵涂炭、经济凋敝，希腊城邦由此逐渐走向衰落。

（三）希腊城邦的混战与衰亡

政治上的“修昔底德陷阱”

古希腊著名历史学家修昔底德的名言说，雅典和斯巴达的战争之所以最终变得不可避免，是因为雅典实力的增长以及这种增长在斯巴达所引起的恐惧。即在现实中，两个大国的战略判断与感情好恶的致命结合，随着时间的流逝，会导致健康的竞争变成你死我活的敌对，甚至更糟。

伯罗奔尼撒战争后，斯巴达成为希腊霸主，但其地位并不稳固，雅典以及原提洛同盟各邦的不满，伯罗奔尼撒同盟内的科林斯、底比斯等大邦也对斯巴达的独断专横进行抵制。波斯趁机利用希腊城邦之间的矛盾挑拨离间，使小亚细亚各地的希腊城邦接受了波斯的统治，希腊人在希波战争中的胜利成果丧失殆尽。

在此期间，底比斯成为中部希腊诸城邦的首领。公元前 371 年，底比斯以新组织的、锐势很盛的方阵军，在图克特拉城大败斯巴达。次年，底比斯军队深入伯罗奔尼撒半岛，一举成为希腊的新霸主。

但继起的底比斯霸权比斯巴达的还要短暂。底比斯根本算不上一个经济发达的城邦，它的民主派政权也没有像雅典那样的富有工商阶层作支柱。此后，国际形势发生了不利于底比斯的变化，雅典因为害怕底比斯的强大，转而和斯巴达结盟。公元前 362 年，孤立的底比斯全力进攻斯巴达。在曼提尼亚之战中，虽然底比斯战胜了斯巴达，但底比斯主帅战死，全军伤亡惨重，不可补救的军力消耗使一个依靠军事力量建立起来的霸权迅即崩溃。

在这几十年中，各邦的混战和同盟的分合层出不穷，始终未能摆脱战乱和危机，而城邦危机却为新兴的马其顿王国控制希腊提供了方便。公元前 338 年，各城邦终于臣服于由亚历山大统治的马其顿王国。

古希腊史学双圣

▲希罗多德

希腊第一个著名史学家是希罗多德，公元前 447 年他移居雅典，参与雅典的文化政治活动。希罗多德对希波战争中希腊诸城邦打败波斯侵略的英雄事迹十分敬佩，他搜集了许多史料，并于公元前 443 年移居雅典在南意大利的殖民城市图里，写作《历史》。希罗多德所著《历史》，共 9 卷。前 4 卷叙述了埃及、巴比伦、波斯、小亚和黑海北岸各地区的历史；后 5 卷记载了希波战争的经过，止于公元前 479 年。希罗多德文笔流畅，叙事生动，书中有相当部分是根据他亲身查访而写成的，包括了许多珍贵的史料。希罗多德是西方第一个系统叙述历史的学者，他创立的以史事为中心的记叙体成为后来欧洲历史著作的正规体裁。希罗多德在西方有“历史之父”之称。

希腊第二个著名史学家是修昔底德（约公元前 460—前 395）。他生于雅典，在伯罗奔尼撒战争前期。公元前 424 年被选为雅典将军，率舰队游弋于色雷斯沿岸一带抵抗斯巴达。此后 20 年间，他多半往来于色雷斯和伯罗奔尼撒之间，搜集战争第一手材料，结合他亲身经历，写成《伯罗奔尼撒战争史》。修昔底德是一位相当严谨的历史学家，在运用史料方面能以批判分析的态度加以取舍；他不是以辞章华丽，而是以叙事可信见长。修昔底德的《伯罗奔尼撒战争史》奠定了西方政治叙事史的基本模式，故而使其对西方史学的影响超过了希罗多德。

▲修昔底德

六、亚历山大大帝

亚历山大大帝是世界历史上著名的军事家和政治家。他足智多谋，以其雄才大略，东征西讨，先是凭借武力确立了马其顿在全希腊的统治地位，后又灭亡了波斯帝国，在横跨欧亚大陆的辽阔土地上，建立起疆域辽阔的马其顿帝国，创下了前无古人的辉煌业绩，促进了希腊古文化的繁荣发展以及东西方文化的交流，对人类社会文化的发展产生了重大影响。

（一）马其顿的兴起

马其顿位于希腊半岛北部，东面临海，地高山多，地势险要。境内有苍郁的原始森林，冬季严寒，这样的自然环境使马其顿人养成了艰苦耐劳、勇于斗争的精神。马其顿人也是古希腊的一个族群，在公元前 4 世纪时希腊人仍称马其顿是野蛮人。古代马其顿社会亦是氏族社会，存在着许多部落。在公元前 390 至前 369 年之间，这些部落才逐步统一。

马其顿原是一个落后的山国，它的迅速强大是与希腊先进城邦的影响分不开的。从公元前 4 世纪起，它已经加入希腊诸城邦的贸易圈，学习先进的生产技术和文化。到公元前 4 世纪，国王腓力二世（公元前 359—前 336）锐意改革。他把素来骄横难以管制的贵族编入受国王统帅的骑兵，同时平定境内不服部落，王权大为加强。在经济方面，他实行金银并用的币制，开采金矿，发展商业。在其当政时期，马其顿一跃成为威震全希腊的强国。这时的希腊各城邦，已经没有谁能够阻止马其顿南下的步伐。

公元前 338 年，腓力二世在喀罗尼亚一战大败雅典及其同盟军，迫使雅典媾和，从此马其顿取得了希腊霸权。在公元前 338 至前 337 年之间，腓力二世在科林斯召集希腊各城邦开会，组织同盟，订立盟约，共同维持希腊和平，并组织联合军队，在其统帅下对波斯发动战争。公元前 336 年，腓力二世在其女儿的婚礼上遇刺身亡，马其顿王国的基业和一切宏图重任，就都落在了当时年仅 20 岁的王子亚历山大身上。

（二）文武双全的帅才

亚历山大是马其顿国王腓力二世之子。他年少时受过良好的希腊文化教育，著名的希腊学者亚里士多德曾是他的老师，他还广泛地涉猎过植物学、动物学、伦理学、哲学、历史、地理、医术等学科知识。他特别喜爱军事，对排兵布阵、统兵作战简直到了痴迷的程度。他自幼就显露出与众不同的性格，他聪明、勇敢、意志坚定。传说有一次腓力二世购置了一匹烈马，一直没人能驯服它，年仅 12 岁的亚历山大主动提出要试一试，他不顾众人的反对，勇敢地靠近马身，抓住缰绳，纵身一跃跳上马背，骑上烈马飞驰而去，随着一阵烈马的嘶鸣声和尘土飞扬，等亚历山大回来的时候，这匹烈马已经成为亚历山大的理想坐骑了。

公元前 340 年，腓力二世率军东征，留下 16 岁的亚历山大在马其顿主持国政。这时马其顿原本不稳定的北部边境出现了部落叛乱。亚历山大初次上阵就展现出军事指挥的天赋，他大败敌人，一直进军到叛乱者的城市。在他 18 岁时，亚历山大随父亲一起参加了喀罗尼亚战役，并率军击败了底比斯的精锐之师“神圣军团”，对战役获胜起到关键作用。

亚历山大即位之初，国内形势十分严峻，马其顿宫廷出现骚乱，北方各部落纷纷暴动，希腊各城邦也开始蠢蠢欲动，密谋如何摆脱马其顿的控制。但亚历山大很快清除了宫廷中的异己势力，接着东征西讨，镇压各地的叛乱。在平定底比斯的叛乱时，亚历山大下令毁灭其城市，并将底比斯公民全部变卖为奴，以警告其他希腊城邦。

腓力二世遇刺之谜

一种意见认为，刺杀腓力二世的是马其顿贵族，因为腓力的中央集权政策损害了他们的利益；美国学者富勒认为腓力的前妻奥林匹娅斯有很大的嫌疑。由于腓力二世想要舍弃奥林匹娅斯而立其他人为王后，这样会影响到亚历山大的继承权；古希腊史学家普鲁塔克则怀疑刺杀一事与亚历山大直接有关。亚历山大即位后，马上宣布这件谋杀案完全是出自波斯阻止马其顿东征的国际阴谋。这种冠冕堂皇的解释是为了掩饰他的真正动机。

（三）波斯帝国的掘墓人

公元前334年春，为掠夺小亚细亚地区的财富和奴隶，亚历山大亲率大军3.5万人渡过赫勒斯滂海峡（今天的达达尼尔海峡）征伐波斯帝国，这支军队的战斗力很强，包括步兵和骑兵等兵种，还拥有当时最好的攻城装备。

此时的波斯帝国虽已失去早年的强盛国势，但它还拥有包括埃及、巴比伦、腓尼基在内的广阔国土和人数众多的军队。它的版图全部加起来，有马其顿王国50倍之多。帝国军队由皇帝统治下的各民族提供的壮丁组成，人数不下百万。但此时波斯帝国的皇权早已衰微，地方总督时时反抗中央，波斯军队战斗力也远不如前，许多被征服的国家正在伺机而起。

在马尔马拉海南岸格拉尼科斯河附近，亚历山大的军队和波斯军队首次交锋。亚历山大不顾军队长途跋涉的劳累，亲自率领一支骁勇善战的骑兵，强行渡河，发动进攻。波斯军队在马其顿军队强大的攻势下很快溃败，死伤累累，两千多人被俘。

亚历山大旗开得胜、乘胜追击，小亚细亚各地部落望风归降。很多城市中的希腊人，本来就很痛恨波斯帝国的残暴统治，他们把亚历山当作解放者来欢迎。一路上，亚历山大几乎没碰到什么抵抗，就占领了小亚细亚的大部分地区。

▼亚历山大大帝

随后，亚历山大挥师向叙利亚挺进。不久，传来一个惊人消息：波斯皇帝大流士三世亲率大军，占领了皮那洛斯河畔的伊苏斯城，妄图抄亚历山大的后路。亚历山大当即下令回师，剑指伊苏斯。公元前333年夏，亚历山大的军队在伊苏斯城附近和波斯军队展开了历史性的战役。大流士三世亲领大军迂回到亚历山大军队的后方，力图利用优越地形摆开阵势，准备以逸待劳打败亚历山大。亚历山大则集中优势兵力，以迅雷不及掩耳之势，先是攻击波斯军队薄弱的左翼，得手后又立捣波斯军的中军大营。大流士三世在强悍的马其顿军队攻势面前，仓皇而逃。由于主帅脱逃，波斯军队迅速崩溃。亚历山大占据了大流士的军营，掳获大批武器、财宝，大流士的母亲、妻子和两个女儿都成了俘虏。

伊苏斯战役后，亚历山大并没有穷追败走的大流士，而是先把腓尼基一带波斯的海军根据地一一扫除，然后利用埃及人对波斯的不满，不战而征服了埃及，在埃及建立起和当地统治力量相结合的政权。这样，在没有后顾之忧后，他才在公元前 331 年率军深入波斯腹地，以必胜之算来寻求最后的决战。

公元前 331 年 10 月 1 日，在高加米拉（今伊拉克境内）村庄附近，当时最强大的两支军队——马其顿与波斯——展开了历史性的决战。波斯军队首先发动进攻，大流士命令绑着锋利刀剑的战车全力向马其顿军队冲扑过去，指望以数目众多、装备精良的战车一举击溃马其顿方阵。但疾驰而过的波斯战车没能给马其顿军队多大危害，反而遭到预先埋伏好的马其顿弓箭手的迎头射击。这时，亚历山大率领轻快的骑兵，以排山倒海的气势向波斯军队的左翼猛冲过来，波斯军队顿时阵势大乱、溃不成军。国王大流士重蹈伊苏斯丑剧，带领残军落荒而逃。

亚历山大率领的马其顿军队势如破竹，接连占领了著名古都巴比伦以及波斯帝国的好几座城池。这时，波斯帝国一个地区总督比索斯拥兵自立，擒杀了大流士，自称波斯国王。不久，比索斯为共谋者所抛弃，被亚历山大擒获。亚历山大召开审判大会，并以公诉人身份指控比索斯谋害自己的君主大流士。他以波斯帝国维护者的身份，依照波斯习惯法处比索斯以极刑。亚历山大就此成为波斯皇统的继承人，波斯帝国也就此告终。

财富与希望

临征波斯前，亚历山大把自己所有的地产收入、奴隶和畜群全部分赠他人。当时，有位将领迷惑不解地问道："陛下，您把所有的东西分光，把什么留给自己呢？""希望！"亚历山大干脆利落地答道，"把财富分给别人，把希望留给自己，她将带给我无穷无尽的财富！"随后，亚历山大怀着征服世界的渴望，离开故土，踏上征程。

（四）东征的结束和历史意义

在平定波斯帝国东部行省的叛乱后，公元前 327 年，亚历山大率领军队离开中亚，向印度进发。当时印度西北部不存在统一的国家，诸邦林立，彼此敌对。亚历山大利用各邦统治者之间的矛盾，

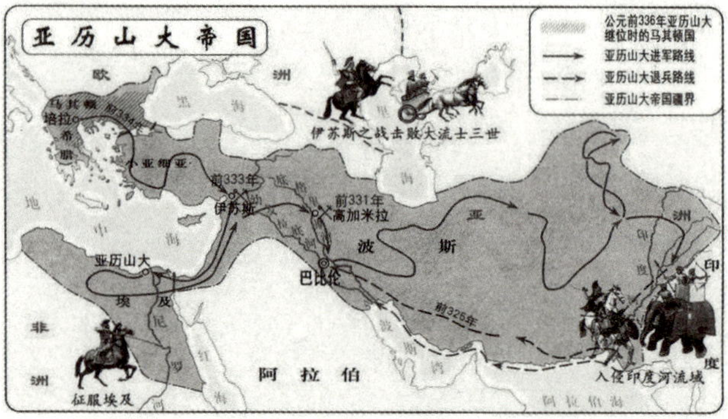

▲亚历山大帝国

软硬兼施，迅速占领了印度西北的广大地区。最后他又率军深入印度河流域，直达恒河流域。但此时长期疲惫作战的军队，已成强弩之末。由于对印度气候的不适应和军中瘟疫流行，士兵们开始拒绝前进，他们纷纷举行集会，甚至哗变，要求撤军回家。在这种情形下，亚历山大决定只留下一部分人驻守战略要地，将大部分军队撤出印度，至此亚历山大历史性的东征宣告结束。

公元前 323 年 6 月 13 日，亚历山大在盘算进攻阿拉伯地区的前夕，因染恶性疟疾死去，年仅 33 岁。亚历山大死后，他通过军事征服建立起来的帝国很快崩溃，经过长期的纷争，他的几名旧将在帝国的废墟上建立起几个国家，其中主要有托勒密王朝统治下的埃及和塞琉古王朝统治下的叙利亚。

亚历山大的东征对东西方经济和文化交流起了极为重要的作用。亚历山大在亚非各地曾经建立起几十个城市，其中很多城市发展成为商业中心。亚历山大在尼罗河口建立的以自己名字命名的新城，到后来成为地中海上最大的商港。那里有良好的港口、矗立云霄的灯塔，四方商船云集，连中国和印度的商品都辗转运往此地。在亚历山大东征的军队中，有不少随军的学者，他们有的搜集标本，有的记载地方形势风貌，这些活动丰富了古代科学研究的资料，增长了人们的见识。

马其顿方阵

马其顿方阵为马其顿军团威力最为强大的重装步兵方阵。马其顿方阵的创建人是亚历山大的父亲腓力二世。到亚历山大时代，一个标准的巨大方阵共约 16384 人，由 4 个组织严密的小方阵组成，每个小方阵（约 4096 人）由 1 名将领统率。每个小方阵横排为 256 人，纵列为 16 人。4 个小方阵横排成一个长方形大阵，每排 1024 人，纵列仍为16人。方阵的基本战术组成单位为方阵的纵列，名为洛考斯。

马其顿方阵很严密。重装步兵方阵的前6排士兵平持长矛，后10排斜持长矛。有时后排士兵会把长矛放在前排士兵的肩头。方阵整齐行进时，步调一致，长矛挺立，蔚为壮观。

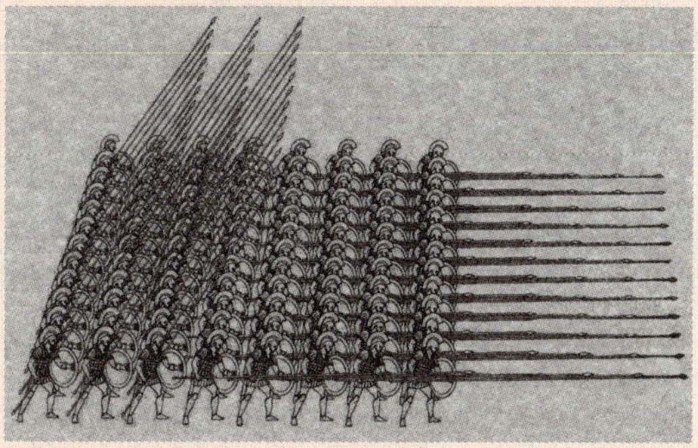
▲马其顿长矛方阵

马其顿方阵以完整的横队勇猛地冲向敌人，给尚未从骑兵袭击中恢复过来的敌人以沉重打击。马其顿方阵的冲击力极为强大，这种方阵在正面冲锋时可谓势若巨雷，锐不可当。马其顿方阵的运用在亚历山大东征的战役中发挥着极为重要的作用。

七、辉煌灿烂的古希腊文化

古希腊作为欧洲文明的启蒙阶段，在哲学、文学艺术及自然科学方面取得了辉煌灿烂的成就，对后来欧洲文化的演进产生了极为重要的影响。现今欧洲的文学艺术、自然科学与社会科学，几乎都可以从古希腊找到源头。

（一）众说纷纭的哲学家

古希腊的哲学奠定了西方哲学的基础，在古希腊语中“哲学”（philosophia）为“爱智”的意思，哲学探讨的中心问题是什么是万物的“本源”，即世界的本质问题。

米利都是希腊最早的哲学派别，它诞生于公元前 7 世纪到前 6 世纪小亚细亚西岸伊奥尼亚的米利都城，它的主要代表人物是泰勒斯（Thales）。泰勒斯是米利都学派的开创者和奠基人，是古希腊乃至西方哲学史上第一位哲学家，泰勒斯的哲学思想非常简单，主要内容基本包含在“水是万物的本原”这样一个命题中。其思想的基本观点是：水是世界万物的本原与实体，万物由水而来，是水的变形，但万物又复归于水。水包围着大地，大地在水上漂浮，不断从水中汲取它所需要的养分。

▼泰勒斯雕像

公元前 6 世纪的最后二三十年，在希腊世界西部的南意大利，产生了毕达哥拉斯学派，这个学派以其创始人毕达哥拉斯（Pythagoras）命名。在泰勒斯的影响下，毕达哥拉斯注重研讨世界本原。然而，他却背弃了米利都学派的唯物主义传统，把世界的物理原因归诸超自然的原因。毕达哥拉斯夸大数的作用，把数当作万物的本原，认为万物皆数，数是

万物的原形，万物是数的摹本，世上万物按照数的比例存在和发展，数的原则统治着宇宙中的一切现象。

▲赫拉克利特

生活在公元前5世纪后期的哲学家赫拉克利特（Heraclitus）在哲学上独树一帜，他的哲学思想是对米利都学派自然哲学的继承和发展，并把希腊原始朴素哲学推向最高峰。赫拉克利特认为，世界是一团永恒的“火”，“火”是世界万物的本原，火是自然存在的，不是神创造的，也不是人创造的；火永远处在有一定规律的运动变化状态之中。赫拉克利特哲学思想的另一重要贡献，是他在说明世界运动变化的绝对性，而描述这个生动画面的深刻思想，集中体现在这样一个著名的命题中：“人不能两次踏入同一条河流。”赫拉克利特全面阐发了这一哲学命题，说明世上万物都处在对立统一、流动变化的过程之中。

希波战争后，雅典和整个希腊经济和科学文化快速发展，达到了历史上空前的繁荣境地。希腊哲学就是在这种历史条件和文化背景下得到空前发展，产生了众多名垂青史的大哲学家。

德谟克利特（Demokritos）是古希腊最伟大的唯物主义哲学家。他所创立的原子论唯物主义哲学体系，是古希腊自然哲学发展的最高成果，是西方古代哲学繁荣和灿烂文明的一个重要标志。德谟克利特博采众长，在唯物主义原则基础上深入探讨物质内部结构，寻求万物的共同始基，从而提出了原子论的宇宙观。他认为，万物的本原是原子与虚空。宇宙的一切事物都是由在虚空中运动着的原子构成，原子是一种最小的、不可分割的物质微粒，它具有“充实性”，即很小，不可见，内部密集充实没有空隙。原子处在永恒的运动之中，即运动为原子本身所固有属性。虚空是绝对的空无，是原子运动的场所。虚空是没有充实性的，世界是由原子在虚空的运动产生的。

在古希腊原子论哲学蓬勃发展的高潮中，雅典哲学界出现了苏格拉底（Socrates）这样的划时代学者。在西方哲学史上，苏格拉底首次在人类精神世界里奏响了一曲关于真善美的理想之歌。在苏格拉底以前，希腊的哲学主要研究宇宙的本源是什么等问题，后人称之为“自然哲学”。出于对国家和人民命运的关心，苏格拉底转而研究人类本身，即人类的伦理问题，如什么是正义，什么是非正义；什么是勇敢，什么是怯懦；什么是诚实，什么是虚伪；什么是智慧，知识是怎样得来的；什么是国家，具有什么品质的人才能治理好国家，治国人才应该如何培养等。后人称苏格拉底的哲学为“伦理哲学”。他为哲学研究开创了一个全新的领域，使哲学“从天上回到了人间”，在哲学史上具有重大意义。

苏格拉底认为，一切事情都用物质性的原因来解释是说不通的。事物真正的原因不在于自然、物质方面，而在于心灵、灵魂。他还认为正确的行为来自正确的思想，美德基于知识，源于知识，没有知识便不能为善，也不会有真正的幸福。

苏格拉底认为一切知识均从疑难中产生，疑难愈多，进步愈大。苏格拉底承认自己本来没有知识，而他又要教授别人知识。这个矛盾，他是这样解决的：这些知识并不是由他灌输给人的，而是人们原来已经具有的；人们已在心上怀了“胎”，不过自己还不知道，苏格拉底像一个“助产婆”，帮助别人产生知识。

由苏格拉底所开辟的古希腊哲学研究的新方向，被苏格拉底的唯一“继承者”——柏拉图（Plato）所继承和发展，建立了一个以理念论为基础的唯心主义体系，攀上了希腊古典哲学的高峰。柏拉图认为，“理念”是世界万物的根本原因，他认为世界由“理念世界”和“现象世界”所组成。理念的世界是真实的存在，永恒不变，而人类感官所接触到的这个现实的世界，只不过是理念世界的微弱的影子，它由现象所组成，而每种现象因时空等因素而表现出暂时变动等特征。

▼苏格拉底之死

身为雅典的公民，苏格拉底最后被雅典法庭以不信神和腐蚀雅典青年思想的罪名判处死刑。尽管他曾获得逃亡的机会，但他仍选择饮下毒堇汁而死，因为他认为逃亡只会进一步破坏雅典法律的权威。

在古希腊哲学繁荣发展的基础上，柏拉图的学生——亚里士多德（Aristotle）对众多知识领域进行了认真而独立的研究，建立起一个古希腊思想文化史上最庞大的知识理论体系。亚里士多德被恩格斯誉为古希腊哲

学中“最博学的人物”，成为古典希腊哲学的集大成者。亚里士多德一生勤奋治学，从事的学术研究涉及逻辑学、修辞学、物理学、生物学、教育学、心理学、政治学和美学等方面。

（二）辉煌的文学成就

古希腊在文学上取得了辉煌的成就，按体裁分类，主要包括史诗、诗歌、寓言和戏剧等形式。

相传，在公元前 9 世纪，古希腊有一个诗人，名叫荷马。荷马是一个盲人，他靠唱歌卖艺为生，他唱的歌不是一般的歌，而是“史诗”。他把传说中发生的事收集起来，编成一个完整的故事。他一边唱，一边把这些故事讲给大家听。后来，人们将他唱的歌用文字记录下来，就成了《荷马史诗》。《荷马史诗》分为《伊利亚特》与《奥德赛》两部分，是欧洲最古老的一部史诗，也是古代世界最伟大的文学作品之一。《伊利亚特》共 24 卷，15693 行，主要叙述希腊盟军围攻特洛伊最后一年的战事。《伊利亚特》的主题是赞美古代英雄的刚强威武、机智勇敢，讴歌他们在同异族战斗中所建立的丰功伟绩和英雄主义、集体主义精神。《奥德赛》共 12110 行，被后人细分为 24 卷，主要是接续伊利亚特的剧情，描写希腊英雄奥德修斯在特洛伊战争中取胜及返航途中的历险故事。《荷马史诗》不仅是研究古希腊文明起源的最宝贵的文字资料，而且反映了整个人类在童年时代所共有的许多特性，具有很重要的研究价值。

▼盲诗人荷马在吟唱

公元前 6 世纪在希腊出现的《伊索寓言》，原本是古希腊民间流传的讽喻故事，经后人加工，成为流传至今的《伊索寓言》。从作品来看，时间跨度大，据推测，它不是一人一时之作，可以看作是古希腊人在相当长的历史时期内的集体创作。伊索可能是其中的一位重要作者。寓言是一种文学体裁，以散文或者韵诗的形式讲述一个带有劝谕或讽刺意味的故事，篇

幅一般较为短小。《伊索寓言》就是这样一部寓言故事集，它收集了三百多个小故事，通过这些故事告诉我们一些日常生活中不为大家察觉的道理。寓言中的很多故事，诸如《狼和小羊》《龟兔赛跑》《农夫和蛇》等早已脍炙人口，还被编入各国中小学语文课本。

古希腊的戏剧产生于公元前 6 世纪，公元前 5 世纪达到鼎盛时期。作为当时希腊城邦里最重要的大众艺术活动，戏剧通常在公共场所表演，为民众所喜闻乐见。戏剧分为诗歌朗诵、悲剧和喜剧三种形式，诗歌朗诵的作品没能流传下来。古希腊戏剧的情节通常只发生在一天之内，地点也不变换，在情节上也往往只有一条主线。古希腊戏剧大都取材于神话、英雄传说和史诗，所以题材通常都比较严肃。

古希腊悲剧起源于祭祀酒神狄奥尼索斯的庆典活动，悲剧中的主人公往往具有坚强不屈的性格和英雄气概，却总是在与命运抗争的过程中遭遇失败。这一时期成就最高的悲剧作家是埃斯库罗斯、索福克勒斯和欧里庇得斯三人。古希腊喜剧则起源于祭祀酒神的狂欢歌舞和民间滑稽戏，诗人阿里斯托芬是当时最著名的喜剧作家，他的喜剧通常与爱情有关，戏中人物形象一个个活灵活现，鲜活饱满。

（三）自然科学与医学成就

古希腊的自然科学是从哲学中分离出来的，而后逐渐发展成为独立学科，它主要涉及数学、物理学、天文学等领域。希腊杰出的数学家欧几里得（公元前 330—前 275）首先把当时内容庞杂的几何学规范成一门严密完整的学科，其代表作是 13 卷的《几何原本》。《几何原本》以逻辑为链条，从五条假定的公理出发，经过一系列严密的逻辑推理，从而建立起一套严密的几何学理论体系。《几何原本》后来被译成多种文字，一千多种版本，目前各国中学数学教学的平面几何内容，基本上都是由《几何原本》改编而来。

古希腊是人类历史上一个人才辈出的时代。在灿若群星的众多科学家中，生活在公元前3世纪西西里岛叙拉古的阿基米德（Archimedes）是最耀眼的一颗科学明星。他是当时最伟大的数学家、杰出的物理学家、卓有成就的天文学家和机械发明家，享有“力学之父”的美称。在物理学方面，阿基米德发现了浮力定律（阿基米德原理），即物体在液体中所获得的浮力，等于它所排出液体的重量。一直到现代，人们还在利用这个原理计算物体比重和测定船舶载重量等。在力学方面，他首先发现了杠杆原理，通过杠杆用很小的力就可以推动或举起很大的重量。他在数学上最大的贡献体现在几何学方面，他发展了前人的“穷竭法”，用来计算圆的面积以及由曲线围成的几何图形的面积。

生活在公元前2世纪的托勒密（Ptolemy）是古希腊天文学的集大成者，托勒密所著的古代天文学百科全书——《天文学大成》汇集了亚里士多德等古希腊天文学前辈的成果，并加上了他自己的观测记录，留给后人一种关于宇宙的权威注释，创立了以他的名字命名的地心宇宙体系——托勒密体系。在这一体系中，托勒密设想宇宙由9个旋转的同心晶莹球壳和11个等距天层组成，地球位于宇宙的中心，远离各个天球，静止不动。托勒密的“地心说”虽然并不反映宇宙实际结构，却较为完整地解释了当时观测到的行星运动情况，并取得了航海上的实用价值，从而被人们广为信奉，成为统治天文学界一千多年的“公理”。

在古代的欧洲，由于宗教迷信的禁锢，人们大多认为生死与健康由神来主宰，有病只能找祭祀处理，祭祀们用念咒文、施魔法、进行祈祷的办法为人治病。这种情况直到古希腊出现了第一个真正意义上的医生——希波克拉底（Hippokrates）之后才得到了改观。出身于医生世家的希波克拉底从小就跟随父亲学医，为了破除宗教迷信的桎梏，他积极探索人的肌体特征和疾病的成因。希波克拉底提出“体液学说”，认为人体由血液、黏液、黄胆和黑胆四种体液组成，这四种体液的不同配比使人们有不同的体质。他把疾病看作是发展着的现象，认为医师所应医治的不是病而是病人，从而改变了当时医学中以巫术和宗教为根据的观念。希波克拉底一生中最令人

阿基米德之死

据说罗马兵入城时，罗马士兵闯入阿基米德的住宅，看见一位老人在地上埋头作几何图形（还有一种说法说他在沙滩上画图），士兵将图踩坏，阿基米德怒斥士兵：“不要弄坏我的圆！”士兵拔出短剑，这位旷世绝伦的大科学家竟如此丧生于愚昧无知的罗马士兵手下。统帅马塞拉斯对于阿基米德的死深感悲痛，他将杀死阿基米德的士兵当作杀人犯予以处决，并为阿基米德修了一座陵墓，在墓碑上根据阿基米德生前的遗愿，刻上“圆柱容球”的几何图形。

缅怀的事迹就是他制定了医生的职业准则，即“希波克拉底誓言”，两千多年来，它一直是医生们的行为规范，这一誓言声明，医生必须要为救死扶伤竭尽全力，必须为病人的隐私保守秘密，正因如此，希波克拉底后来被誉为“医学之父”。

简朴至极的狄奥根尼

狄奥根尼是古希腊著名的哲学家，犬儒学派的代表人物。他认为人除了自然的需要必须满足外，其他任何方面的东西，包括社会生活和文化生活，都是不必要而无足轻重的。他强调禁欲主义，鼓励放弃舒适环境。作为一个禁欲主义的身体力行者，他居住在一只木桶内，拥有的所有财产包括这只木桶、一件斗篷、一根棍子和一个面包袋。相传有一次亚历山大大帝访问他，问他需要什么，并保证会兑现他的愿望。狄奥根尼回答道：“我希望你闪到一边去，不要遮住我的阳光。”亚历山大大帝后来说：“我若不是亚历山大，我愿是狄奥根尼。”

第二章

罗马辉煌

在欧洲历史上，人们总是将希腊、罗马并列提及，这不仅因为两个地区所孕育的灿烂文明代表了古代欧洲的文化成就，而且还因为它们在人种、文化上有着割不断的联系。公元前 8 世纪，当希腊人组成雅典城邦的时候，与希腊人同源的古意大利人也在台伯河左岸的拉丁平原上建起了著名的罗马城。在希腊文明衰落之后，罗马时代代之而起，一个纵横地中海，地跨欧、亚、非三洲的庞大帝国，把这段历史推向辉煌的顶点。

一、罗马兴起

现在西方的谚语中还有诸如“条条大路通罗马”“罗马不是一日建成的”的句子，可见延续1000年之久的古罗马时代对欧洲历史和文化产生了极为重要的影响。相传罗马建成于公元前753年4月21日，每年4月21日，罗马城都会举行隆重的纪念活动。

（一）罗马的建立

“罗马”原为意大利的一个城市，后发展为一个国家的名称。古代罗马兴起于意大利中部的拉丁平原，台伯河下游的东南岸。与希腊相比，罗马土地较为肥沃，尤其是拉丁平原较适于农耕，半岛也不像希腊那样到处是交叉重叠的山脉，只有一条亚平宁山脉纵贯南北。当地居民成分十分复杂，既有旧石器时代来自高卢（法国南部）的移民，也有新石器时代来自北非、西班牙、地中海沿岸的移民。

公元前1000年左右，拉丁人从意大利北部波河流域渡过台伯河侵占拉丁平原，征服了当地土著居民并加以同化。在公元前7世纪到公元前6世纪，希腊商人经常往来于拉丁平原的沿海地区进行贸易，拉丁人的经济亦随之逐渐发展，许多农村逐渐变为城市，罗马城即这种类型城市之一。

▼古罗马时期战士的装备

关于罗马建国以前的历史资料十分贫乏，罗马人没有遗留下像《荷马史诗》那样的文献。关于他们在前国家时期的社会经济状况，我们只能从后人所记载的传说中得知一个空泛的轮廓。据传说，罗马在公元前8世纪中叶就已经有了“国王”。“国王”在当初还不是世袭的，而是由全民会议选举而来。他在事实上是军事民主制下的部落酋长，还没有具备真正国王的权力。以他为首的罗马，最初只是联合好几个村落的公社。

当时，由几个部族组成的罗马已经有了共同的管理机构。最有权力的是元老院，它的成员是各部族的族长。族长以外其他部族贵族组成库里亚会议。所有参加会议的成员同时也是战士，凡是有关作战或媾和的问题都由战士在会议中决定。这个会议也选举首领，即传说中所称的“国王”。

早期罗马政治被称为“王政时代”，在王政时代，罗马共有 7 个“国王”相继执政，但因史料缺乏，其详情不得而知。据传说，当第 6 个王塞尔维・乌斯在位时，曾仿照希腊创设了一个新的民众大会，以代替库里亚会议。到第 7 个王塔克文时，因为他残暴无道，被罗马人推翻，罗马人乘机推翻王政制度，改建共和。

（二）共和政体与平民争取权利的斗争

罗马执政官权力的象征——束棒

古代罗马共和国时期的最高行政长官，有 12 个卫士相随。他们各手执一束棍棒，束棒中间插有一把战斧，象征着罗马国家的最高权力。棒子用于施行笞刑，斧子用来执行死刑。“束棒”在古罗马人使用的拉丁语中，读作“法西斯”，“法西斯主义”一词就从此发展而来。

早期共和国时期，罗马实质上是由贵族垄断权力的共和国，与王政时代相比，此时的罗马政治经历了一些重大变化。首先，两名选举产生的执政官取代了国王，两名执政官权力相等，由全民大会选举，任期一年。执政官必须出身于贵族，平民无权充任这个最高的职位。执政官出巡时，通常手持象征权力的“束棒”，称为“法西斯”。由于执政官的任期短，权力有限，彼此牵制，他们在实际上并不是最高的统治者。真正掌握国家权力的是由贵族组成的元老院，元老院有广泛的行政和立法权力，并有权监督执政官。

在共和国成立后的最初两个世纪里，罗马还没有很多的奴隶，当时最突出的社会矛盾是平民对贵族的矛盾，虽然一小部分的平民可以成为富有者，并且上升为奴隶主，但是多数平民遭受贫困和债务的压迫，随时有可能沦为债务奴隶。少数富有的平民也反对贵族，因为他们不满于贵族在政治上的垄断地位。他们希望打破贵族对国家权力的垄断，跻身于统治阶级行列。

平民争取政治权利斗争的胜利是逐步实现的。最早在公元前 494 年，平民队伍为了反抗贵族的压迫，相约离开罗马，搬到罗马城附近的圣山，拒绝服役，并向贵族提出承认平民自己选出的保民官的要求。贵族最终被迫让步。保民官最初为2人，后来增至4人，最后增至10人。保民官任期为一年，不得连选连任。保民官彼此有否决权，一个保民官所提的议案得不到其他保民官的同意，就不能在民众大会上提出讨论。他们的人身自由神圣不可侵犯，侵犯者处以死刑。保民官负责保护平民的生命财产，有权否决执政官和元老院的一切决议案，并有权否决法官对平民死刑的判决。

不过，保民官在当时罗马社会的作用，还只限于根据已有的法律，保障平民不受非法的迫害。当时的法律还是习惯法，不但那些不利于平民的陈规依然存在，而且法律本身也因为没有成文法典作依据，往往任凭贵族法官的曲断。这样，要求订立成文法就成为平民下一步斗争的目标。经过几十年艰苦不懈的斗争，最后贵族妥协了。在公元前451年与公元前449年间，每年由10人组成法律委员会，起草成文法典，最后把法典条文刻在12个铜牌上，立于罗马市内广场上。这种法典便是罗马最早的“十二铜表法”。法典规定了民事和刑事的审理程序及处理案件的原则，有效抑制了贵族曲解法律、侵犯平民的利益。

▼十二铜表法

此后，平民为进一步取得新的权利和改善自己的地位继续展开斗争。公元前445年，平民获得了和贵族通婚的权利。到了公元前367年，公民大会又通过一项法案，规定在两个执政官中应有一人由平民担任。公元前326年，公民大会又通过法律，规定债权人不得因债务私自拘禁负债人，债务奴役制被彻底废除了。自此，罗马建立了当时历史上最为完备的古典民主制度。

狼孩的传说

传说，在特洛伊战争后，有些特洛伊人侥幸逃脱出来，他们坐船漂流到意大利半岛上，在中部台伯河出海口附近定居下来，建立了自己的王国——亚尔尼龙伽。亚尔尼龙伽国王努米特有个弟弟叫阿穆留斯，他生性残暴，野心勃勃，阴谋篡夺哥哥的王位，并杀死侄子，还强迫侄女西尔维娅去做女祭司，终身不得结婚。他以为这样一来，他的哥哥就不会有后代，他的政权也就稳定了。不想战神玛尔斯奇迹般使西尔维娅怀孕并生下一对孪生子。听到这个消息，阿穆留斯既惊且怒，他下令处死西尔维娅，并让奴隶将双生子扔到台伯河，以防止他们长大后复仇。

但台伯河汹涌的河水并没有冲走装着双生子的篮子，反而把篮子冲到岸边。孩子的哭声吸引了正在河边饮水的一头母狼，它来到孩子们身边，不仅没有伤害他们，反而慈爱地舐干双生子的身体，把他们带回山洞，用自己的奶喂养他们。后来，一位牧羊人发现了两个孩子，并把他们带回家中抚养，给他们起了名字，哥哥叫罗慕路斯，弟弟叫勒莫斯。兄弟俩知道自己的身世后，马上组织起一支起义队伍，最终杀死了阿穆留斯，把政权交还给了自己的外公努米特。他们决定建立一座新的城市，而新城市的地点就是他们当时被抛弃的地方——帕拉丁山冈。

不想兄弟俩为确定新城市的名字和统治者发生争执，以至于兵戈相向，最后哥哥杀死了弟弟，自己成了新城市的最高统治者。他用自己的名字命名这座城市为罗马。在罗马博物馆里，现在仍保存着一尊很特别的青铜像：一头母狼圆睁双眼，露着尖利的牙齿，正警觉地注视着前方，在它的腹下，有两个可爱的男婴，正抬头吮吸着母狼的乳头。

▲母狼哺婴青铜雕像

二、罗马对外扩张

1959 年，米高梅电影公司出品的一部名为《宾虚》的电影，大获成功，包揽了当年 11 项奥斯卡大奖。影片展现了罗马军团摧枯拉朽的强大实力，罗马的辉煌在好莱坞电影梦工厂的演绎中得到了一次经典的重现。

（一）征服意大利半岛

罗马内政稳定之后，很快就走向了对外扩张的道路。罗马的安全环境不及希腊，意大利的地形较之希腊半岛更容易遭受侵扰，南北走向的阿尔卑斯山脉这道天然屏障阻挡不住中欧各民族的流入，外来移民进入这块土地时，往往诉诸武力。罗马为保卫他们的征服成果，也不得不依靠武力抵御其他入侵者。

公元前 396 年，罗马开始了第一次具有重大意义的征服，经过 11 年的围攻，他们终于占领了近邻埃特鲁斯坎人的城邦——维爱。罗马人将维爱城彻底烧毁，并把当地居民贬为奴隶，罗马公民在此定居，罗马领土扩张到台伯河北岸。此后，罗马在与高卢部落及其他拉丁人的一系列战争中，势力不断扩大。

罗马在抵御住高卢人的进攻后，向南扩张，与东南部的山地部落萨莫奈人发生冲突。通过第一次萨莫奈战争（公元前 343—前 341 年），罗马打败了萨莫奈人，并占领了坎佩尼亚地区的重镇卡普亚。在第二次萨莫奈战争（公元前 327—前 304 年）中，罗马军队屡遭失败。在公元前 321 年的考地安峡谷战役中，2 万罗马军队成了俘虏，罗马军队放下武器，身着短装，排成单行，在胜利者的嘲笑声中，一个个地从由标枪组成的轭形门下走过。但罗马人不为挫折所吓倒，

▲皮洛士

而是坚持不懈，重整军备，最后夺得了战争的主动权。公元前 304 年，萨莫奈人战败，被迫割地求和。公元前 298 年，双方战事又起，萨莫奈人与伊达拉里亚人及高卢人订立同盟，南北夹攻罗马。公元前 295 年，罗马人击退了他们的进攻，并开始入侵萨莫奈人的领地。公元前 290 年，萨莫奈人投降，割让土地，并加入罗马同盟。

接着，罗马向南意大利扩展势力，干预当地事务。罗马舰队驶入他林敦海湾，与希腊城邦他林敦发生战争，他林敦人向马其顿的伊庇鲁斯国王皮洛士（Pyrrhus）求援。皮洛士是一个梦想成为第二个亚历山大的人物，公元前 280 年，皮洛士率领大军在意大利登陆，在赫拉克里亚利用其迅猛的骑兵和战象，打得罗马军队落花流水，初战获胜。公元前 279 年 4 月，皮洛士在奥斯古伦之役又获得胜利，但在这次战役中他的军队也损失惨重，3500 名将士阵亡，其中包括他的很多主要将领和知心朋友。皮洛士看到代价昂贵的胜利，不禁失声叹道：“再来一次这样的胜利，我就要成光杆司令了。”此后，西方就留下一句谚语，人们把那些付出惨重代价得到的胜利或是得不偿失的事情，称之为“皮洛士的胜利”。

此后，皮洛士又攻进西西里，与迦太基人作战。但在那里的作战并不顺利，皮洛士只好放弃了对迦太基的征伐，离开西西里岛，率军东返，前往意大利南部，不想在途中遭到迦太基强大的海军的袭击，损失 70 多艘战舰，实力大减。罗马的军队借此机会终于在公元前 275 年于南意大利的贝尼温击败了皮洛士，皮洛士被迫退回希腊。再过几年，罗马逐一消灭了希腊人在意大利的城邦，从此意大利亚平宁半岛全部并入罗马的版图。

（二）布匿战争——征服迦太基

迦太基是存在于公元前 9 世纪至公元前 2 世纪的非洲北部的一个奴隶制国家，最初是腓尼基城邦推罗建立的殖民地，迦太基城故址在今突尼斯首都突尼斯城郊区。它位于一个易于设防的小半岛之上，有两个港口，扼地中海交通的要冲。迦太基实行贵族寡头统治，政权掌握在大奴隶主贵族手中，军队主要由雇佣兵和从附属国或部落征集的部队组成。后经长时期的殖民扩张，迦太基占有非洲和欧洲的大片土地，到第一次布匿战争爆发前，迦太基已经占据了北非、西班牙南部、西西里岛大部及撒丁岛，成为当时地中海世界最富强的国家之一，在地中海地区，特别是地中海西部地区的政治和经济生活中发挥着重要作用。

罗马统一意大利后，其胃口已经不再限于大陆，它的对外政策的下一个目标是称霸地中海，充当地中海地区的领袖，而地理位置非常重要且富饶肥沃的西西里岛就成为罗马必争之地，这无疑威胁到在西西里岛有重大商业利益的迦太基。两大强国都野心勃勃，醉心扩张掠夺并力图吞并西西里岛，以实现称霸地中海的野心。公元前 264 年，一场决定欧洲历史走向的战争就不可避免地爆发了，由于罗马人称腓尼基人为“布匿人”，因此，这次战争被称为布匿战争。

公元前 264 年，罗马军队渡过墨萨纳海峡，出兵西西里，揭开了布匿战争的序幕。在战争中，罗马人发挥长于陆战的优势，发明了一种新的战术，即海战中在船上安置许多活动跳板，跳板一端装有钩钉，当敌船靠近时，就把跳板搭上敌船的甲板，然后罗马兵就涌上敌船肉搏。凭借这一战术，罗马在海上屡次击败迦太基人，大获全胜。但进攻迦太基本土的罗马陆军却遭到惨败，载着残余军队的罗马舰队在回国途中又遭风暴袭击，损失惨重。

▼布匿战争地图

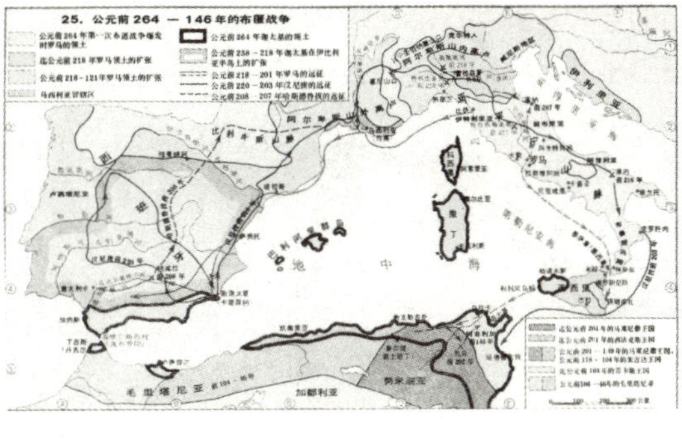

到公元前 241 年，连续 23 年的战争已经使双方都筋疲力尽，最后迦太基主动求和，双方签订了和约。和约规定，迦太基向罗马割让西西里及其与意大利之间的其他岛屿，这样第一次布匿战争以罗马的胜利告终，西西里成为罗马的第一个行省。

第一次布匿战争并没有彻底解决罗马和迦太基之间的矛盾。罗马虽然扩大了势力范围，得到了西西里，但还没有完全掌握对地中海的控制权，而迦太基并不甘心失败，它虽然战败，但还拥有强大的经济政治力量。它利用所拥有的广大殖民地的丰富资源，迅速从战争灾难中恢复过来。新的战争不可避免。

公元前 218 年，迦太基名将汉尼拔（Hannibal）率 10 万大军从西班牙的新迦太基城出发，翻越冰雪覆盖的阿尔卑斯山，入侵意大利，第二次布匿战争爆发。沿途，迦太基的军队减员不少，在抵达意大利时只剩下 2 万步兵和 6000 骑兵。当汉尼拔的部队出现在意大利本土时，整个罗马为之震惊了。“汉尼拔来了”的消息不胫而走，在罗马人中引起极大的恐慌。主政的罗马元老院不得不放弃进攻非洲和西班牙的计划，召回已经出发的两名执政官及部队，全力对付汉尼拔。

汉尼拔采取迂回战术，率军穿越亚平宁山脉，涉过亚努河下游沼泽地，一举绕到罗马军队的后面。罗马军队跟踪追击，在特拉西美诺湖畔遭到汉尼拔的伏击。在这次战役中，罗马军队损失惨重，包括一名执政官在内的 1.5 万人阵亡，数千人被俘。公元前 216 年，罗马征集 8 万军队，由执政官瓦禄和保卢斯率领，与汉尼拔的军队在坎尼城展开会战。结果汉尼拔以少胜多，采用两翼包抄战术，击败了罗马军队，保卢斯阵亡，罗马军队几乎全军覆灭。

汉尼拔虽然连战连捷，但是他无法避免远离本土作战的困难。他孤悬敌境，兵员和粮食都不能及时得到补充。而本土作战的罗马军队则随时可以补充新兵和给养。公元前 207 年，迦太基由西班牙派来的援军在中途被罗马军队截击，全军覆没。汉尼拔此时已成强弩之末，战争的主动权转移到罗马方面。公元前 204 年，罗马派遣军队攻克了西班牙，切断了汉尼拔的后方支援。公元前 204 年，罗马军队又在北非登陆，进逼迦太基城，迦太基立即召回汉尼拔救援。公元前 202 年，汉尼拔在迦太基西南的撒马城被罗马著名统帅西庇阿指挥的罗马军队打败，迦太基被迫向罗马求和，于第二年签订了和约。和约规定迦太基只能保留在非洲的领土，不经罗马允许不得

要么胜利，要么死亡

《要么胜利，要么死亡》是汉尼拔率军翻越阿尔卑斯山后，准备向意大利出击时的战前鼓动演说。一开始，汉尼拔就明确指出当时的形势是背水一战：“你们必须获胜，否则便是死亡。命运使你们不得不投身于战斗。”汉尼拔以巨大的热情和坚定的意志，鼓励将士们奋勇作战，演说完毕后，将士们齐声高呼：“要么胜利，要么死亡。”汉尼拔作为古代最伟大的军事统帅之一，虽不以辩才闻名于世，但此篇演说，以鲜明的对比显示睥睨敌人的无畏气概和必胜信心，是战前鼓动演说中颇为成功的典范之作。

▲第三次布匿战争场景

和邻国作战，除保留一些船舰防止海盗袭击外，必须交出全部舰只和战象，此外还得交出100名贵族子弟作人质。

公元前2世纪中叶，迦太基的经济逐渐恢复元气。迦太基的再次繁荣让罗马惶恐不安，罗马决定彻底毁灭迦太基。公元前146年，罗马人借口迦太基违背前约，派遣8万大军，攻入北非，点燃了第三次布匿战争的战火。在这次战争中，迦太基人痛恨罗马人的不义，全城居民都动员起来，进行殊死的抵抗。一直打到第三年，在罗马的严密包围和封锁下，迦太基城中发生饥荒和瘟疫，罗马这才攻克了迦太基城。战争的结果是罗马对迦太基城的彻底毁灭，幸存的5万多迦太基人全部被俘为奴，城市被夷为平地。罗马在原来迦太基的土地上设置了一个新的行省，称为阿非里加。

第三次布匿战争以后，罗马的兵锋开始指向东方，先后征服了马其顿、希腊和小亚细亚，并且威临埃及。它在东方也设置了行省，整个地中海变成了它的内湖，罗马成就了地中海霸主的地位。

费边主义

特拉西美诺湖战役后，费边继任罗马执政官，他采用避免与汉尼拔正面作战的方法，迂回周旋，使敌方陷于疲敝。这一战术对于挫败汉尼拔的进攻起到了至关重要的作用，从此“费边主义”成为缓步前进、谋而后动的代名词。1883年10月24日，英国国内以韦伯和萧伯纳为首的知识分子团体在伦敦成立“费边社”，针对19世纪末的英国社会，他们坚信必须通过渐进的而不是激进的、暴力的手段达到改良社会的目的。为了推行自身的主张，费边社的成员不遗余力地向社会宣传他们的主张。在费边社的努力下，英国通过了保障最低生活标准、资源的社会管理、以累进税缩小贫富差别、整顿教育等诸多法案。

三、共和国的危机与改革

公元前134年，在罗马的一次人民大会上，一位30多岁的青年发表演说："漫游在意大利的野兽，尚且有一个洞穴栖身，而那些为罗马的荣耀浴血奋战的勇士，到头来却一无所有，只得携带家小到处流浪。他们虽然被称为国家的主人，但却没有一寸土地，这难道公平吗？"这位青年名叫提比略·格拉古，他所生活的罗马正因土地问题面临一场严峻的社会危机。

（一）共和国的社会危机

在经济上，罗马共和国是建立在个体小农经济基础之上的，农民在生产中起主导作用。在政治上，农民享有公民权，可以参加选举各种官吏和制定法律的公民大会，有专门保护公民利益的保民官。政府依靠农民组建了一支强大的军队，作战时所向无敌，成为罗马对外扩张的军事基础。由于小土地所有者——农民在生产和政治中所处的重要地位，他们成为罗马共和国赖以生存的社会基础。布匿战争后，罗马成为地中海的霸主，罗马城成了地中海的政治中心和重要的工商业中心之一。罗马人开始告别纯朴、和谐的农民生活，发了战争财的贵族开始肆意享受豪华奢侈的生活，物欲横流，传统道德开始崩坏。

▼罗马服饰

在长时期的对外战争中，罗马社会经济发生了巨大变化。战争使共和国的疆土扩大，而扩充的土地为贵族们占有，同时，发战争财的大商人、高利贷者也把资金投到农业上，他们大量购买土地，在意大利南部和西西里岛兴建起奴隶制农庄。有些农庄相当大，拥有成千上万亩土地和数百个奴隶。与此同时，广大农民因战争的破坏和兵役负担的繁重而纷纷破产。破产的农民少数沦为农业雇工，多数流入城市，成为无业游民。农民强烈要求重新得到土地，并将这一愿望以标语的形式写在许多墓碑、神庙以及其他建筑物的墙壁上。

要把共和制度维持下去，核心问题是要给农民土地，让农民回到农村去。这是共和制罗马无法解决的问题，而不解决这个问题，共和制就难逃崩溃的命运。面对罗马社会阶级日益尖锐的矛盾斗争，罗马统治阶级中的一些开明人士为此担忧，于是出现了一种社会改良思想，主张限制土地的占有数量，实行土地改革，以缓和社会矛盾。当时出现了许多这样的改革家，其中最著名的就是提比略·格拉古和盖约·格拉古兄弟。

（二）格拉古兄弟改革

格拉古兄弟出身于贵族家庭，他们的父亲是罗马的贵族，曾担任过执政官、保民官等高级官职，母亲是罗马著名军事统帅西庇阿的女儿。西庇阿曾率领罗马军团东征北非，打败迦太基的汉尼拔，在罗马享有很高的声望。良好的家教和严于律己的精神，使格拉古兄弟成为“勇敢、克己、阔达、善辩以及气宇豪迈”的人。同时，与希腊文化的接触又使他们很早就受到希腊学术和政治思想的熏陶。格拉古兄弟长大成人后，遵循罗马贵族的传统仕途，先后担任神职和军职，在民众中颇有威望。他们根据形势发展，从奴隶主阶级长远利益出发，怀着富国强兵之志和忧国忧民之心，积极投身于社会改革运动之中。

▲格拉古兄弟之母

格拉古兄弟的母亲是有名的美人，她贤淑稳重，年轻守寡，悉心持家教子，培养了格拉古兄弟良好的知识修养和正义的品质。

公元前 133 年，在罗马平民和贵族改革派的支持和拥护下，提比略·格拉古就任保民官，随即提出土地改革法案。法案规定：每户家长占有公有地不得超过 500 犹格（约合 2000 亩），如有子嗣，则长子和次子可各占 250 犹格，但每户占地总数不得超过1000犹格。贵族所占公有地永久使用，免交租金。超占的土地部分需要按地价卖给国家，由国家划为30犹格的份比分给无地农民。这一土地法案遭到以元老院为首的贵族保守势力的强烈反对，但最终还是在平民的支持下得以通过。但法案的实施遇到了许多实际执行上的困难，最大的问题是元老院拒不提供必要的经费。提比略趁罗马的一个属国帕加马国王将其王国遗赠给罗马的机会，提议把该王国国库作为贫穷农民的补助资金，并把该王国国库的处理权交给公民大会。这就和一向把持外交和财政大权的元老院发生严重冲突。

为了保证土地法的实施，提比略决定竞选连任保民官。反对派则以连任保民官违法为借口，大造提比略要篡政的舆论，寻衅闹事。选举日当天公民大会开会时，元老们率领门客和奴隶，以大头棒子和板凳腿为武器，狂呼乱叫，冲进会场，见拥护提比略的人就打。一场混战后，提比略300多名拥护者被杀死，提比略·格拉古被两名元老用一条破板凳活活打死。这是一场对改革者的屠杀，提比略等人的尸体，全被投入台伯河。

提比略遇难后，改革运动并未停止。元老院不敢贸然取消土地法。但是土地分配日渐困难，大土地所有者千方百计隐瞒地产，产权纠纷也难以裁决，土地改革运动便在更加复杂的形势下高涨起来。

提比略死后10年，他的弟弟盖约·格拉古当选为公元前123年的保民官，他不仅恢复了提比略的土地法，还实行了一些其他重要法案。因为公有地分配已近枯竭，所以他提出殖民法作为土地法的补充，在南意大利建立了多个殖民地，他甚至设想建立海外殖民地。为了防止粮荒，他实行了粮食法，由国家从海外购入谷物，储存于公共粮仓，以低于市价每月一次定量卖给公民。盖约还制定颁布了审判法、军事法、筑路法等社会经济改革法案。在任期间，盖约提出给被征服的意大利人（“同盟者”）以罗马公民权，但遭到元老院的反对。在再次竞选保民官失败后，盖约与他的哥哥一样遭到元老院的暗算，在公元前121年的一次公民大会上，盖约及其支持者3000余人惨遭杀害。

盖约死后，元老院陆续废止了他们的改革法案。虽然有些条文在形式上还保留着，但已名存实亡。格拉古兄弟改革运动最终归于失败。

（三）马略的军事改革

格拉古兄弟的改革路线虽然失败了，但加强罗马统治力量的问题迫切需要解决。在十几年后，罗马的政治舞台上出现了一个很有影响力的将军，他的名字叫盖乌斯·马略（Gaius Marius）。公元前157年，马略出生于阿尔平努姆城附近村庄的一个普通农民家庭。马略出身低微，完全凭自身努力建立军事功绩。少年时代，马略在乡村度过，受教育程度不高。后来马略投身行伍，战争期间，他作战勇敢，吃苦耐劳，受到统帅重视，得到提拔。战后仍然步步高升，历任参将和军队财务官。对此马略并不满足，为求更大发展，他转入政界。公元前119年，他当选为保民官。公元前107年，他以绝大多数选票被推举为执政官。他上台后不顾元老院顽固派的反对，放弃早已难于实行的服兵役财产资格的规定，把征兵制改为募兵制。应募人的唯一要求是具有自由人的身份，入伍后完全由国家供养，军人和生产分离，完全职业化。士兵服役期满后，由国家分给其一块土地保障日后的生活。

▼马略

这项改革产生了深远的影响，首先，服兵役的时间延长到16年，士兵可以长期留在军队，这就使他们有条件受到良好的军事训练，成为有经验、有素养的职业化军人。其次，引起了军团组织的变革。过去的军队编制是按照服兵役者所提供的财产多少划分的，作战能力很不平衡。而现在采取招募的办法，在队伍编排上就可以依据士兵的训练水平和作战要求，做到统一配备，协调作战。最后，军人和将领的关系更为密切。士兵们的全部利益都与军队、统帅绑在一起，如果打了胜仗，他们就能从统帅那里得到更多的战利品。很显然，这样一支部队释放出来的战斗热情和勇气是无可比拟的。当然，这一倾向也加强了军人在国家政治生活中的作用，为罗马的军事独裁铺平了道路。

中国的罗马军团后裔

公元前53年，也就是中国西汉甘露元年，罗马共和国执政官克拉苏率军东征今天的伊朗地区，最后兵败，一支6000人的罗马军团突出重围，却没有回到罗马。2000多年来，那支神秘失踪的罗马军团的下落一直是个谜。

近年，多名历史学家的研究成果表明，兵败的罗马军团历尽艰辛，竟然在中国甘肃省永昌县骊靬村找到了最后的归宿！而且他们的后裔依然健在，并在外貌上遗传了其祖先的不少特征。

兰州大学生命科学院主持甘肃罗马军团后裔DNA鉴定结果显示，罗马军团后裔聚居的村民提交的91份全血血样，全部为中亚和西亚血统。这个研究结果为该地居民为罗马军团后裔提供了有力的佐证。

四、前三头与后三头——罗马内战

温和的社会改良运动失败后，陷入日益严重危机的罗马共和国只能从军事独裁中寻找出路。此时，罗马政坛的主政者是像苏拉与恺撒一样手握兵权的军事统帅，各派势力为争权夺利而组成一个个松散的政治联盟，罗马此时呈现出与中国战国七雄时一样的诸侯混战局面。

（一）苏拉独裁

在罗马共和国后期出现的第一个军事独裁者是苏拉。苏拉出身于没落贵族家庭，因为战功显赫，公元前 88 年被选为执政官。第二年，在贵族的支持下，苏拉被封为征讨小亚细亚地区本都王国反叛的统帅。当他离开罗马东征时，代表平民派势力的马略及其拥护者占领了罗马，宣布苏拉为人民公敌，处死了其同党，并实行了一些有利于平民的改革，如取消部分债务、实行币制改革等。马略在就任第七任执政官后不久即死去，但罗马政局仍控制在平民派手中。

苏拉在和本都王国签订和约后，班师回朝，随即进攻自己的祖国——罗马。他于公元前 82 年重新占领罗马，并被元老院指定为无限期的独裁官，拥有无限的权力。苏拉可以修改法律，任意处死罗马公民，没收任何人的财产。为消灭政敌，苏拉采用“公敌宣告”的办法，放逐和杀害了反对他的 2000 名骑士和近百名元老，建立起了罗马历史上第一个军事独裁政权。

苏拉建立独裁统治并没有解决当时罗马共和制面临的危机，反而使局势更加恶化。公元前 79 年，苏拉放弃独裁官职位隐退，于次年死去。但苏拉依靠军队实行独裁开创了军事独裁的先河，对其后

苏拉的墓志铭

公元前 78 年，苏拉在别墅安静地死去，终年 60 岁。苏拉临终给自己留下了这样的墓志铭：“没有一个朋友曾给我多大好处，也没有一个敌人曾给我多大危害，但我都加倍地回敬了他们。”

恺撒的军事独裁和罗马帝国的建立产生了深远的影响。

（二）前三头

公元前1世纪中叶，罗马统治阶级中有三个风云人物登上政治舞台，他们是克拉苏、庞培和恺撒。

克拉苏（Crassus）是苏拉的部将。公元前83年随苏拉出兵意大利，在一次重要的会战中，苏拉统帅的左翼溃散，而克拉苏在右翼大获全胜，挽回了战局，从此克拉苏开始在罗马政界崭露头角。他经营高利贷和投机商业，积聚财富，成为罗马首富。克拉苏又因残酷镇压斯巴达克起义而立下“赫赫战功”，博得罗马奴隶主阶级对他的支持，成为当时罗马政治舞台上名噪一时的显赫人物。

为什么说克拉苏是罗马最具投资才能的人？

公众的灾难是克拉苏致富的最大财源。克拉苏注意到罗马的房屋鳞次栉比，很容易失火，就组织了一支当时还非常罕见的消防队，一旦有房子失火，他就趁房主们恐惧不安之时以极低的价格买下，然后再开始扑火。就这样，克拉苏获得了数以千计的房子和住宅，然后再高价出租。克苏拉为人虽然吝啬，但在收买人心方面极其慷慨，他看准恺撒是罗马未来的权势人物，因此尽管恺撒与他老婆有染，他还是出钱资助恺撒竞选。

庞培（Pomtey）与克拉苏一样，也是苏拉的部将。公元前77年夏，庞培奉元老院之命讨伐西班牙，在西班牙获胜后，庞培班师回国，获得盛大凯旋式。克拉苏与庞培成了左右罗马政局的人物。他俩虽然互相嫉妒，但由于政治上的需要，仍然共谋合作。

与此同时，罗马出现了一个新的人物，名叫恺撒（Caesar）。恺撒出身于破落的贵族，为马略的妻侄，是马略党人秦纳的女婿。苏拉掌握政权时，为躲避苏拉的迫害，他曾逃亡罗得岛。恺撒生性狡猾，能审时度势，善于利用机会巩固个人政治地位。他以改革派的形象、慷慨大度的作风以及在西班牙等地的战功而赢得平民和一部分上层人士的支持和信任，成为罗马政坛炙手可热的风云人物。

克拉苏、庞培、恺撒三人都想垄断政权，但任何一人都无力单独掌握罗马政权，于是在恺撒的撮合下，公元前60年，三人结成秘密同盟，并商定相互支持，共同对抗元老院的反对势力。

公元前58年，恺撒出任高卢总督。在高卢，恺撒以软硬兼施、恩威并用的方法，镇压了当地凯尔特人的反抗，并将整个高卢并入罗马版图。恺撒把掠夺来的巨额财富用于公共娱乐、发放粮食，深得平民和士兵的欢心。由此，恺撒培植起了一支训练有素并只听命于他个人的军队，很快在财富、兵力和声望方面超过其他两位同僚。

公元前 53 年，克拉苏死于帕提亚战争，三头同盟只剩下两雄对峙。而恺撒权势的增长，既使元老院心怀戒惧，也使庞培产生妒忌，元老贵族竭力拉拢庞培，庞培也逐渐倒向元老院。

▲恺撒遇刺

公元前 49 年，恺撒突然从高卢进军罗马，庞培与一批元老仓皇出逃。恺撒在夺取罗马政权后，不久出兵彻底击溃庞培与各地的反抗势力。公元前 45 年，恺撒被元老院宣布为终身独裁官，此外，他还兼有大元帅、大祭司长等头衔以及“祖国之父”的称号，成为继苏拉之后总揽罗马军政大权的独裁者。

恺撒上台后，对罗马社会和政府进行了大量的改革。例如，改组元老院，将他的亲信安插于元老院；赋予外省人以罗马公民权，把部分城市贫民安置到殖民地定居；改良道路，促进商业发展；还制定了新历法，采用太阳历，以他所属氏族的名字把新历法命名为儒略历。

恺撒的独裁统治及其改革措施，加上当时流传恺撒企图登位称王，引起了部分固守共和传统的元老贵族的极端不满，以布鲁图为首的 60 多名元老院议员串通起来，密谋暗杀恺撒，其中有些人还是他的朋友。经过一番精心策划，公元前 44 年 3 月 15 日，当恺撒走进元老院时，阴谋者们把他包围起来，掏出藏在宽袍里的匕首，一齐刺了他 23 刀，55 岁的恺撒当场毙命，最后倒在了庞培的塑像前。

（三）后三头

恺撒遇刺后，罗马陷入一片混乱，绝大部分罗马居民，特别是恺撒施惠所收买的下层平民，都采取了反对阴谋者的立场。恺撒的旧部借机整合力量，恺撒的部将安东尼乘机征集军队，扩充实力，很快把谋害恺撒的阴谋者赶出了罗马，同时也镇压了平民的暴动，安东尼就此成为罗马最有权势的人物，俨然以恺撒继承

“无冕之王”恺撒

恺撒是罗马帝国的奠基者，故被一些历史学家视为罗马帝国的无冕之皇，有恺撒大帝之称。甚至有历史学家将其视为罗马帝国的第一位皇帝，以其就任终身独裁官的日子为罗马帝国的诞生日。影响所及，有罗马君主以其名字“恺撒”作为皇帝称号；其后的德意志帝国及俄罗斯帝国君主亦以“恺撒”作为皇帝称号。

▲罗马帝国开国君主屋大维

人的身份行事。

这时，年仅 19 岁的恺撒的甥孙和继承人——屋大维来到罗马，他借助恺撒的声望，争取老兵和平民的支持，成为安东尼的有力竞争者。公元前 43 年春，屋大维联合元老院在山南高卢的穆蒂纳打败了安东尼，并把他赶到了山外高卢。然而，打败了安东尼的元老院神气起来，根本不把屋大维放在眼里。屋大维转而和安东尼以及另一个手握重兵的原恺撒的部将雷必达，在意大利北部的波洛尼亚会晤，屋大维和安东尼摒弃前嫌，握手言欢。三人缔结协议，建立了三人同盟，历史学家把这次三人同盟称为“后三头同盟”。

结盟后，三方联合进军罗马，解散了原来的政府，并以“安定国家的三雄政治”为名，公开建立了集体享有无限权力的军事独裁制度。三人得势后，马上乘胜追击，于公元前 42 年率军歼灭了逃到希腊的布鲁图的共和派军队。

这以后，“三雄”划分了彼此之间军政势力的范围。屋大维和雷必达取得西方，安东尼取得东方。十年之内，屋大维建立了在西方的绝对优势，并夺取了雷必达的职权，兼并了他的军队。在东方的安东尼，先是在帕提亚战败。为巩固势力，他与埃及女王克里奥帕特拉结婚，和她并位而治。他又把罗马的东方各省赐给克里奥帕特拉及其子女，这种破坏罗马属地的行为，引起罗马军民的强烈不满，也给了屋大维向东方进攻的口实。公元前 31 年，双方决战于希腊的西岸阿克丁，安东尼大败。次年，安东尼与克里奥帕特拉双双自杀于埃及。

至此，长期陷于内战和分裂的罗马重新统一起来，屋大维变成了罗马唯一的统治者。公元前 27 年 1 月 16 日，元老院正式赠予屋大维“奥古斯都”的称号。

屋大维把国家一切大权都集于一身，建立了元首制，这种元首制披着共和的外衣，实际上是一种隐蔽的君主制。屋大维成为罗马第一个皇帝，从此，罗马进入帝国时代。

智慧才是埃及艳后的资本

在文学与电影作品中，埃及女王克里奥帕特拉被誉为“埃及艳后”，是一个美貌无比、倾国倾城的人物，将恺撒和安东尼两位罗马枭雄迷倒在她的石榴裙下，但从柏林博物馆和伦敦大英博物馆展出的克里奥帕特拉的肖像看，这位“埃及艳后”相貌一般，个子矮小，完全算不上一个美艳女子。近期一些研究埃及的学者经过考证，认为克里奥帕特拉是当时难得的大学问家，她精通希腊语、拉丁语、希伯来语和埃及语等多国语言，对于炼金术、哲学以至数学和城市规划也非常精通。她还写过好几本关于科学的书，她的宫廷是知识分子聚会的场所，她还经常与一些科学家在一起讨论科学难题。她有着高超的治国才能，而其让罗马统帅仰慕的不仅是她的美貌，更是她的聪慧与温柔。

▲埃及艳后

五、基督教的兴起

基督教发源于犹太教，与佛教、伊斯兰教并称世界三大宗教，现在有超过15亿信众，占世界总人口的25%。作为欧洲乃至世界第一大宗教，基督教对欧洲历史及文化产生了极为重要的影响。

（一）基督教产生的社会环境

基督教的产生有着深刻的社会原因。公元1世纪时期的罗马帝国地域辽阔，国力强盛，海上交通发达，呈现出一派歌舞升平的景象，但帝国内部的阶级矛盾和民族冲突十分尖锐。地中海东岸的巴勒斯坦地处亚、非、欧三大洲交通要道上，是古代各大国争夺的对象和冲突的战场。居住在此的犹太人是一个多灾多难的民族，他们长期处在外族的统治之下，饱受残杀、迫害、放逐之苦。早在罗马帝国征服此地之前，犹太人就曾先后遭受埃及人、亚述人、波斯人及马其顿人的奴役。无数次的反抗大多归于失败，使犹太人对现实生活失去了信心，看不到摆脱奴役的希望，以致很多人耽溺于宗教的幻想，在虚无缥缈的天国中寻求心灵的慰藉，于是他们创立了独信上帝耶和华的一神教信仰——犹太教。

▼耶稣受难

公元前64年，巴勒斯坦被罗马征服后，犹太人几次起义都遭到血腥镇压，大部分犹太人被驱逐出耶路撒冷。从此以后，犹太人失去了自己的家园，流散在叙利亚、小亚细亚、埃及等地。生活在异乡的犹太人与当地居民混居在一起，共同遭受罗马帝国压迫的命运，使他们之间的民族距离缩小，于是在犹太人中萌发了一种新的宗教思想：认为“上帝”是全人类的慈父，人人皆为兄弟，要求打破民族界限，把狭隘的犹太教改造为一种能包容各族人的新宗教。

公元 1 世纪上半叶，在小亚细亚、巴勒斯坦地区出现了一些秘密教派，参加者主要是下层劳动群众，他们不满罗马帝国的暴政，反对社会上的不平等，宣传基督救世主即将降临，并且必将战胜罗马帝国，建立起平等幸福的“上帝之国”；他们主张人人平等，财产公有，在徒众之间实行经济互助，共同享有财物。原始基督教正是从这些秘密教派中孕育而成。

（二）耶稣的传说

基督教最初是作为犹太教的一个支派出现，它继承了犹太教的一神论和救世主观念，同时还接受犹太教的《圣经》，称之为《旧约》。但它与犹太教的不同之处在于，它信奉耶稣为救世主，基督教把耶稣的神话传说作为基本教义，把耶稣受刑的十字架作为其信仰的标志。

据《新约·马太福音》记载：耶稣是上帝耶和华的独生子，为拯救人类降临世间。据传，在罗马帝国奥古斯都统治年间，巴勒斯坦地区一个叫伯利恒的地方有个叫约瑟的木匠，与本乡姑娘玛利亚定了亲，但玛利亚却未婚先孕，一时间人们议论纷纷，这给约瑟带来极大的苦恼，他想解除这门婚约。但一天晚上，他在梦中见一位天神从天飘然而降，对他说：“约瑟，你放心娶玛利亚吧，是圣神授孕于她。她怀的是上帝的儿子，叫耶稣。他会把人类从罪恶的痛苦中解脱出来，让他来拯救

▼圣母怜子

世界。”约瑟醒后，就遵照天神的嘱咐，娶了玛利亚。

公元元年的一天，约瑟和玛利亚来到耶路撒冷城。当夜又黑又冷，他们找不到合适的宿地，只好借住在一个马棚里。玛利亚当晚就在马棚的马槽里生下一个男孩，约瑟给他取名耶稣。耶稣 30 岁时，开始外出传教。据说，他是一个无所不能、法力无边的人，他能使海啸退潮、盲人复明，他的头上有一轮巨大的光圈，使人民能在黑暗中清楚地看见他。耶稣不断地为人们做好事，免费为百姓治病，慢慢地，越来越多的人崇拜他、信仰他。

耶稣的传教活动招来了犹太教祭司和罗马官吏的嫉恨，他们指控耶稣违背犹太教，蔑视罗马政府，妄图自立为“犹太王”，将其逮捕，并判处死刑，将其钉死在耶路撒冷一座小山的十字架上。但耶稣死后第三天便复活了，到第 40 天，耶稣升入天堂，回到上帝身边。耶稣复活的当天，是过春分月圆的第一个星期日，后被基督教定为“复活节”。基督教又把耶稣的生日（12 月 25 日）定为“圣诞节”。由于“救世主”一词在希伯来语中为“弥赛亚”，古希腊语读作“基督”，故称耶稣为基督，他所创立的教会为基督教。

其实，耶稣的生平没有见于公元 1 世纪的任何记载，《新约》中有关耶稣的记述也都是在 2 世纪才笔录成书，不足为信。历史上究竟有无耶稣其人，历来争论不休，至今未有定论。

都灵耶稣裹尸布

人类史上被最仔细研究的一件物件，相传耶稣被第 13 个门徒出卖，结果钉死于十字架上，死后三日却复活过来，剩下曾经包裹着他的尸体的裹尸布。裹尸布一直被教徒视为神迹，是对耶稣存在的其中一大证明，梵蒂冈亦早已认定裹尸布是神迹。裹尸布上可以见到耶稣的轮廓，仔细得连嘴唇也清晰可见。

（三）基督教的发展与演变

基督教产生后，迅速得到广泛传播，不仅在巴勒斯坦、叙利亚、小亚细亚和埃及，而且在希腊乃至意大利半岛，都出现了基督教的组织团体。基督教平等博爱之说，信徒之间衣食互济、患难相恤的淳朴之风以及对富人权贵的鄙视，对末日审判正义必胜和救世主行将降临人间的信念，对于受尽现世压迫的广大劳苦大众，无疑具有巨大感召力。因此，基督教徒日益增多，声势日隆。

随着基督教的广泛传播，基督教徒的成分也日益复杂。公元 2 世纪，随着罗马帝国社会危机的酝酿，不满于社会现实但又在现实中找不到出路的人们，竞相把基督教当作精神上的寄托，其中包括不少富有者。基督教本身是一种世界性的宗教，它在吸收教徒时不分民族，不分阶级，而且它的教义中有许多信条都是有产者乐于接受的，所以到后来，富裕手工业主、商人、奴隶主贵族和希腊知识分子入教者日渐增多。他们往往凭借其财富和在文化知识方面的优势，担任牧师和主教等神职，逐渐从思想上和组织上控制了各地教会。

不仅如此，富有的基督徒大都受过教育，所以他们还承担了制定基督教教义的职责。宗教教义经过他们的琢磨和编撰，失去了原始基督教所固有的敌视现实的革命性因素。于是，基督教会慢慢发生了质的变化，失去了其原先的意义。原始基督教反对阶级压迫和民族压迫的战斗精神与争取社会平等的思想渐趋淡化，而逆来顺受、爱仇如己、希冀来世的教义则被提到首要地位。

罗马帝国的统治者出于维护政权稳定的需要，也逐渐转变了对基督教的敌视态度。公元313年，罗马帝国皇帝君士坦丁大帝在米兰颁布“宽容敕令”，也称“米兰敕令”，宣布宗教自由，在罗马法律上第一次承认基督教会的合法地位，并给教会以很多特权。基督教乘机大力发展教徒，拓展势力。公元392年，狄奥多西一世正式把基督教定为罗马国教。自此以后，基督教成为欧洲国家主流正统的宗教，与国家政权相结合，成为影响历史发展和文明进步的重要社会力量。

书中之书——《圣经》

《圣经》作为基督教的圣书，是基督教徒每日必修功课的读本。“圣经”一词在大部分欧洲语言中来自希腊语“书”一词，并无“圣”字。汉语译者似乎是用了《十三经》的这个“经”字，而把这部书译成了《圣经》。

《圣经》在公元前12世纪到公元3世纪一千多年里形成、汇集、编写成书。它记录了犹太人和其他民族具有宗教色彩的古代历史传说，反映了小亚细亚等地相当长时期的经济、政治和思想方面的情况。

《圣经》分《旧约全书》和《新约全书》两大部分，主要用希伯来文写的《旧约全书》叙述犹太民族的历史和犹太人对神的信仰发展历程，还记载了律法诗歌和先知的预言，而主要用古希腊文写的《新约全书》则记录了耶稣和他的使徒们的生平事迹及教训。两者虽然性质不同，但都贯穿着同一个线索，即按照犹太教的说法，上帝允诺把一位救世主赐予他的臣民，而基督教则认为耶稣的生与死，就是上帝允诺的应验。

六、罗马帝国的衰亡

公元2世纪下半叶，马可·奥勒留这位哲学家皇帝统治着如日中天的罗马帝国。他曾经写过一本反思日记，后人称之为《沉思录》。但当时的帝国已经有许多问题使他不能在宁静中“沉思”了，当时的罗马帝国正陷入全面的经济社会危机之中。

（一）公元3世纪危机

从公元2世纪末到3世纪末，罗马帝国爆发了严重的社会危机，史称3世纪危机。危机表现为农业萎缩，商业萧条，城市衰落，财政枯竭，政治混乱，大批蛮族乘机入境，帝国政权陷入风雨飘摇、岌岌可危的境地。

以奴隶劳动为基础的大庄园经济是罗马帝国经济的基础，而战俘是奴隶的主要来源，但到3世纪，罗马帝国的疆域已经定型，基本没有扩展的空间，相应地，奴隶来源也大大减少了。由于奴隶供不应求，奴隶的价格不断上涨，生产成本随之提高。加之奴隶劳动的强制性，令奴隶工作积极性不高，奴隶不断出现怠工、破坏工具、逃亡等反抗活动，农业生产逐渐趋于停滞。为此，奴隶主不得不放弃大规模的庄园生产方式，把庄园分成小块租给奴隶或自由民，向他们收取实物或劳役地租及少量租金。

▼战斗中的罗马军团

而此时，罗马帝国皇帝的宫廷、官僚体系、军队都已扩张到前所未见的程度。为了维持这套膨胀中的国家机构，帝国政府必须支出浩大的经费。公共庆典挥霍无度，官吏中饱私囊，一切负担都加在已日渐凋敝的经济上。为弥补财政亏空，罗马政府采取滥发劣质货币的办法，却造成物价高涨。而物价越高，政府的财政越困难，税源短缺和货币贬值的问题也就越严重。这样就形成一种恶性循环，结果造成商业与手工业动荡不安，城市经济不可避免地走上衰败的道路。

伴随着社会经济的严重危机，罗马帝国在 3 世纪又发生了严重的政治危机，这表现为政治混乱和内乱外患加剧，中央集权的帝国政府陷入瘫痪状态。此时，军队成为左右罗马政坛的决定性力量，据说，一位罗马皇帝在临死前嘱咐儿子们："让士兵发财，其余的人可以一概不管。"贪婪乱纪的军队几乎随心所欲，朝立一帝，夕弑一君，从公元 235 年起，开始了整整 50 年的军事专制的黑暗时代。在这段时期里，分裂混乱和皇帝死于非命成了家常便饭，在公元 238 至 253 年，15 年间居然出现了 10 个皇帝。在这些现象的背后，人们已可看到一个阴森的社会经济崩溃的鬼影。

在经济、政治危机的同时，帝国外部的日耳曼人和波斯人开始突破罗马原有的防线，向帝国境内入侵；境内的北非和西西里则发生了奴隶和隶农的大起义，高卢也爆发了号称巴高达（意为"战士"）的起义运动。盛极一时的罗马帝国处于风雨飘摇之中。

（二）戴克里先与君士坦丁的改革

▼四帝共治

公元 284 年，近卫军长官戴克里先在军队的拥戴下成为新一任皇帝。他出身寒微，是被释放的奴隶之子，但有着卓越的军事和政治才能。他很快平定内乱，成为帝国最高统治者，结束了罗马帝国长期政治混乱的局面。戴克里先自称"多米奴斯"（即专制君主），正式废止元首制，采用君主制。

为了便于统治幅员辽阔的帝国，抵御蛮族入侵，他建立了共治制度，先是任命他的得力助手马克西米安为共治皇帝，负责管理帝国西部地区的事务，两人共享"奥古斯都"的称号。后来两人又各自任命一位副手，都称为“恺撒”，并把自己所管辖的地区分出一部分交给其掌管，这样把帝国分为四个区域，形成“四帝共治”的局面。但帝国分而不裂，仍保持统一，戴克里先以君主地位握有最高权力。

为了解决财政亏空问题，戴克里先宣布施行新的税制，在农村中征收以实物为主的人头税和土地税，在城市居民中则征收以货币为主的人头税。为了保证税源，戴克里先颁布法令，把自由农民和隶农固定在土地上，不准随意迁徙，把手工业者和商人固定于不同的行业，市议员也被固定于市议会，他们必须以自己的财产来担保城市应缴的税额。各行各业都世袭其业，对逃亡者严加惩处。新税制的实施暂时增加了政府的收入，但加重了纳税人的负担，加剧了社会矛盾。

为了稳定经济和抑制物价上涨，戴克里先着手整顿币制，他下令铸造新的金币，并发行银币和铜币。但是，新发行的货币被居民收藏起来，不见流通，劣质货币仍然充斥，市场物价居高不下。

公元305年，戴克里先和马克西米安同时退位。经过一番争夺帝位混战，戴克里先时期原来两位恺撒的继承者李基尼乌斯和君士坦丁分别控制了帝国东西部的政权，形成两个奥古斯都并立的局面。公元393年，君士坦丁战败李基尼乌斯，成为全国唯一的统治者。

继戴克里先之后，君士坦丁继续加强中央集权的专制统治，在政治、军事和财政等方面推行一系列改革措施。他废除四帝共治制，委任自己的子侄治理帝国部分地区，从而把罗马君主专制制度推到一个新的阶段。他继承了由戴克里先把军队分为边防军团和内地机动军团的军事改革，并且在行省中实行军政分开的政策，并以宫廷禁卫队代替原先掌握君主生杀大权的近卫军，把军事权力完全集中到皇帝手中。

公元330年，君士坦丁在博斯普鲁斯海峡西岸希腊殖民地拜占庭的旧址上，建筑了一个新城，名曰君士坦丁堡，帝国首都从罗马迁移至此。君士坦丁之所以迁都，是因为当时帝国西部在经济上已衰落，而东部比较繁荣，而且君士坦丁堡在军事和地势上位于东西

戴克里先对基督徒的迫害

戴克里先于公元303年2月24日发布首个迫害基督徒的法令。首先，基督徒士兵需要离开军队，其后基督教堂的私产被充公，而且基督教的书籍被烧毁。在戴克里先的宫殿被两次纵火后，其对基督徒采取了更强硬的措施：基督徒要么放弃信仰，要么被处死。这次对基督徒的迫害行动持续至公元313年君士坦丁一世颁布米兰令为止。这次迫害使得亚历山大教区的教堂将戴克里先即位的年份（公元284年）视为殉道时期的新纪元。

交通要冲，便于控制帝国广大领土。

（三）蛮族入侵与西罗马帝国的灭亡

戴克里先与君士坦丁推行的改革措施使帝国得到暂时的稳定，但无法从根本上挽救罗马奴隶制社会经济的危机与没落。公元 4 至 5 世纪，帝国社会经济日趋衰落，特别是西部地区许多城市的工商业萧条不振，农村荒芜，人口锐减。

帝国后期在政治上更是混乱不堪，君士坦丁死后，统治集团内部再次发生争夺帝位的战乱，此后帝国内外交困，再也无法建立稳固的政权。公元 395 年，狄奥多西一世去世前，把帝国分给两个儿子，长子阿卡狄乌斯成为东罗马皇帝，以君士坦丁堡为首都；次子霍诺利乌斯则任西罗马皇帝，仍以罗马为都。

正当罗马帝国分裂之际，新的危机又来临了。公元 3 世纪，由中亚地区迁徙而来的被罗马人称为“蛮族”的游牧部落成为压倒罗马帝国的最后一根稻草。这里所谓蛮族，主要是指日耳曼人，其中包括日耳曼人的各个分支或各个部落，例如，西哥特人、东哥特人、伦巴第人以及更为著名的法兰克人。

公元 395 年，西哥特人在领袖阿拉里克领导下，再次发生叛乱。这一次他们经过色雷斯、马其顿及希腊半岛南部，向西挺进。公元 401 年，阿拉里克越过阿尔卑斯山，向罗马进军。沿途许多奴隶、隶农和农民加入西哥特人的队伍，声势浩大。公元 408 年，阿拉里克包围罗马，在向西罗马帝国皇帝勒索了大量金银钱财后，暂时退兵。公元 410 年，阿拉里克再次围困罗马，城内起义的奴隶打开城门，西哥特人一拥而入，于是这座被誉为“永恒之城”的罗马城在奴隶和蛮族的内外夹攻下首次陷落。

▼罗马帝国的分裂和西罗马帝国的灭亡

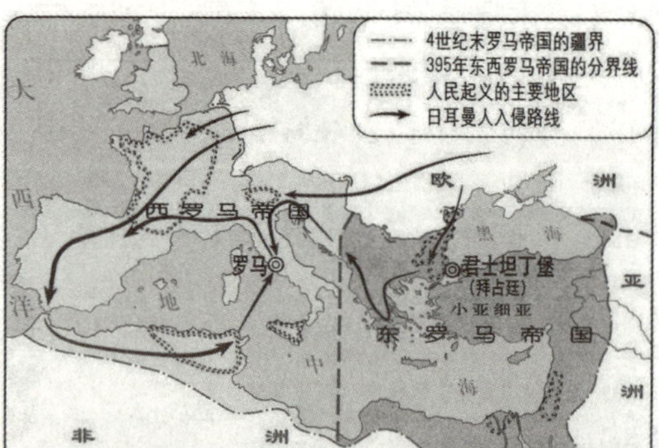

罗马帝国的分裂和西罗马帝国的灭亡

在罗马军队里有许多蛮族雇佣兵，也

有许多日耳曼蛮族人充任高级军官。罗马即用这些蛮族雇佣兵以抵御其他蛮族入侵。这样，这些蛮族雇佣兵实际掌握着罗马的政权，可以任意废立皇帝。狄奥多西以后的皇帝近于傀儡，实权不大，帝国的领土也只限于意大利境内。公元 476 年，日耳曼雇佣兵在奥多亚克统领下，因要求获得土地不成，发动叛变，推翻了西罗马最后一个皇帝罗慕路斯，西罗马帝国宣告灭亡。

在东罗马，拜占庭的政权虽然没有和西罗马政权一块灭亡，但这个政权也在随着社会的封建化而改变它的性质。当西欧各地封建制度普遍成长时，拜占庭帝国也已成为一个封建帝国。从此以后，欧洲的历史进入新的篇章，奴隶制的社会已经退出历史舞台，以采邑分封制度为基础的封建制度成为社会的主要形态。

《沉思录》

《沉思录》是古罗马唯一一位哲学家皇帝马可·奥勒留所著，这本自己与自己的 12 卷对话，内容大部分是他在鞍马劳顿中所写。马可·奥勒留在书中阐述了灵魂与死亡的关系，解析了个人的德行、个人的心灵解脱以及个人对社会的责任，要求常常自省以达到内心的平静，要摈弃一切无用和琐屑的思想，正直地思考。而且，不仅要思考善、思考光明磊落的事情，还要付诸行动。

七、罗马文化

2000 年，美国梦工厂电影公司重拾金戈铁马、刀光剑影的史诗电影题材，制作拍摄了轰动全球的电影《角斗士》。在影片中通过高科技手段，还原了古罗马角斗场的景象，展现了古罗马文明的辉煌壮丽。

（一）哲学领域

哲学上，古罗马的哲学深受古希腊影响，他们虽然比不上古希腊人在哲学上的繁荣，但也蕴含了罗马文化的个性。在这一时期主要的哲学家有卢克莱修、西塞罗和塞涅卡。

卢克莱修（Lucretius，公元前 99—前 55）是罗马哲学唯物论的代表人物，他唯一流传的作品是 6 卷本的哲学诗《物性论》。卢克莱修坚持原子唯物论的观点，他虽然承认神的存在，但认为我们的世界不是神创造的，神由精细原子构成，与我们的世界无关。人的灵魂和精神也是由精细原子构成的，并随肉体的死亡而死亡。

西塞罗（Cicero，公元前 106—前 43）是古罗马时期著名的政治家和哲学家，主要著作有《论神性》《论善和恶的界限》《论国家》《论法律》等。在哲学方面，西塞罗把希腊各种唯心主义拼凑在一起，以折中主义的形式，反对伊壁鸠鲁等人的原子唯物主义。他认为一切知识都没有准确性，因此，人要放弃一切判断。他宣扬宿命论，把人的社会地位说成是“由天命决定的，非人可以强求”。他还主张灵魂不死，人的许多知识生前就有，

▼西塞罗演讲

学习就是灵魂的回忆。他宣扬禁欲主义，攻击伊壁鸠鲁的快乐论为纵欲主义。西塞罗在哲学上另外的贡献是以对话形式撰文，将希腊哲学思想普及到罗马人中，并确定了拉丁文的哲学术语。

在罗马帝国时期较有影响的唯心主义哲学家塞涅卡（Seneca，约公元前4—公元65）从哲学的角度介入伦理学问题，著有《论天命》《论智者不惑》《论幸福》《论宽恕》《论道德》等，提倡宿命与禁欲，认为天命、命运主宰整个自然界，对日后罗马宗教的发展不无作用。

（二）文史领域

罗马文学的黄金时代是屋大维奥古斯都时期，当时出现了维吉尔、贺拉斯和奥维德三位著名诗人。

维吉尔（Vergilius，公元前70—前19）是罗马最伟大的诗人。他虽出身寒门但博学多闻，是屋大维庇护下的文化集团中的一员，为屋大维的文化政策效力，深受屋大维倚重。但维吉尔本人并非轻浮的御用文人，他谦虚、朴实，拙于言辞，一心埋头于哲学研究和诗的创作。他一生共写了《牧歌》、《农事诗》和《埃涅阿斯纪》（又译《伊尼德》）三部作品。《牧歌》是维吉尔的成名作，歌唱了牧人的生活与爱情，还掺杂了作者个人对当前社会和政治的看法。《农事诗》则表现古罗马农民的工作和生活，以配合屋大维复兴农业的政策。《埃涅阿斯纪》是维吉尔一生最重要，也是最成功的作品，是宏伟的罗马史诗。他着意模仿和继承《荷马史诗》，用生命最后的11年写作了这部伟大的罗马民族开国史。它讲述在希腊联军攻陷特洛亚城之后，特洛伊英雄埃涅阿斯率众来到意大利，成为罗马开国之君的种种经历，将神话与历史、爱情与战争熔为一炉，风格高贵，严肃而哀婉。同时，在史诗中，维吉尔通过神的回忆确定了屋大维的“神统”，极端高扬罗马民族的光荣感和使命感。《埃涅阿斯纪》是罗马诗歌的最高成就，也是文人史诗的典范。

屋大维时代的第二位大诗人当推贺拉斯（Horatius，公元前65

但丁最崇拜的作家是谁?

维吉尔是但丁最崇拜的作家，在《神曲》中，但丁称他为“老师”，虚构他解救了迷路的自己，并邀请自己去游览地狱和天国。

年一前8)。贺拉斯的父亲是被释放的奴隶，他早年生活清贫，地位低下，但开始写作后由于维吉尔的介绍，进入了屋大维属下的文学集团，过上了稳定悠闲的生活。贺拉斯作品很多，而使他享有盛名的是抒情诗集《歌集》和文艺理论作品《诗艺》。《歌集》中既有为屋大维歌功颂德的篇章，也有写爱情、友谊以及知足常乐的人生态度的诗篇。而《诗艺》则继承了亚里士多德的文艺观点，重申文学对自然的模仿。另外，它强调了文学的启蒙和教育作用，提出了“寓教于乐”的主张。在作品的艺术方面，贺拉斯的要求是严格的，他要求诗人勤学苦练，日夜把玩希腊的范例，使作品达到“统一与调和”的美。这种对“合式”的强调和对语言精练的要求，对17世纪欧洲的古典主义产生了极大影响。

奥维德（Ovidius，公元前43—公元18）是屋大维时代的第三位诗人，他从18岁左右开始写诗，早期创作主要是一些爱情诗，包括《恋歌》《爱的艺术》等，成熟时期的作品主要是长诗《变形记》和《岁时记》。《变形记》是他的代表作，全诗15卷，取材于古希腊、罗马神话，以人由于各种原因变形为动植物、星星、石头等这一线索贯穿全书，以创世之初叙述到恺撒之死并成神，共包括大大小小250多个故事，是古希腊罗马神话的大汇集，显示了古代丰富多彩的神话世界。

罗马史学也较发达，共和时期最著名的史学家要数波里比阿（Polybius，公元前204—前122），他所著的40卷本《通史》描写的是布匿战争时期的历史，现存仅5卷。波里比阿认为，历史学家必须抛弃一切个人成见和党同伐异的情绪，使自己成为一个公正无私的大法官，从大量的事实证据中求得正确的结论。他特别提到“史德”的重要，认为一个历史学家必须具有高尚的品德，切不可凭主观好恶来歪曲事实。

帝国时期的著名史学家有李维、塔西佗、普鲁塔克和阿庇安等。李维花费40余年撰写卷帙浩繁的《古罗马史》，全书142卷，现存35卷，记载了从传说中的罗马城兴建之年到公元前9年的罗马历史。书中援引了许多业已失传的文献，包括年代记、元老院会议记录、

奥维德的最后结局

奥维德50岁时，得罪了当时的执政党，他的罪状有两条：一是参与淫乱行为；二是写作诲淫诗篇。从此，奥维德的著作全被查禁，公共图书馆的藏本也一律销毁。奥维德被流放到多瑙河口的一个小城托米，公元18年，死在那里，年寿60。在流放中，他写出《哀愁集》《爱药》，以表忏悔。他在流放期间曾热切希望得到奥古斯都的宽恕，让他回到罗马，但始终未能如愿，最后病死异乡。

条约、各种私人契约、遗嘱、古代作家的作品，内容丰富，文字生动，为古罗马史提供了极为珍贵的史料。此外，塔西佗的《编年史》《日耳曼尼亚志》、普鲁塔克的《希腊、罗马名人传》、阿庇安的《罗马史》等，都存有大量珍贵史料，是西方不朽的史学名著。

（三）辉煌的建筑

罗马在建筑艺术方面给后世留下了一份丰厚的遗产，其建筑规模宏伟雄壮，结构坚固持久，形成以圆拱、拱顶、圆屋顶为特点，以雕花的柱廊或连拱廊为装饰的古罗马式建筑风格，对后世西欧建筑艺术的发展产生了重要影响。

罗马建筑艺术的代表作主要有圆形剧场、浴池、凯旋门、纪念柱等，其中最著名的建筑物是屋大维时代修建、哈德良（117—138）时代重建的万神殿。万神殿坐落于罗马市内万神殿广场南面，万神殿没有一根柱子、一扇窗户，阳光从大圆屋顶照进殿内。正面门口有 16 根石柱，每根石柱都是用整块的花岗岩雕成，代表了当时穹顶技术的最高成就。

凯旋门是罗马人纪念出征胜利、表彰统帅功绩的建筑物，常设置于市中心主要道路的交汇处、广场入口处等重要地段。凯旋门一般采用单开间券洞式结构，以便凯旋的军队在夹道欢迎的人群中从券洞中通过。券洞内有描绘战争场面和凯旋仪式的浮雕，立面为长方形。

罗马斗兽场是古罗马时期进行角斗表演的椭圆形建筑，又称角斗场，当时人称“哥罗赛姆”（Colosseum，即庞然大物之意）。角斗场中央为表演区，周围为逐级升起的看台，没有永久性的屋顶。建于公元 75—80 年的罗马大角斗场是规模最大、功能完善、景观宏伟的代表作，它的型制一直影响到现代大型体育场。它位于市中心的东南，长轴 188 米，短轴 156 米，周边长 527 米，观众座位以近 62% 的

▼君士坦丁凯旋门

君士坦丁凯旋门位于罗马竞技场与帕拉蒂尼山之间，为纪念君士坦丁一世于 312 年 10 月 28 日的米里维桥战役中大获全胜而建。君士坦丁凯旋门也是罗马现存的凯旋门中最新的一座。

坡度升起，共 60 排，分为 5 区，前面是荣誉席，中间是骑士席，后面是平民席，可容纳 5 至 8 万人。

（四）自然科学

罗马的科学是在总结意大利本土与地中海诸民族的科学成就基础上发展起来的，其中比较突出的有农学、医学和军事测量等。罗马是一个农业国家，农业科学一直较为发达。它不仅吸取了希腊和迦太基的成就，而且富有创造性。公元前 2 世纪中期，农学家迦图写了《农业志》一书。这是罗马第一部农业著作，它不仅总结了迦图本人长期从事农业结营和管理的经验，而且也总结了前人在这方面的实践经验。公元前 1 世纪后半叶，又有一位农学家瓦罗写了《论农业》一书。此书共三卷：第一卷主要是叙述经营农业的方法；第二卷是讲怎样饲养牲畜；第三卷是讲怎样饲养鸟类和养鱼。

公元 1 世纪中叶，罗马贵族普林尼完成了著名的科学著作——《自然史》。《自然史》共 37 卷，是一部包罗各科、广博丰富的百科全书。它论及天文、地理、动物学、农业、矿业、冶金等各个方面，是研究古代罗马科学史的重要文献。

在医学方面，公元 14 年，罗马建立了第一所公立的希腊医校。公元 2 世纪，出生于帕加马的名医盖伦，受限于不允许解剖人体的旧传统，用动物作解剖实践，并把实践结果著录成书，著名的有《解剖过程》《身体各部的机能》等，在 16 世纪以前的医学界一直占有主导地位，对西方医学有极大影响。此外，随着罗马帝国的军事扩张，罗马的军事技术、地理测绘和工程技术等都有很大发展。

古罗马的角斗士

观看角斗士表演是古罗马公民一项重要的公共娱乐活动，对角斗士的最早记载要追溯到公元前 264 年。当时这些角斗士大多是奴隶，被迫在一个贵族的葬礼上拼死搏杀。古罗马的角斗士们通常在类似于军事训练营的地方一起训练，经常随团到帝国的各个地方进行巡回表演。这些角斗士团曾为私人所有，但是因为害怕他们会转变成对帝国统治造成威胁的私人军队，国家后来接管了这些角斗士团。

训练角斗士的方式和现代训练运动员的方式非常相似，他们要进行非常严酷的体能锻炼并接受严格的饮食控制，只能进食高热量的食物。他们要学习使用各种武器，包括匕首、剑、网以及锁链等。在角斗场角斗过程中，角斗士们两人一组互相格斗，在一些重大的皇家庆典上，有时出场的角斗士达 5000 对之多，平均算下来每场大概有 100 对角斗士出场。失败的角斗士通常是被胜利者杀死，胜者将长剑直接刺入他的咽喉以宣告胜利。这时，全场的观众欢呼沸腾，气氛达到最高潮。

▲名画《角斗士》(1872 年)

第三章

中世纪欧洲

西罗马帝国灭亡后，昔日的“蛮族”部落成为欧洲大陆的新主人，由于“蛮族”文明程度不高，一直到文艺复兴之前，欧洲再没出现希腊、罗马时期那样辉煌灿烂的文明成果。一千余年的中世纪被后人加以“黑暗”“蒙昧”的指称。在此期间，封建制度在欧洲落地生根，罗马教廷控制的基督教会成为当时权势极大的社会集团，中世纪的政治、经济、法律、文化无不有着深刻的宗教痕迹。

一、查理曼帝国

公元800年圣诞节当天，法兰克王国国王查理到达罗马，临时出席圣彼得大教堂举行的弥撒。当查理紧挨着祭坛上座边缘祈祷时，罗马教皇突然将一顶金皇冠戴在他的头上，并高声宣布："上帝为查理皇帝加冕，这位伟大的带来和平的罗马人皇帝，万寿无疆，永远胜利！"在场的僧侣、贵族们齐声欢呼："奥古斯都·查理！"从此，查理成了古罗马帝国的合法继承人，查理统治的广阔疆土也变成了新的"罗马帝国"。

（一）法兰克王国的兴起

法兰克人是"蛮族"中日耳曼人的一支，法兰克在高卢语中有"勇敢""正直""自由"之意，他们随着"蛮族"部落大迁徙的脚步，于公元3世纪进入了高卢东北部，成为莱茵河下游的常住居民。到公元5世纪后期，法兰克诸部落分为萨利安法兰克人（意为滨海法兰克人）和里普利安法兰克人（意为河滨法兰克人）两支，这两支法兰克人的语言和风俗彼此相关，但各自保持部落组织。

▼查理加冕

萨利安法兰克人首领克洛维（Clovis）继任酋长后，马上率军进入高卢北部，公元486年，在苏瓦苏战役中击败统治高卢地区的罗马人，占领卢瓦尔河、塞纳河沿岸地区，不久又征服了阿勒曼尼人。为巩固势力，他率领战士接受洗礼，皈依基督教，这标志着他同罗马教会、同信基督教的高卢罗马人政治上的联合。公元500年，克洛维征服了勃艮第王国。公元507年，他又将西哥特人赶出了高卢。翌年，东罗马皇帝授予他执政官的称号。在克洛维去世前，高卢绝大部分地区已被克洛维征服。在征服高卢的过程中，克洛维逐渐从法兰克部落的一个酋长成为高卢无可争议的最高统治者——法兰克王国的国王，由于他出身于墨洛温家族，由他始建的王朝称墨洛温王朝。

克洛维死后，他的儿子们按法兰克人的旧俗瓜分王国，于是分裂兼并战争由此开始。法兰克大致分为奥斯达拉西亚、纽斯特里亚、勃艮第三部分，三地有时各有国王，有时共拥一君。后期的墨洛温诸王普遍孱弱无能，被称为“懒王”。宫相势力日盛，大有取代国王之势。宫相原是主管王室田产的官吏，进而成为总理国家事务的重臣。他们往往出身地方大贵族，是地方贵族的领袖。公元 732 年，宫相查理·马特率军在普瓦提埃击败进犯的阿拉伯人，声名大振，力量更为强大。其子丕平于公元 751 年废黜墨洛温末代国王，后在苏瓦松贵族集会上经贵族公认成为国王，从此开始了加洛林王朝的统治。为取得罗马教廷的支持，公元 756 年，丕平强迫伦巴德人撤离意大利中部，而把那一大片土地转赠给罗马教皇，使教皇具有世俗的统治权，历史上称之为“丕平献土”，这便是教皇国的由来。

（二）查理大帝与查理曼帝国

查理大帝是丕平的次子，公元 742 年出生于亚琛。查理身材魁梧、体格健壮且继承了先辈们的诸多优良传统，骑马打猎、行军作战无不精通。或许是过度沉迷于军事技能的训练，查理的文化修为几乎为零，他不认识几个字，和文盲差不多。公元 768 年，丕平去世以后，查理和他的弟弟卡洛曼共同治理国家三年，到公元 771 年卡洛曼死后，查理经全体法兰克人的同意，被拥戴为唯一的国王，成为法兰克加洛林王朝的第二代君主。

查理继承父业，继续对外扩张，可以说查理大帝一生中的大部分时间都是在戎马倥偬中度过。公元 774 年，查理征服伦巴德王国，把意大利北部并入法兰克王国。公元 778 年，他率军第一次进军西

▲ "欧洲之父"
查理大帝

班牙，遭遇失败。在撤退途中，后卫部队在通过比利牛斯山朗塞瓦尔峡谷时，遭到巴斯克人的袭击，几乎全军覆没。在这次战役中战死的指挥官罗兰，成为后来著名史诗《罗兰之歌》的主人公原型。公元801年，查理再度出征，终于占领了巴塞罗那城，并从阿拉伯人手中夺取厄布罗河以北的土地，建立"西班牙边区"。

在对外扩张中，最令查理头痛的是萨克森人。公元772年，查理率大军东渡莱茵河，发动了对德意志北部萨克森人的进攻，遭到当地民众的顽强抵抗，战争一直持续了33年之久，直到公元804年才最终征服了萨克森人。为巩固统治基础，查理迫使萨克森人改信基督教，他颁布"萨克森法令"，凡反对国王和教会者均处死刑，各地居民都必须给教会提供土地、房屋、劳役和交纳什一税。

通过一系列的征服战争，查理大帝建立起了一个幅员辽阔的大帝国，版图西起大西洋，东到多瑙河，南到地中海，北抵波罗的海，囊括了今日法国、比利时、德国、荷兰和大半个意大利地区，领土疆域和当年的罗马帝国相差无几。公元799年，罗马教皇立奥三世被罗马贵族所驱逐，奔赴查理处乞援。查理率军进军罗马，恢复了教皇权位。立奥三世为报答查理，于公元566年圣诞节在罗马的圣彼得大教堂为之加冕，查理被尊称为"罗马人皇帝"，查理曼帝国获得了其正统的名号地位。

查理的丰功伟绩并不仅限于军事征服，他在行政、司法、经济、文化教育等方面也有杰出的建树。查理曼帝国以阿亨为首都，全国分为75郡，查理大帝亲自任命伯爵治理，他每年派遣巡按使3人到各郡巡视，监督伯爵。他还任用教士参政，令他们起草机要文书、担任监察官和外交使臣。监察官被派到地方上监督伯爵或执行其他任务，以扩大国王的管辖权。由于在全国范围内征收赋税十分困难，查理的日常开支主要依赖王室庄园的收入，他颁布了大量王田敕令，敦促王田管理人要善于组织生产，登记好王田上的财物，并派监察官加以监督。

没什么文化的查理认识到文化教育对国家治理的重要意义，于是他在宫廷里兴办学院，聘请知名学者讲学，“以培养教士与俗人的读书、写作能力”。他身体力行，率先扫盲，通过刻苦学习，掌握了古代德语、法语和拉丁语，并略通希腊语。为保证正常的学习、研究，他下令建立图书馆，以收集古典文献，其中包括古希腊和古罗马的典籍文献、古代的传说和歌谣，他还要求搜集和抄写古代拉丁文和希腊文的手稿，并加以研读。

公元 814 年 1 月 28 日，72 岁的查理大帝因病逝世于宫中，结束了他为期 46 年的统治。查理建立的庞大的查理曼帝国由于缺乏共同的经济基础和文化纽带，在他死后日渐衰落，最后分崩离析。

（三）查理曼帝国的分裂

查理大帝死后，其子“诚笃者”路易继位。路易缺乏他父亲那样的才能和权威，地方封建主离心势力增长，帝国分裂的倾向逐渐显露出来。

公元 840 年，路易病死，他的长子罗退尔继位为皇帝，但次子“日耳曼人”路易和幼子“秃头”查理不满意这种安排，两人联合起来发动叛乱，随即掀起内战。

公元 843 年，这三兄弟在凡尔登城缔结条约，决定将帝国分为三部分，罗退尔获得帝国中部的土地，北起北海，直到意大利半岛中部，其疆域和现在的北意大利和洛林相合，罗退尔仍保留皇帝尊号，兼为意大利国王，但他对他的两个弟弟不具有任何约束权力；“日耳曼人”路易取得莱茵河以东的土地，大致和现在德国西部相合，地理上称日耳曼（即“德意志”）；“秃头”查理取得帝国西南部的土地，称西法兰克王国。查理所得地区大致与今天的法国相合。近代西欧德、法、意大利三个国家就是在查理曼帝国分裂的基础上形成的，东法兰克王国发展为德意志，西法兰克王国发展为法兰西，罗退尔领地最后发展形成意大利。

查理大帝的晚年

查理大帝的晚年是在觥筹交错、歌舞逸乐中度过的。他先后娶有四个妻子、五个妾。她们为他生了三个儿子和许多女儿。三个儿子有两个先他而亡，查理为此悲痛欲绝。查理的许多女儿长得都很漂亮，深得父亲钟爱。查理每天同她们一起用餐，出外狩猎时也带着她们。但是查理从不肯把她们嫁出去，他到死都一直把她们留在家里，他说他不能离开她们。

英雄史诗《罗兰之歌》

《罗兰之歌》是法国英雄史诗的代表作。从公元9世纪开始，民间就流传着查理大帝和骑士罗兰的故事，起初由行吟诗人口头传唱，到11世纪初出现了手抄本。有四个手抄本流传至今，其中以牛津图书馆收藏的约1170年的手抄本价值最高，共有4002行，分为291节，以当时民间语言罗曼语写成，并署有杜罗尔德的名字，不过他的身份不明，无法确定他是编撰者还是抄录者。但从他在《罗兰之歌》中留下的印记来看，他显然是一位受过良好拉丁教育的僧侣，既潜心教义，也崇尚骑士精神。

公元778年，查理大帝从西班牙回国，受到法兰克部落巴斯克人的袭击而伤亡惨重。后人根据民间关于罗兰的传说，把这次失败改写成为维护基督教国家的统一而与异教徒英勇作战的壮丽史诗，把罗兰塑造成一个忠君爱国和效命疆场的英雄。

史诗中的查理大帝仪表非凡，德高望重，是强大和统一的法国的象征，不愧为法兰西理想的君主。罗兰忠君爱国，骁勇善战，而且生活朴素，吃苦耐劳，是一个理想的骑士和忠臣，是保卫法兰西的忠诚战士。这些描写充分表达了法兰西民族要求统一的愿望。

二、西欧封建制度的建立

"封建"是我们耳熟能详的一个名词，如"某某人很封建"，"中国有着两千多年封建社会的历史"，但很多人不了解其实"封建"这个标签完全是舶来品。它是中世纪欧洲采邑分封制度的代称，是当时最重要的经济和社会制度。

（一）采邑制

西欧的封建制度起源于日耳曼人建立的法兰克王国。法兰克人的部落有浓厚的"亲兵制"传统。按日耳曼传统，首领的权力来自人民的拥护，而一个首领征战时，其周围总有或多或少的亲兵，随着战事的发展，亲兵和首领的关系日渐紧密，每次战争胜利后，首领通常会对亲兵论功行赏。

▼查理·马特

当时高卢的奴隶制在罗马帝国晚期已经崩坏，克洛维在占领高卢地区后，把原来的罗马国有土地和无主土地赐予自己的亲兵和官吏，到王朝后期，王室土地的赠予已经变成了有世袭权的分封。查理·马特上台时，克洛维时期实行的无条件赐地制度逐渐暴露出它的弊端，天长日久，要求得到土地的人越来越多，而这时国王已无地可赐，各地方割据势力不接受中央政权的管辖，王权受到很大的削弱。

为应付危机和巩固统治，查理·马特进行了采邑制改革，即将无条件的赐地分封制改为有条件的采邑分封制。封赐领地者称为封君或领主，受封者称为陪臣或附庸。得到封地的臣属必须为领主尽一定的义务，通常是率一定数量的骑兵为领主服兵役。若封臣不履行其义务，封君可以随时收回采邑。封臣死亡，土地必须交还封君。封君死亡，陪臣应将土地交还给封君的继承者。陪臣的后代如想继承采邑或陪臣在封君死后仍然想保持原来的采邑，都要重新举行封赐仪式。到加洛林王朝时，采邑制大为发展，不但国王封赐采邑，许多大封建主也分赐采邑给自己的封臣，这样就逐渐形成了封建等级关系，但这种分封依附关系只存在于直接的分封者和受封者之间，即“我的附庸的附庸不是我的附庸”。

查理大帝死后，加洛林王朝走向衰弱，国王对采邑的控制权力日渐缩小，各级封建领主都想方设法控制自己手中的采邑，这样采邑世袭已成为不可阻遏的趋势。公元 877 年，西法兰克国王“秃头”查理颁布敕令，正式认可采邑可以世袭继承。“采邑”或“封地”（fief）一词也逐渐被“封土”（feudum）一词所取代。

（二）封建庄园

封建领主的土地非常广袤，而且这些领地通常散落在不同的地区，为便于管理，封建领主们将自己的土地分成若干面积不等的庄园。庄园中的住户从数十户到数百户不等，一个典型的庄园，大致上依自然地理范围自成一统，其中有农民的集居点，有领主居住的城堡，有教堂和教区神父的住宅，还有领主的磨坊、烤炉等。

由于中世纪的政治局面普遍不太平，封建主之间的争斗不断，凶恶的海盗也不时找上门来，因此，封建领主大都住在城堡里。这些城堡都很结实，围墙有三四米厚，墙外还有十几米宽的壕沟。壕沟上架有吊桥，敌人来袭时，吊桥就收起来，城堡就变成一座封闭的堡垒。城堡里藏着充足的食品和武器，有时还可以养上一大群牛或几百只羊，这样，在敌人围攻时就可以坚持几个月甚至几年。城堡一般都修筑在地势险要的山峰上，有可能几面都是悬崖峭壁，只有一面有路。

封建领主的土地由农民耕种，他们把领地分成两部分：一部分是领主的自用地，通常是庄园里最肥沃的土地；一部分是交给农民耕种的“份地”，份地归农民使用，但不归农民所有，领主可以收回。农民拿了份地，就要给领主干活，平时，每个星期都要到贵族的自用地上工作三四天，农忙时还要再加一两天。各个封建庄园之间没有多少经济往来，属于典型的自给自足的自然经济。

住在庄园中的农民不经领主同意，不能离开庄园，庄园的土地换了主人，农民也得换主人。农民虽然不像希腊、罗马时期的奴隶毫无权利，但也没有人身自由，所以被称为“农奴”。领主把农奴固定在土地上，这种经济制度被称为“农奴制”。农奴制在欧洲延续了很长时间，西欧大概到 11 世纪才逐渐消亡，而在俄国和东欧地区，最晚一直延续到 19 世纪。

成为骑士的条件

骑士必须从小经受训练，到领主家充当侍从学文习武，向女主人学习礼仪，21 岁时必须经过“授甲式”方能被正式授予骑士称号。仪式很隆重：在第一天中要进行沐浴和祈祷两个仪式，为的是净化肉体和灵魂。第二天正式授封。当事人必须单膝跪地，宣誓效忠于主人，捍卫宗教，保护妇女，行侠仗义。宣誓完毕后，主人把剑挂在他身上，并用另一出鞘剑的剑背在他背上轻击两下，表示认可。从此，当事人就正式获得了骑士称号。

（三）贵族和骑士

贵族与骑士是欧洲中世纪的一个重要阶层，他们构成了中世纪社会生活的主要方面。贵族，顾名思义就是高贵的宗族。人们一般用封号、出身、权势、职业、土地财富等作为判定贵族的标准。中世纪的贵族主要是在原罗马帝国的元老贵族和日耳曼新兴世家大族相互融合的基础上形成的，在封建制确立过程中，大批封建贵族应运而生。

贵族一般分五个等级，最大的是公爵，然后是侯爵、伯爵、子爵和男爵。随着采邑的世袭制，贵族的称号也可以世袭。这样，贵族就成了一批固定的人，同一个家族，世世代代当贵族。这种情况使中世纪欧洲出现了一个特殊的集团，他们有很多特权，人数很少，而且很封闭，其他人根本挤不进他们的圈子。

骑士最早也是源于日耳曼时代伴随首领周围的亲兵。10 世纪末，在封建关系作用下，为领主看守城堡的骑士阶层悄然兴起。他们纵横疆场，热衷于比武，在贵族淑女面前又是风度翩翩的谦谦君子。成为一名骑士，是中世纪男人的梦想和荣耀。

最初，骑士与贵族分属两个阶层。贵族可以是作战的骑士，但骑士并不一定是贵族。贵族是世袭的土地所有者，不仅拥有大量财富，更有广泛的权利；而骑士则处于贵族与农民之间，是贵族的军事随从，属于低级贵族。12 世纪开始，两大阶层开始相互融合并逐渐形成了具有一定封闭性的、有着严格等级差别的贵族阶层。

在长期的职业军人生涯和社会环境熏陶下，骑士们养成了自己特殊的精神气质和价值取向，即所谓的骑士精神。骑士精神的核心是侠胆忠诚，具体表现为勇敢尚武、光明磊落、崇尚正义。中世纪的决斗就是一个绝好的例子。骑士们或为他们心目中的荣誉和正义，或为各自领主的利益，相互面对面以性命相搏，决一胜负。在骑士们眼里，决斗是敢作敢为、光明正大的品质的集中体现。这种正大光明的争斗方式，也影响到后世西欧政治与政治家的风格。不同政见的人各自组成自己的党派被认为正当与合法，而政治上的敌对也不一定导致私人之间的敌视。

骑士贵族的比武大会

西欧的骑士也像中国武侠小说中的侠客一样，要行走江湖，扬名立万。战争当然是一种手段，但事实上不可能天天有战争，于是比武大会成为一种成名的手段。最早有书面记载的比武大会始于公元 938 年，主要流行于英、法等国，一般是为了庆祝骑士受封或宗教节日而举行的骑士比武竞技活动。比武时双方持枪对冲，以将对方挑落下马为胜。比赛结束后，胜利者可以亲吻观礼台上任意一位自己心仪的女子，并有专门的吟游诗士为其谱写颂歌，所以有时骑士们往往是为了心仪女子的芳心而战，正因为比武大会上，“自豪、荣誉、爱情和艺术都为竞赛提供了传统的动机，骑士的忠勇和英雄精神得到彰扬”，所以比武大会成了当时骑士们最时髦的运动，而决斗精神也成了“欧洲中世纪英雄精神的源泉和典范”。

三、王权与教权

中世纪的欧洲处于“信仰的时代”，控制着基督教信徒精神世界的罗马天主教教廷权倾一时，不可一世，罗马教皇拥有“王中之王”的地位，由此与日益增长的王权产成了不可调和的冲突，以致出现了兵戎相见的局面。

（一）修道院和“克吕尼改革”

中世纪基督教演变发展一个极为重要的特征就是修道院的兴起和蓬勃发展，修士生活最早源于公元3世纪埃及地区一个叫安东尼的隐修者，他20岁时散尽家财，一个人跑到深山老林中静修，每天在山洞中栖身，不停地凝思苦想，自我反思。当时正处于罗马帝国全面崩溃的时代，农业萎缩，商业萧条，城市衰落，政治混乱，世风日下，很多中下层民众对社会现实不满，但无力改变现状，于是隐修成为一种逃避现实、消极遁世的生活方式，一时间迅速流行起来。但这些独居的隐修士常常受到种种人为或自然的威胁，迫使他们只能结伴而居，以求保护，渐渐地，就形成了很多隐修团体。

查理大帝去世以后，查理曼帝国陷入四分五裂之中，在公元9世纪至10世纪初的一百多年时间里，法兰西和德意志等地区战祸不断，黎民百姓颠沛流离、人心不安，不少人的心中产生了厌世恶生的思想，修道运动再次出现高潮。

修道院能成为中世纪早期西欧混乱无序社会中的一片净土，得力于一系列严格周详的制度。公元529年，意大利一所修道院院长本尼迪克制定教规，为修道院的管理确定了一系列清规戒律。到公元9世纪，本尼迪克修道院院规为西欧各修道院普遍接受，成为修道院管理和修道士做功课的范本，影响修道士生活达数个世纪之久。

修道院势力的勃兴，经济实力的膨胀，不可避免地打破了原来的清规戒律，修道士沉迷于物质享受，对布道、忏悔等宗教功课漠不关心，这种现象引起了教会内部一些有识之士的警觉，他们开始提倡改革教会，清除修道院的腐败现象，并以法国的克吕尼修道院为策源地开展了一场声势浩大的改革运动。克吕尼修道院位于法国勃艮第地区，由克吕尼修道院发起的改革在历史上称为“克吕尼改革”，它不仅强调修道士要遵守本尼迪克修道会制度，而且对修道会制度做了严格的禁欲主义解释，规定教士应安贫乐道，不应占有任何财产，严禁教士结婚以防止教产私有化，同时强化院规制度，重视宗教活动，克吕尼派还主张教会独立，反对世俗权力任命神职人员。

克吕尼隐修院

公元910年，由“敬虔者”威廉在法国勃艮第索恩-卢瓦尔省克吕尼建立，为一自治修院，不受任何政府或主教的制裁，仅受教宗塞尔吉乌斯三世保护。其除遵守圣本笃会规外，以严峻态度坚持禁欲修道应有的规范著称。历任院牧皆为才能拔萃、品格高超之有德之士。克吕尼隐修院发起了天主教改革运动克吕尼改革，并在其后的200多年对天主教会有极大的影响。

（二）主教述职权之争与卡诺莎事件

11世纪以前的罗马教皇受到德意志皇帝和罗马当地贵族的控制，在政治上缺乏权威，只是作为一个精神领袖而存在。随着克吕尼改革运动的深入，主张变革教会的克吕尼派在教会中的势力越来越大，1046年，克吕尼派分子利奥九世出任教皇，从此改革派掌握了教廷实权。利奥九世登台后，即对罗马教会进行了一系列改革，主要内容为：一是挑选一批支持他并有改革热情的高级教士进入罗马教廷，形成一个紧密的改革派集团，这个教廷核心集团的人选不再限于罗马地区，而是扩大到了整个西欧教会，教廷由此成了一个国际性的机构；二是依靠罗马教廷的改革派摆脱罗马贵族对教廷事务的控制和干预。

1073年，克吕尼派的希尔德布兰当选为罗马教皇，称格里高利七世。继任后，他极力推行改革，并在1075年发布《教皇敕令》，条文第三条称：“唯有教皇一人有权任免主教。”第九条规定：“一切王侯应仅向教皇一人行吻足礼。”把教皇权置于世俗君主权之上。

格里高利七世的此番措施激怒了德意志皇帝亨利四世，他把教皇的行动看作是公开的宣战。1076年1月，他在沃尔姆斯召开帝国会议，经大部分德意志主教团同意，宣布废黜教皇格里高利七世。但是亨利过高估计了自己的力量，沃尔姆斯帝国宗教会议的决议并未能使教皇下台。格里高利七世对此做出了报复式的回应：解除亨利四世在德意志和意大利的统治权，解除所有基督徒对国王的效忠义务，并且开除亨利四世的教籍。

德意志反对亨利四世的诸侯借机反叛，1075年10月，反皇帝一派的主教和贵族集会，赞同教皇剥夺亨利教籍，要求亨利放弃帝位。亨利迫于形势不得不向教皇请求赦免，他脱下皇帝衣饰，换上普通服装，带着妻子和孩子以及少数随从，越过阿尔卑斯山，前往意大利，准备当面向教皇乞求宽恕。1077年1月下旬，亨利四世来到教皇的暂居地卡诺莎城堡。在进入城堡之前，他跳下马，脱去防寒的衣帽，把一条表示悔罪的毡毯披在身上，冒着风雪，缓步走进城堡。在城堡门前，亨利四世又脱去靴子，赤着脚站在雪地上，并且一边忏悔，一边顿足捶胸。一连三天，教皇格里高利七世没有理会他，一方面他想让亨利四世吃点苦头，另一方面他也处于两难之中，他虽然明知亨利四世不可能就此屈服于自己，却也不得不迫于情势，给那位在雪地里站了三天三夜的皇帝一个台阶下。于是在经过三天的反复斟酌之后，教皇打开城堡的大门，在装模作样地训斥了亨利四世一番后，给了他一个表示赦罪的亲吻，恢复其教籍。亨利四世获得教皇赦免后，带着随从离开了卡诺莎城堡。后来，“卡诺莎之行”便成为屈辱投降的同义词。

▼演绎“卡诺莎之行”的油画

卡诺沙事件意味着罗马教廷权力达到顶峰，但亨利四世也获得了他想要的结果，他使反对派诸侯失去另立国王的借口。恢复教籍的亨利四世回去之后，集中精力整治内部，拉拢各方支持者，击溃了反对他的诸侯。之后，教皇借口亨利四世不听从自己的命令，继续采取军事行动，因而于1080年3月第二次下令开除亨利四世的教籍。这一回，亨利四世已经没有后顾之忧了，不需要再向教皇屈膝投降。1084年3月，亨利四世率军攻陷罗马，以武力驱逐格里高利七世，另立教皇。悲愤交加的格里高利七世仓皇出逃，于 1085 年死于逃亡途中。

罗马教廷中的改革派很快从这一打击中恢复过来，1088 年选出的教皇乌尔班三世继续与南德的诸侯反对派联合，共同对抗亨利四世。此后，德意志皇帝与罗马教皇之间的斗争持续不断，难以平息。直到 1122 年，亨利四世的儿子亨利五世与教皇帕斯卡尔二世才在德意志西部的沃尔姆斯城，订立了一个宗教协定。双方约定，德意志境内的主教不再由皇帝直接任命，而由教士选举产生，但这种选举必须在皇帝或他的代表监督下进行。主教在领地上的政治权力由皇帝授予，宗教权力也由皇帝授予，德意志皇帝的神职授予权受到大大削弱。这就是历史上著名的“沃尔姆斯宗教协定”。至此，罗马教皇和德意志皇帝之间长达四十多年的权力斗争，才暂时告一段落。

（三）“阿维农之囚”

教皇的权势在主教述职权之争后时有消长，在英诺森三世（1198—1216）任教皇时达到顶峰。英诺森三世即位后，首先用各种手段制服了罗马城和教皇国的意大利贵族，除去这一长期妨害教皇统治的心腹之患。英诺森三世还整顿和扩大教皇宫廷的机构，改进教皇使节制度，不再委任各地大主教兼任教皇使节，改派红衣主教监督各地教会。这套制度为教皇干预地方教会事务和主教的任命开了方便之门。1199 年，教皇首次向西欧各地的教会征税，英诺森三世还迫使英王约翰称臣纳贡，干预德意志的皇位继承，并组织发动了第四次十字军东征，英诺森三世成为第一位名副其实的“王中之王”。

但在他之后，情况发生了变化，这时候具有强大王权的统一民族国家正在欧洲普遍兴起。特别是在法国，腓力四世雄心勃勃，仗着武力兼并了许多伯爵的领地，一心要把整个法兰西置于他的全权统治之下。另一方面，教皇手中没有常备军，缺少自己能够支配的力量，他必须利用一个势力去对付另一个势力。

13 世纪末，法英之间爆发战争。为了支付战争费用，英法两

▲ **腓力四世**

法国卡佩王朝国王，在世时已获得“美男子腓力”的美誉。他在位期间，致力于扩大王室领地，统一法国，但成果有限。他为了有足够财力支持战争，没收了法国教会财产并强征什一税，因此与教皇发生冲突。1309年，他派兵将当时的教皇绑架到法国，软禁于南部小城阿维农。此后70年间，教皇一职持续由法国的傀儡担任，教皇国从此由盛转衰。史称此事件为“阿维农之囚”。

国国王开始向神职人员征税。教皇卜尼法斯八世于是发布通谕，规定要惩罚不经教皇同意就向教会征税的征税者和交税者。法国国王腓力四世则针锋相对，他命令禁止法国货币出境，断绝了罗马教廷从法国得到的收入。1301年，腓力四世下令逮捕教皇派往法国的使节，指控他犯了叛国罪。教皇则下令释放他的特使，并传讯腓力四世到罗马接受质询。对此，腓力四世于1032年召开法国首届三级会议，神职人员、贵族和平民均派代表出席。会议决定支持国王，申明国王只服从上帝，教皇不得干涉法国的内政。面对王权的严重威胁，卜尼法斯八世孤注一掷，颁布了一道著名的“神圣一体”教谕，宣称人欲得救，必须服从罗马教皇，世俗权威必须服从于宗教权威，并宣布开除腓力四世的教籍。腓力四世则针锋相对，列举了卜尼法斯八世的29条罪状，决定以国王的名义在法国审判教皇，并派军队赴罗马传讯教皇。

1303年9月的一天，腓力四世的军队冲入罗马教皇的寝室，殴打教皇并将其囚禁起来。卜尼法斯八世万万没有想到会遭受这番侮辱，气得浑身打颤，胸前的十字架抖个不停，整整三天没有喝上一口水，没有吃进一点东西。他虽然很快就被释放了，但一个月后羞愤而死。

1305年，红衣主教团在腓力四世的压力下，将法国籍主教戈兹选为教皇，称克雷芒五世。克雷芒五世即位后，形同于腓力四世手下的傀儡，由于惧怕意大利当地人的反对，他始终未敢返回罗马的梵蒂冈，只好于1309年将教廷迁至法意边境的阿维农。此后70年间，在阿维农担任教皇的都是法国人，而且大都受到法国国王的控制。从此，罗马教廷凌驾于世俗君王之上的时代一去不复返了，历史学家把在阿维农这段尴尬日子中的教廷，戏称为“阿维农之囚”。

红衣主教的来历

枢机主教是天主教最高级的主教，“枢机”本意为“枢纽、关键、重要”之意，他们是天主教会内仅次于教皇的高级圣职幕僚，俗称教会亲王。他们由教皇任命，分掌罗马教廷各部及世界各重要教区的领导权，并享有选举教宗及参与教宗召开的重大会议，商讨和决定教会重大事宜的权力。枢机主教共分三级：主教级、司铎级、执事级。枢机主教不只是一种教职，且担负为基督作见证的责任，并随时做好为主殉道的准备。枢机主教的祭服（长衫、披肩、帽子等）都是象征“基督宝血”的红色，所以枢机主教也俗称“红衣主教”。

四、十字军东征

所谓十字军东征，是指 11 世纪末到 13 世纪末，西欧封建主阶级打着从异教徒——穆斯林手中夺回基督教“圣地”耶路撒冷的旗号，对东地中海各国进行的持续近两百年的侵略战争。参加出征的西欧部队，因胸前或臂上佩有十字标记，得名“十字军”。

（一）诱因

在 11 世纪的西欧，商品货币关系逐渐发展，原来封建庄园自给自足的自然经济逐渐被打破，封建贵族已经不满足于从领地上的剥削所得。加之当时西欧实行长子继承制，封建领地由长子继承，其余诸子成为无地骑士，常靠服军役和打家劫舍为生。因此，封建主，特别是小封建主，渴望向外夺地掠财，那神话般富庶的东方世界就成为他们梦寐以求的宝地，这是导致西欧封建主阶级发动十字军东征的根本原因。

在十字军东征中起着特别重要作用的是西欧天主教廷，罗马教皇企图通过发动东征扩张教权，进一步凌驾于西欧各国君主之上，并且把天主教的势力扩张到伊斯兰教势力范围中去。11 世纪，西欧的农民受到封建领主残酷的剥削压迫，另外还遭到持续灾荒的困扰，连年歉收。饥寒交迫的农民也梦想通过征伐东方寻找出路。

根据《圣经》记载，耶路撒冷是耶稣受难、埋葬、复活、升天的地点，那里很多宗教遗迹都被认为具有消灾祛病和免除罪孽的神力。因此，基督教徒从四面八方来到耶路撒冷朝圣。1071 年，塞尔柱突厥人从阿拉伯人手中夺取了圣城，开始迫害基督教徒，他们经常抢劫和殴打朝圣者，并向其征收高额的过境税。而这时东方的拜占庭帝国在突厥人的步步紧逼之下，领土一点点被蚕食，首都君士坦丁堡也岌岌可危，四面楚歌中的拜占庭帝国皇帝不得不向同为基督徒兄弟的西欧国家求救，他向教皇乌尔班二世派出使臣，请求援助对付异教徒。

野心勃勃的罗马教廷怎能放过这一天赐良机，1095 年 11 月，罗马教皇乌尔班二世在法国的克勒芒召集宗教大会，号召组织十字军。他说："让一切争辩和倾轧休止，登上赴圣墓的征途吧！从那个邪恶的种族手中夺回圣地吧！那个地方，如同《圣经》上所说，是上帝曾经赐予以色列后嗣的，遍地流着奶和蜜。耶路撒冷是大地的中心，其肥沃和丰富超过一切土地，是另一个充满欢娱快乐的天堂。"他将赎罪的权利赐予一切参加者。在乌尔班二世的煽动下，在场者异口同声发出"上帝所愿"的呼喊。

勇敢非常的骑士们啊，你们的父辈曾经所向无敌，你们不应该有丝毫退化，而应牢记祖先的英勇；如果你们感到被子女、父母、妻子的爱所束缚，就请回忆天主在其福音中所言："爱父母过于爱我的不配做我的门徒。"……不要让任何对你的财产和家庭事务的牵挂羁绊住你们……因此，请消除你们中间的一切怨恨，让战争平息，让你们尖锐的对立缓和。踏上前往圣墓之路吧，将这国度从可憎民族的手中夺取过来，并使它服从于你们的力量。

——乌尔班二世的讲道

（二）十字军东征的进程

在正规军出发前，愚昧无知的农民在居心叵测的教士的蛊惑下先行踏上了"征途"。大约五六万毫无组织的农民由法国北部、中部和德国莱茵河地区等地，分五批陆续起程前往耶路撒冷。他们携家带口，一心想去东方得到上帝的拯救，并得到"奶和蜜"。这些穷困的农民没有什么装备和给养，只能沿途抢劫。在路上经常遭遇匈牙利人、保加利亚人和拜占庭人的袭击，还没走出欧洲就被歼灭约半数。其余人于 1096 年夏天抵达君士坦丁堡后，渡海到小亚细亚，又几乎被当地的突厥人全歼。

1096 年秋天，由封建领主和骑士组成的十字军正规队伍兵分四路向君士坦丁堡进发。1097 年各路军队会合于君士坦丁堡，旋即渡海进入小亚细亚，攻城夺地，占领了塞尔柱突厥人的重要城池尼西亚和安条克等城，大肆掳掠。经过几个星期的战斗，东征军于 1099 年 7 月 15 日攻陷了耶路撒冷并对城中的阿拉伯人展开了残忍的屠杀和疯狂的劫掠。在这场大屠杀中，被杀者达 7 万人，妇孺亦未能幸免。通过对耶路撒冷的洗劫，很多十字军将士成为富翁。占

▲教皇乌尔班二世作东征的号召

领耶路撒冷以后，十字军在巴勒斯坦和叙利亚南部建立起耶路撒冷王国以及安条克公国、埃德萨伯国和的黎波里伯国三个附庸国。这些国家按照西欧的封建模式，分为若干男爵领地，男爵领地之下再分为若干骑士采邑。

1144 年，突厥人发动对东方的基督教国家的反攻，摩苏尔的总督攻占了埃德萨，罗马教皇借机煽动组织第二次十字军东征。1147 年夏，法、德两国各组成 7 万人左右的十字军，由德皇康拉德三世和法王路易七世率领，分头进军。但这两路军队在叙利亚和小亚细亚都被当地突厥人所击败。1148 年，十字军的残部与耶路撒冷王国的军队会合。他们一起围攻大马士革，但未能得手。最后十字军全线溃败，康拉德和路易先后狼狈返国，第二次十字军彻底失败。

1187 年，埃及军队在著名领袖萨拉丁的指挥下占领了耶路撒冷，西欧各国大为震动。于是西欧又组织起主要由德、英、法三国大封建领主和骑士参加的第三次十字军，由德皇红胡子腓特烈一世、英王狮心王理查和法王腓力二世亲自率领。第三次十字军东征一开始就不顺利。1190 年 3 月，德皇率领的 3 万德国十字军进入小亚细亚。但到了 6 月，由于腓特烈一世在小亚细亚的一条小河落水淹死，德国十字军折返国内。1191 年 7 月，十字军在付出极大代价后才占领了叙利亚的阿克城。攻占阿克城以后，由于英、法两王之间矛盾加剧，法王腓力二世率军回国。英王理查留在东方，虽继续攻占了雅法等地，但由于英军孤军深入，后勤补给不足，理查无力再组织起有效的进攻。1192 年 9 月，理查与萨拉丁签订和约：十字军建立的耶路撒冷王国保有从泰尔到雅法的沿海地带，耶路撒冷仍归埃及，但三年内基督教徒可自由进入耶路撒冷。第三次十字军东征就这样虎头蛇尾地结束了。

教皇英诺森三世 1198 年即位不久就号召组织第四次十字军东征，目标是埃及占领下的耶路撒冷。第四次十字军的参加者主要是法、德、意的贵族，但由于作战经费不足，实际起支配作用的却是富有的意大利城市威尼斯。贪婪的威尼斯总督在1202年与十字军使者商谈载运十字军前往东方的条件时，利用十字军资金上的紧缺，威逼利诱，把侵略矛头从埃及转向威尼斯的商业劲敌拜占庭。1204年4月13日，十字军借拜占庭王国内乱之机，攻占了君士坦丁堡。君士坦丁堡的居民遭受了100年前耶路撒冷的劫难，十字军在抢劫和破坏后血腥屠城三天。十字军还到处挖掘陵墓，窃取宝藏。一个多星期里，数以万计的艺术珍品和文物古迹被破坏，整个君士坦丁堡变成一片废墟。十字军接着又征服拜占庭的大部分领土，建立起所谓“拉丁帝国”，但因立足不稳，于1261年被拜占庭人打败，拜占庭就此复国。

▲十字军东征油画

此后，从1217到1270年，西欧的封建领主在教皇的鼓动下又先后发动了四次十字军东征，但其声势和影响远小于前四次，而且都是无功而返。1291年，十字军在东方的最后一个据点——埃及的阿克城经埃及军队43天的围攻，终于沦陷了。至此，十字军东征以彻底失败告终。

（三）十字军东征的影响

绵延近200年的十字军东征使东地中海各国民众遭受国破家亡、生产力倒退、文化毁灭的劫难，大大阻碍了这些国家的历史进程。对西欧农民来说，也是一场浩劫，数十万人死于非命，耗费资财不可胜数。

在十字军东征期间，由于一些封建主急需金钱购置出征装备，就让部分农民用金钱赎买自由或减轻其一部分封建义务，由此推动了西欧由实物地租向货币地租的转变，促进了西欧商品经济的发展。

还有一部分贵族骑士在东征中阵亡，王权借机得到扩张，王权力量加强。

对于参加东征的西欧商人来说，十字军东征摧毁了阿拉伯和拜占庭商人的垄断地位，意大利、法国南部和西班牙东部的一些城市与东方的贸易兴盛起来。东方不少先进技术，如纺织、金属加工和制糖等，先进的农艺，如种植水稻、西瓜、柠檬等，都传到西方，从而改进了西方的物质生活和精神生活的方式。

十字军东征后的西欧社会，已经打破了基督教会一统天下的僵化局面，古老的东方文明给西欧社会注入了新鲜的血液，促进了其历史的发展进程。

儿童十字军

在 13 世纪的西欧社会，“十字军”之名十分流行，各地儿童平日都以组织十字军东征为游戏，而且当时西欧民间出现了一种荒谬的说法，认为有罪的人不能夺回圣地，只有纯洁的儿童才能感动上帝，创造奇迹。1212 年，在一些人的宣传蛊惑和带领下，法国和德国分别集中起数万儿童，他们来到马赛，幻想上帝施法，把他们带到耶路撒冷。其中，法国儿童从马赛分乘 7 艘船出发，两艘在地中海沉没，其余 5 艘开往埃及，船上儿童全被船主贩卖为奴。德国儿童由科伦出发，沿莱茵河南下，越过阿尔卑斯山，沿途 2/3 的儿童死亡，幸存者已经无法再返回家园，大多被沿途的村民收养。

五、城市和市民阶层的兴起

在欧洲历史上，城市及市民社会的形成及其所起的历史作用，受到史学界和学术界的广泛关注。中世纪城市的兴起及其独特的性质和地位，是西方市民社会形成的前提，它对欧洲政治和社会民主化也具有深刻的影响。

（一）中世纪的奇葩——城市

中世纪早期的西欧社会，很少有作为商品经济的城市存在，这主要是因为随着罗马帝国发达的奴隶制的衰落，古典的城市也随之受到沉重打击。当时凡战争所到之处，便是一片废墟，城市也随之陨落。更重要的是，西欧中世纪的封建庄园，基本上都是自给自足的自然经济，因此，在中世纪初期，受生产力发展的制约，彼此之间并没有要进行工商业交换的需要，作为工商业集中地的城市也就失去了其存在的基础。

到 10 世纪，随着西欧政治格局的安定，一个相对和平的局面出现，经济也随之复苏，农作物产量增加，为手工业发展提供了条件。封建庄园内部的农业和手工业分工，使交换成为可能和必然，作为商品交换的集散地——城市也就应运而生。

西欧的城市最早在意大利和法国南部出现，随后在法国的北部、尼德兰、英国和德国西南部产生。在城市发展的最盛期，西欧的大小城镇、城市达到了 1 万个左右。

第一种类型是在地中海沿岸原来的罗马帝国商业贸易中心基础上复兴而出现的城市，这类城市主要集中分布在意大利半岛。到 11 世纪，随着西欧对东方的香料、丝绸等需求的增长，意大利北部的一些商业城市逐渐发展起来，最著名的有威尼斯、热那亚、米兰、佛罗伦萨、比萨等。

第二种类型是完全新建的城市，这类城市大多位于封建领主的城堡或者教堂附近以及港口、河边渡口、交通要道，这些地方都是当时的政治和宗教中心，商业往来密集。一些农奴，尤其是具有专业技能又向往自由的手工业农奴，以逃亡、赎买、交纳定量手工业成品的方式，冲破领主的控制，来到这些地方定居，从事商品生产。于是手工业者聚集的地方逐渐成为新兴的城市。

西欧中世纪的城市规模大多较小，当时大城市也不过三五万居民，最大的城市集中在北意大利，当时 2 万以上人口的城市就可称为大城市，如德意志的纽伦堡、比利时的布鲁塞尔，大多数城市的居民不超过 1 万人。

由于城市都是建筑在封建领主的土地之上，因此，封建领主对城市拥有司法和行政上的管辖权，城市居民要向封建领主缴纳各种赋税和交易税，有些领主还要求城市中的成年居民每年为他服一定时间的劳役。封建领主的盘剥不利于城市的发展，城市居民纷纷采用各种手段争取自治权，以摆脱封建领主的控制。通常是城市向封建领主缴纳钱款以赎买自治权，城市自治一般由国王或封建主颁发的特权证书予以肯定。特许的内容大致有人身自由、土地自由、司法和财政独立等。但如果封建领主不肯让步，坚持对城市的控制，就会出现暴力冲突。1057 年，由于意大利城市米兰的封建领主——米兰大主教拒绝给予城市居民自治权，米兰市民便组织起来，开展反领主、争取自治权的斗争，并且在 1094 年建立了城市自治政府，选举执政官，建立了米兰公社。

自治后的各城市尽管获得的自治权利各不相同，但有一点是共同的，即所有城市居民都是自由人。当时的法律规定：任何一个农奴，无论身份如何，只要在城市中住满一年零一天，就可以成为自由人。西欧中世纪有句谚语：“城市的空气使人自由。”自由吸引着农奴逃往城市，城市由此不断得到发展。“自由”与“自治”是西欧中世纪城市的重要特质。

物质劳动和精神劳动的最大的一次分工，就是城市和乡村的分离。城乡之间的对立是随着野蛮向文明的过渡、部落制度向国家的过渡、地方局限性向民族的过渡而开始的，它贯穿着全部文明的历史并一直延续到现在。

——《马克思恩格斯选集》

（二）城市生活和市民阶级

城里的手工业者为了保护自己的切身利益，按照行业结成联盟，这类组织被称为行会。每个手工业者必须隶属于一个行会，否则他就无权在城市里从事生产经营。行会有严格的规定，所有成员不得制造粗劣的产品，不得囤积大量原材料，不得雇佣超过规定的帮工和学徒，甚至禁止在橱窗前陈列显耀夺目的商品或者招揽站在其他店铺门前的主顾。

只有技术熟练的工匠师傅才能成为行会成员。他们有自己的手工作坊，招收几个学徒和帮工进行商品生产。对学徒的期限规定得非常详细：学徒的学习期长达 4 至 10 年，期满后再以帮工的身份在师傅作坊工作几年，学徒如果想成为一名师傅，还要制造出一件“杰出的产品”，交行会审核。

城市的市民既然取得了自治权利，他们便着手组织自治政府。市民选举自己的市议会、市长和法官，城市有自己的法律、监狱、军队和旗帜。城市制度以法国诺曼底的卢昂为例，由一个城市上层分子，多为富商组成的百人会议作为市政管理机关，其具有司法权、行政权以及任命市政官员的权力。市政执行机关由百人会议选举 24 人组成。百人会议还有权推荐 3 人为市长候选人，最后由国王裁定 1 人为市长。市长权力广泛，包括主持法庭、处理日常行政事务等。在许多自治城市还设立了由市民组成的法庭和陪审团，他们按城市法律审理各种诉讼案件。由市民组成的陪审团保证了执法的民主性和公正性。现代西方国家的陪审团制度，就是从中世纪城市流传下来的。毫无疑问，城市生活的主体是市民，即各城市中具有市民权的全体居民。与古希腊城邦一样，城市公民必须宣誓，遵守城市法律，维护城市利益。

▼行会中的师傅与学徒

随着城市的发展，市民阶层开始形成。市民是指居住在城镇的一切居民，包括商人、工匠、自由民、学徒、律师以及逃亡的农奴。城市市民的生活方式与庄园的农奴显然是有差别的。一道城墙把城市与乡村分隔开来。中世纪的城门状如罗马时代的凯旋门，城门两侧有高大突出的塔楼护卫，门前的护城河形成一道天然的屏障。城内街道纵横交错，但大多是泥路，故晴天沙尘飞扬，雨天一片泥泞。城市中心一般都设有广场和教堂。城市广场既是节日集会欢庆的场所，也是集市之地和人们休闲的好去处。教堂是城市的灵魂，城市建筑中最宏伟壮观、精美绝伦的往往是教堂。教堂通常是一座城市的标志与象征，如巴黎的象征是巴黎圣母院，坎特伯雷的象征是坎特伯雷大教堂。城市生活比乡村更丰富多彩，年轻人参加赛跑、摔跤、投石等游戏；居民们参加各种节日活动，几乎每月都有节日，所有的节日都伴有相应的庆祝活动。

（三）城市的地位和作用

由于城市工商业的发展，新的市民阶层出现了，他们脱离封建庄园，最终走向了封建制度的对立面。市民阶层要求结束分裂割据的局面，使他们能更大范围地参加工商业活动。相对弱小的市民阶层，往往选择支持王权，因为混乱中王权代表了秩序，这样便出现了市民与王权的联盟。市民阶层登上历史舞台，不仅成为监督统治者和政府行为的一支主要的社会力量，也为日后资产阶级革命提供了广阔的空间。

城市的繁荣也为结束封建割据局面提供了条件和基础。自然经济占统治地位时期，地区之间缺乏相互联系。如今随着商品经济的发展，各地的经济联系加强了，出现了全国性或地区性工商业城市联盟。这样就为结束封建割据局面创造了经济前提，也为国家统一创造了条件。

在思想文化方面，市民文化、城市大学和由此发展起来的文艺复兴运动等，动摇和破坏了封建制度的精神支柱——封建神学，为现代文学、艺术、法学、哲学的发展，以及宗教改革和现代自然科学的诞生准备了初步条件。

欧洲最古老的大学

博洛尼亚大学是欧洲公认的历史最悠久的大学，其坐落于意大利艾米利亚·罗马涅大区的首府博洛尼亚。尽管大学的章程最早制定于1317年，但事实上早在11世纪末在博洛尼亚就已经出现了第一个法律学院，所以大学的建立时间后来经过历史学家考证确定为1088年。1988年9月18日，博洛尼亚大学建校900年之际，欧洲430个大学校长在博洛尼亚的大广场共同签署了欧洲大学宪章，正式宣布博洛尼亚大学为欧洲“大学之母”。

六、查士丁尼与拜占庭帝国的兴起

西罗马帝国于公元 476 年灭亡之后，东罗马帝国却没有重蹈覆辙，反而延续了 1000 年之久，因其文化和语言已经完全希腊化，历史学家就以其首都君士坦丁堡的前身——古希腊殖民地拜占庭城来称呼这一帝国。公元 6 世纪的拜占庭帝国皇帝查士丁尼是一代杰出的名君，他主持编纂的法典是古代法的典范，对世界各国的立法有着深远影响。他重建的圣索菲亚大教堂至今仍巍然屹立，使后人对拜占庭建筑的辉煌成就叹为观止。他在位时期是拜占庭文化与艺术的黄金时代，拜占庭帝国在他的治理下达到了巅峰。

（一）恢复罗马帝国的荣耀——对外扩张

公元 483 年，查士丁尼出生于马其顿地区的农民家庭，他是查士丁一世的侄儿。查士丁一世原先只是一个目不识丁的色雷斯农民，靠军队发迹，最终爬上东罗马君主的宝座。查士丁一世对自幼跟随自己的侄儿查士丁尼寄予厚望，让他受到了良好的教育。自公元 518 年，查士丁尼就协助叔父掌理政务，担任帝国行政指导。公元 527 年，他继承了叔父的帝位，正式成为拜占庭帝国皇帝。

作为拜占庭帝国最有建树的统治者，查士丁尼对外政策最大的战略目标就是恢复古罗马帝国的版图。为了实现这一宏图，他即位不久，就于公元 533 年借北非蛮族国家——汪达尔帝国内乱之机，不顾文武官员的强烈反对，派贝利萨留统率 500 艘战船和 1.5 万名正规兵，在北非登陆。贝利萨留旗开得胜，于公元 534 年 5 月占领汪达尔王国首都迦太基城，汪达尔国王投降。

征服汪达尔之后，查士丁尼随即发动征服东哥特王国的战争。

公元535年，查士丁尼以干涉东哥特王国统治集团内部纷争为借口，派贝利萨留率军8000人出兵意大利。贝利萨留在公元535年12月登陆西西里，第二年攻入意大利半岛，公元536年12月攻陷罗马，打跑了东哥特王国的军队，教皇和居民投降。公元540年，贝利萨留攻占东哥特王国首都拉文那，俘虏了东哥特国王。但拜占庭军队在意大利大肆劫掠和搜刮，遭到东哥特人和罗马人的痛恨。不久，东哥特新国王托提拉率军南下反攻，于公元546年12月攻陷罗马城。公元552年，拜占庭援军赶到，很快打败了东哥特军队，杀死了托提拉，并于公元554年最终消灭东哥特王国残部，彻底控制了意大利半岛。公元552年，查士丁尼借西哥特王国内讧之机，派东征军干涉西班牙的内乱，占领了西班牙东南沿海地区。

▲查士丁尼大帝

公元483年，查士丁尼出生于一个农民家庭，他从小就表现出超人的精力和智慧，被叔父任命为禁卫军统领。公元527年8月，叔父查士丁一世去世，查士丁尼继任罗马帝国皇帝。公元523年，查士丁尼娶了君士坦丁堡剧院的一个名妓，即后来的皇后提娥多拉，她也是查士丁尼智囊团中的重要人物。

经过以上一系列战争，拜占庭帝国几乎囊括了原西罗马帝国的绝大部分旧有领土，比其原有的领土面积几乎大了一倍。

（二）《罗马民法大全》的编撰

查士丁尼在位期间十分注重罗马的法制传统，他继位之初，就委派法学家特里波尼召集文人学士编纂法律，委员会审订自哈德良皇帝（公元117—138年在位）以来罗马历代元老院的决议和皇帝诏令，删除其中已失效和互相矛盾的部分，于公元529年编撰成10卷本的《查士丁尼法典》。后来他又派人把历代法学家解释法律的论文汇总整理，于公元533年编成《学说汇纂》，同年又颁布了《法理概要》（又称《法学家指南》），是学习罗马法的教材。最后又将公元534年以后颁布的法令于公元565年汇编成《新法典》（又译作《新律》），作为《查士丁尼法典》的续编。上述所有的法律文献，统称为《罗马民法大全》。通过此项工作，浩如烟海、异常繁杂的罗马法资料变得系统、简明，并切合实用。

查士丁尼新编法典把君主专制与基督教义密切结合起来，提高了东正教会的地位，以借助教会来维护王权。法令禁止官员豢养亲兵、私设监狱，禁止大地主以强暴手段夺取土地，法律还用严厉手段惩治与政府敌对的元老贵族集团。由于当时继续使用奴隶劳动已无多大利益可图，法律允许甚至鼓励在一定条件下释放奴隶。

《罗马民法大全》是欧洲历史上第一部系统完备的法典，在世界法制史上占有突出地位，它对后世的影响是任何古代法律都无法比拟的。法典首创了划分公法和私法的理论，提出了财产无限制私有的原则，对简单商品生产的一切重要关系，诸如买卖、借贷、契约等关系都做了详细的规定。法典不仅是文艺复兴时资产阶级的思想武器，也成为资产阶级法学的重要渊源，对资产阶级国家的立法和司法产生了深远的影响。现代西方的两大法系——大陆法系和英美法系，都深深打上了罗马法的烙印。

查士丁尼不仅根据当时的社会经济条件，主持编纂了卷帙浩繁的罗马法典，而且十分重视法律教育。他亲自规定了法律学校的课程、教材和学制，竭力培养法律人才。像查士丁尼这样重视以法治国的君主，在古代的西方君主中实属少见。他对罗马法制建设作出了卓越的贡献，给后世留下了一笔宝贵的文化遗产。

（三）勤修政务

在加强法制建设的同时，查士丁尼还进行了行政改革。他颁布法令，禁止出卖行省官职，实行官员工资制，治理官僚的腐败行为。在地方治理上，他下令合并行省，裁减冗员，把军事和民政职能统一于各行省执政官手中。他还采取了精兵简政的措施，以提高行政效率，节省财政开支。

查士丁尼在位期间十分注重社会经济问题，他鼓励发展工商业，大力支持商业贸易。政府垄断粮食买卖权、开采矿藏，使商业和手工业保持了长期的繁荣。为摆脱波斯人对贸易的中间控制和盘剥，他努力寻找南方商路，维护帝国在黑海的贸易利益。

查士丁尼还注意到市政建设，在首都君士坦丁堡大兴土木。在城市中，他下令开辟输水管道，修建公共浴室。此外，他还建造旅

> 我过去是恺撒，我是查士丁尼，我因为感觉到上帝的意志而笔削之于法律……在我和教会的步骤和谐之后，我蒙受上帝的感应，立即把我的全部精神，用在那件大工作上面。
>
> ——查士丁尼

店、孤儿院、修道院、教堂等设施，这其中最著名的建筑就是圣索菲亚大教堂，它是查士丁尼动员1万多人，用5年时间重修的教堂，并借鉴罗马、雅典等古寺庙以大理石圆柱作装饰，开创了基督教东方教堂的建筑特色。教堂采用与西方传统不同的弯顶结构，显得高大雄伟。大理石镶嵌的精细雕刻和彩色玻璃镶嵌的壁画交相辉映，把教堂内装饰得金碧辉煌。

晚年的查士丁尼，作为神学家的一面更多地显露出来，逐渐厌倦政事，沉迷于僧侣般的生活，他津津有味地同主教们谈论基督教义的细微差别，直至深夜而不歇。公元565年，查士丁尼去世，拜占庭帝国也走过了其最辉煌的时代。

史学家普罗柯比

普罗柯比是公元6世纪拜占庭帝国最重要的历史学家，他生于巴勒斯坦地区贵族家庭，接受过系统的教育，知识渊博，才能出众，曾受聘于一代名将贝利萨留，作为其私人秘书。他为后人留下了丰厚的著述，如《战记》《论建筑》《秘史》。普罗柯比所著的《战记》共分8卷，其用大量的笔墨生动、翔实地记载了查士丁尼时代的波斯战争、汪达尔战争、哥特战争、摩尔人战争等一系列大规模战争的情况。《论建筑》描写了6世纪拜占庭首都君士坦丁堡宏伟的建筑，而《秘史》则记述了《战史》外的另一个拜占庭宫廷史，抨击皇帝查士丁尼的专制统治。这三部名著一起成为后世研究查士丁尼时代历史的最重要甚至是唯一的史料来源，优美典雅的文笔使其成为拜占庭文学史中的上乘之作。

七、拜占庭帝国的衰亡

位于巴尔干半岛东端的伊斯坦布尔，扼黑海咽喉，是土耳其最大的城市和港口，作为欧亚两洲分界线的博斯普鲁斯海峡从城中穿过，将这座古城一分为二，伊斯坦布尔也就成了全世界唯一一座地跨欧亚两洲的城市。在旧城区，有一处是1453年奥斯曼帝国穆罕默德二世进攻时曾以大炮破城之地，人称“大炮门”，其见证着当年拜占庭帝国最终灭亡的历史。

（一）拜占庭帝国的衰落

进入11世纪后，曾经不可一世的拜占庭帝国逐渐陷入一系列内忧外患之中，国力一日不如一日。

公元7世纪时，拜占庭帝国希拉克略王朝的皇帝希拉克略一世为抵御外敌入侵，巩固边疆，重振国力，推行了军区制度，主要是在帝国境内设若干军区，以军区代替行省，军政合一，由主管军事的将军负责治理，实际是对全国实行军事管制。与此同时，建立军屯制度，自由农民被编入军队，并分配以世袭份地，亦兵亦农，缴纳赋税，但不服劳役，成为实际上的屯田兵士。军区制改革大大加强了帝国的经济、军事力量，使帝国得以继续保持东地中海的霸主地位。但到后期，从地方崛起的军事贵族不断侵占军区内自由农民的土地，农民大量破产，沦为贵族的附属。这样，小农经济的崩溃瓦解了帝国军队的经济基础，导致军力下降，还造成地方军事贵族坐大，不服从中央的统治，内乱加剧。长期的战乱使农业遭受了严重的破坏，耕地荒芜，农作物产量下降，粮食供应严重不足。

随着国势的衰微，帝国的边疆再次告急，塞尔柱突厥人在1055

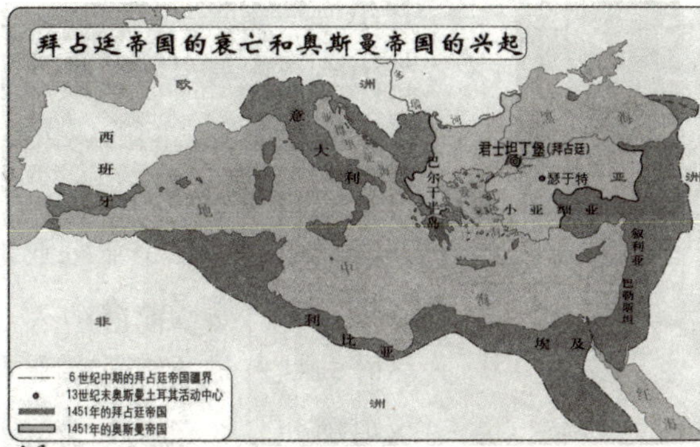

▲拜占庭帝国的衰亡和奥斯曼帝国的兴起

年占领巴格达后，就把进攻的矛头指向拜占庭帝国，不断攻城略地，很快打败了帝国军队的主力，攻占了小亚细亚的大部分地区。与此同时，在南方，来自北欧的诺曼人进入地中海，夺取了拜占庭帝国在意大利南部的领土。在北方，突厥人的一支佩彻涅格人自 11 世纪中叶不断侵扰巴尔干地区。到 11 世纪，帝国已经彻底丧失了对地中海中部地区的控制权。

1204 年的十字军东征对帝国更是造成了毁灭性的打击，虽然 1261 年击败了十字军建立的拉丁帝国，拜占庭得以复国，但此时帝国元气已丧失殆尽，领土大为缩小，所辖疆域仅有以君士坦丁堡为中心的小亚细亚西北部、色雷斯和马其顿部分地区、伯罗奔尼撒半岛以及爱琴海的一些岛屿，帝国往日的声威已经一去不复返了。

（二）奥斯曼土耳其的崛起

土耳其人最初居住在里海和阿尔泰山脉之间广阔的土耳其斯坦平原地带，即古代的突厥人。奥斯曼人是西突厥人的一支，属于乌古兹部落联盟中的凯伊部落，原来在伊朗高原东部的呼罗珊地区游牧，信奉伊斯兰教。13 世纪初蒙古大军西侵，迫使凯伊部落离开呼罗珊，向两河流域上游地区迁徙，后来成为塞尔柱人建立的罗姆苏丹国的藩属。1290 年，奥斯曼继承首领的职位，他率军以“圣战”的名义袭击拜占庭帝国边境，抢劫财物，扩展领土。1299 年，奥斯曼利用罗姆苏丹国崩溃瓦解的机会，正式宣布独立。根据他的名字，新国家被称为奥斯曼王国。

1326 年奥斯曼死后，其子乌尔汗继承父位。面对复杂的外部环境，乌尔汗制定了一条行之有效的对外方针：与同种同教的突厥邻国保持友好关系；对波斯王朝相当长一段时间内称臣纳贡；而用全部力量对付处于风雨飘摇中的拜占庭帝国，软硬兼施，不断蚕食它在小亚细亚西北部的领土。到14世纪中叶，乌尔汗将拜占庭帝国的势力完全逐出小亚细亚，并且吞并了原属罗姆苏丹国的大部分领地，爱琴海到黑海之间的广大地区尽归奥斯曼国家所有。

1345年以后的半个多世纪，奥斯曼土耳其人将势力扩大到欧洲，并完成了对整个小亚细亚地区和巴尔干半岛部分地区的占领，控制了这一地区周围各个海域，成为名副其实的奥斯曼土耳其帝国。而这时的拜占庭帝国只剩下君士坦丁堡和几块属地。1363年，拜占庭被迫求和，降为奥斯曼帝国的藩属，在土耳其人的包围之下，苟延残喘。

（三）君士坦丁堡的陷落

拜占庭帝国的国都君士坦丁堡位于欧洲大陆的南端，它北临金角湾，南接马尔马拉海，东与小亚细亚半岛隔海相望，只有西面与陆地相连。临近陆地的一面地势十分险要，又有三重城墙保护，易守难攻。奥斯曼土耳其人从14世纪末开始对君士坦丁堡进行过几次围攻，由于无法摧毁坚固的城墙和切断城市从海上与外界的联系，每次围攻都以拜占庭皇帝的赔款订约告终。

1451年，穆罕默德二世登上奥斯曼土耳其苏丹的宝座，他一即位就把夺取君士坦丁堡进而完成建立帝国的大业作为自己的历史使命。当时，一位会见过他的意大利旅行家记载说：穆罕默德二世宣称现在时代变了，他要从东方到西方去，就像过去西方人来到东方一样。世界的帝国只能有一个，只能有一个宗教、一个王国，要缔造这个联合，世上没有比君士坦丁堡更合适的地方了。为了攻破君士坦丁堡坚固的城墙，他专门高薪聘请匈牙利火炮制作工匠乌尔班，指导生产了当时世界上最大的巨型火炮，其口径达99厘米，可发射1200磅（相当于544公斤）重的炸弹。

面对穆罕默德二世咄咄逼人的威胁，拜占庭皇帝君士坦丁十一世也在做最后的努力。他向几乎所有的欧洲国家和教廷派出使者，哀求基督教兄弟们看在上帝的分上立即出兵，援救君士坦丁堡。但

“征服者”穆罕默德二世

穆罕默德二世21岁登上王位。对内，他先处死几个年幼的弟弟，清除内乱的根源；后以非常手段彻底改革他父亲治家旧制，从而在族中树立起了个人威信。对外，他凭借个人的野心不断东征。他一生东征26次，几乎连年作战，其中最辉煌的战果是于1453年攻占了东罗马帝国首都君士坦丁堡，从而埋葬了延续1000多年的拜占庭帝国，掀开了欧洲历史的新篇章。

是，所有的欧洲国家君主除了表示同情和开具出兵援助的空头支票以外，没有做出任何具有实际意义的行动。这样，君士坦丁十一世就处于孤立无援的可悲境地。他可以用来抵抗土耳其人的防御力量不足5000人，另外还有2000外国自愿军。在海上，拜占庭有26艘船，一字排开，防守在黄金角湾入口处的铁链之后。一位当时的作家写道："这个民族衰弱之极，似乎一阵微风也能将它刮倒，它就要被敌人吞没了。"

1453年4月2日，土耳其军队开始对君士坦丁堡发起强攻。城内守军使用陈旧的武器，不断向敌军投掷希腊火，飞箭流石如暴雨倾泻而下，土耳其军死伤惨重，不得不停止进攻。此后四十多天里，君士坦丁堡依旧固若金汤，但守军也疲惫不堪，防御力量已经到了极限。

穆罕默德二世在陆上进攻失利后，又发动了海上攻击。他在4月22日晚下令偷袭黄金角，借助于一种特制的涂油木板，一夜之间，80艘土耳其战舰进入了黄金角海岸。但在守城舰队的防御下，一时间也难有作为。

君士坦丁堡守军顽强的抵抗出乎穆罕默德二世的意料，久攻不下的战况影响了土耳其将士的士气，有些高级将领甚至提出停止进攻与敌议和的建议。但穆罕默德二世不为所动，他决定迅速做个了结，下令在5月28日发动总攻。为鼓舞士气，他亲自视察各军团，对将士们发表鼓舞人心的讲话，宣布攻占城市后，全军将士可抢劫三日，除城市本身外，城中一切财产，包括居民和金银财宝都属于胜利的将士。这一系列战前动员使士气大振。

▼穆罕默德二世带领军队进入君士坦丁堡

虽然君士坦丁堡守城士兵进行了英勇顽强的抵抗，表现出雄狮般英勇无畏的气概，一部分妇女也参加了战斗，但最终寡不敌众。在土耳其人大量增援和潮涌般反复攻击下，君士坦丁堡的防线开始出现松动。圣罗马门最先被攻破，土耳其军队蜂拥而入。拜占庭军民进行了最后的抵抗，与土耳其军队展开了激烈的巷战，但君士坦丁堡最终落入土耳其军队手中，君士坦丁十一世在乱军中被杀。

获胜的土耳其军队从各个方向涌入城中，他们逢人便杀，而后便开始了无情的抢劫。幸存的居民大多被俘为奴，城中的金银财物被抢劫一空。土耳其军队占领君士坦丁堡几小时后，苏丹穆罕默德骑着白马进入城内，直奔圣索菲亚大教堂而去。他宣布改教堂为清真寺，圆屋顶上的十字架从此被新月标志取代，千年古教堂成了奥斯曼帝国强盛的见证人。不久，君士坦丁堡就成为奥斯曼土耳其帝国新的首都，并被改名为伊斯坦布尔（意为伊斯兰之城）。自此，延续一千多年的拜占庭帝国宣告灭亡。

神奇的“希腊火”

相传，“希腊火”是在公元668年被一个叫加利尼科斯的叙利亚工匠带往君士坦丁堡的。加利尼科斯在途经小亚细亚地区时，发现当地出产的一种黑色粘稠油脂可在水上漂浮和燃烧。他突发灵感，产生了以之为武器的念头，并借助自己掌握的化学配制技术，进行了多次实验，最终获得成功。拜占庭皇帝获得这一技术后，马上将其应用于抵御阿拉伯人的战斗中。公元678年6月25日，阿拉伯舰队向君士坦丁堡发动总攻。拜占庭海军出动装有希腊火的小船，对载有攻城器械和士兵的阿拉伯军舰展开火攻，使阿拉伯海军几乎全军覆没。拜占庭人欣喜若狂，于是把拯救了自己命运的神秘火焰称为“防备之火”或“海洋之火”，而深受其苦的阿拉伯人心惊胆战地将其称为“希腊火”。

据现代学者研究，“希腊火”是一种以石油为主体、混合了易燃树脂和硫黄等物质的粘稠油脂。它性状如油，可以在水面上漂浮和燃烧，而且容易附着在物体表面。经过配制的希腊火一般被装入木桶，运送到前方使用。士兵们使用一种管状铜制喷射器将它喷洒向敌人，然后射出带火的弓箭将它点燃。

▲希腊火

八、西班牙帝国的兴衰

位于欧洲南部伊比利亚半岛上的西班牙现在看上去很不起眼，但在16世纪却是称雄欧洲的超级大国。在长达700年抗击阿拉伯人的“光复运动”后，通过1469年两大王国国王联姻，西班牙在15世纪末完成了国家统一，并在16世纪大展身手，借助王室联姻和物力征服，成为欧洲最强大的国家。

（一）早期西班牙的历史

伊比利亚人是西班牙最早的土著居民，主要居住在埃布罗流域、比利牛斯山、法国南部地区，随后就称这个半岛为伊比利亚半岛。在随后的数千年里，凯尔特人、腓尼基人、希腊人、迦太基人纷至沓来，伴随民族的迁徙，外族入侵不断发生。

公元前6世纪，腓尼基人在遭到当地土著部落塞尔梯贝利亚人的袭击时，找来北非的迦太基人帮忙。然而，迦太基人一踏上这片土地，就成了这个半岛的主人，在西班牙的东南地区建立了自己的殖民地，随后取代希腊人成为地中海西部的霸主，在西班牙东南沿海建立了经济军事中心。为争夺地中海霸权，罗马人和迦太基人三次交战（布匿战争），战争于公元前2世纪以罗马人的胜利和迦太基的灭亡而告终。

▼18世纪伊比利亚半岛地图

公元前218年，罗马统帅西庇阿率军入侵西班牙，把迦太基人全部赶走，但遭到塞尔梯贝利亚人的殊死抵抗，这一入侵军事行动持续了两百多年，直到公元前19年，罗马人才最终征服了伊比利亚半岛，把西班牙划为罗马帝国的 3 个行省，并统治了将近 600 多年。罗马统治期间，罗马的拉丁语、法律制度、习俗和基督教的信仰等被注入西班牙的血液。伊比利亚半岛上的居民享受罗马的公民权，有 4 名西班牙人后来成为罗马帝国的皇帝，他们分别是图拉真、哈德良、马克·奥利略和狄奥多西一世。

罗马帝国衰亡之后，日耳曼诸部落开始侵入帝国疆域，伊比利亚半岛自 410 年为西哥特人所统治，首都托莱多。公元 711 年，信奉伊斯兰教、打着月牙旗的阿拉伯人——也称摩尔人，长驱直入西班牙，迅速占领了托莱多，半年内就占领了西班牙大部分地区。到 715 年，阿拉伯人基本上占领了伊比利亚半岛，把西哥特人的残余势力赶到了西北部山区，阿拉伯人整整统治了西班牙近 8 个世纪，首都科尔多瓦。

（二）光复运动和西班牙的统一

逃到北部山区的基督教徒不甘接受阿拉伯人的统治，一直在进行收复失地运动。公元 722 年，在阿斯图里亚斯地区的科瓦东加山打响了光复运动的第一役。在这场战斗中，基督教军队在领袖佩拉约的领导下战胜了阿拉伯军队。

10 世纪末到 11 世纪初，阿拉伯人在西班牙的统治日渐衰微，哈里发大权旁落，王室内部为争夺哈里发的宝座混战不已。1031 年，西班牙的阿拉伯政权分裂成 23 个小王国，北方的基督教乘机进一步推进收复国土运动，很快在 1081 年收复了托莱多，欧洲其他国家的基督教徒也纷纷响应教皇的号召，到西班牙参加反阿圣战。随着收复失地运动的持续，基督教诸王国和公国的势力得到不断增强。1212 年，卡斯蒂利亚王国的军队在拉斯纳瓦斯德托洛萨取得了战胜阿拉伯人的决定性胜利，此后，基督教王国军队又收复了科尔多瓦、塞维利亚、赫雷斯和加的斯等城市，最后阿拉伯人在西班牙的地盘只剩下格拉纳达王国。

至 15 世纪，卡斯蒂利亚王国（占据伊比利亚半岛的北部和中部地区）和阿拉贡王国（占据半岛东北部地区）成了其中最强大的国家。1469 年，卡斯蒂利亚王国的公主伊莎贝尔嫁给了阿拉贡的王子费尔南多。1474 年，23 岁的伊莎贝尔被立为卡斯蒂利亚女王，她建立起新的法庭和城镇行政制度。1479 年费尔南多继位，成为阿拉贡国王，两国正式合并为统一的西班牙王国，夫妇二人被称为“天主教双王”。

基督教王国合并后，斐迪南再以 9 万兵力向前推进，终于打败阿拉伯人，取得最后的胜利。1492 年 1 月 2 日，阿拉伯人在西班牙的首都格拉纳达城被斐迪南的军队攻克，西班牙光复运动宣告完成，西班牙最终实现统一。

（三）霸权的建立

1516 年，阿拉贡王朝的费迪南国王去世后，由他的外孙——来自哈布斯堡王朝的卡洛斯一世继任西班牙国王，卡洛斯于 1519 年从其祖父那里继承了神圣罗马帝国皇位，被选为查理五世，后来又从其祖母那里得到了尼德兰、卢森堡的统治权。通过这一系列王位继承，西班牙成为欧洲最强盛的霸权国家，卡洛斯一世也就成为当时欧洲历史上统治人口和土地最多的帝国的统治者。到 1525 年，他宣称拥有 72 个最高头衔，掌控 27 个王国（kingdoms）、13 个公国（duchies）、22 个伯国（counties）和 9 个封建领（seigniories），他统治下的帝国控制了欧洲 1/4 的人口，达到 2500 万。

卡洛斯的帝国霸权政策是企图把欧洲所有的基督教国家联合起来，由他领导，共同对抗奥斯曼土耳其人的进攻，维持欧洲的统治秩序。法国国王法兰西斯一世无法接受卡洛斯一世的欧洲霸权政策，双方进行了一系列争夺欧洲霸权的战争。最终在 1525 年 2 月的帕维亚战役中，西班牙军队打败了法军，并俘虏了法兰西斯一世。1526 年，两国签订了《马德里和约》，法国放弃对意大利的米兰和那不勒斯的所有权，并且把勃艮第让与卡洛斯一世，卡洛斯确立了他在意大利的主导地位。1530 年 2 月，卡洛斯在罗马正式加冕为神圣罗马

> 我和上帝说西班牙语，和女人说意大利语，和男人说法语，和我的马说德语。
>
> ——卡洛斯一世

帝国皇帝。

当时欧洲的宗教改革风起云涌，卡洛斯作为一个狂热的天主教徒，对新教极为仇视，他和欧洲的各保守势力相勾结，镇压各地的新教运动。他还在西班牙本土及其属地设立宗教裁判所，大肆迫害与原有天主教理论相背离的进步人士。

卡洛斯一世担心帝国太大，难于控制，不仅决定提前退位，而且把帝国权力分散。他在 1555 年退位，在 1555 年 9 月至 1556 年 1 月间，把西班牙的统治权让给儿子菲利普二世（1556—1598 年在位），1556 年 9 月把神圣罗马帝国的帝位让给他的弟弟费迪南一世（1556—1564 年在位）。

菲利普二世继承西班牙的王位后，成为当时欧洲最有权势的君主，在他的统治下，西班牙帝国达到极盛，不仅在欧洲确立了无可争议的霸权地位，还在美洲建立了广大的殖民帝国。菲利普二世即位后，法国和西班牙重新开战，此时罗马教皇保罗四世为驱逐西班牙在意大利的势力，联合法国一起反对以菲利普二世为首的哈布斯堡家族。但西班牙的军队很快就占领了罗马，教皇被迫投降，而法国方面，西班牙军队在 1557 年的圣根丁战役中大败法军，下一步就可进军巴黎了，不过因后勤供应不足，西班牙军队放弃了继续前进的打算。最后，法王亨利二世和菲利普二世在 1559 年签订和约，法国继续保有对其西北部梅斯、土尔和凡尔登三个主教区的管辖权，但放弃了对意大利的领土要求。

奥斯曼土耳其自从灭亡了拜占庭帝国后，再次对基督教的欧洲构成了强有力的威胁，他们封锁地中海，不许外国船只通行，菲利普二世为阻止穆斯林的入侵，只得向奥斯曼土耳其宣战。1571 年，西班牙联合教皇国和威尼斯共和国在地中海的莱潘托湾和土耳其展开了一番恶战，最终力克强敌，重创对手，从此西班牙获得了海上霸主地位。

1580 年，葡萄牙国王死后无嗣，身为葡萄牙公主之子的菲利普二世借机出兵占领了葡萄牙，自封为葡萄牙国王，自此葡萄牙和其所属的殖民地便成为菲利普二世的统治邦国。到此时，西班牙帝国

卡洛斯一世在退位仪式上的讲话

我这辈子曾经犯了许多严重错误，或许由于我年轻无知，或许由于我的缺点。但是，有一点我可以向大家保证：我从未有意伤害过我的任何一位臣民，对他们施以暴力或不公。如果真有这种情况，我感到很遗憾，并请求原谅。

达到极盛，无论在陆地还是海上都是欧洲绝对的霸主。

（四）西班牙霸权的衰落

西班牙是首屈一指的殖民帝国，但是没有因此而成为一个经济强国。它的经济发展不平衡，商业贸易和畜牧业发达，工业次之，农业最落后。发达的国际贸易是西班牙王国强盛的经济基础，从殖民地掠夺的大量金银财宝，刺激了国内经济的发展。但是，西班牙这种贸易经济缺点非常明显，没有强大的国内工业的支撑，加上专制政府对商业贸易的种种限制以及政府鼓励奢侈品的消费与进口，从殖民地得来的财富，很快流转到了工业发达的英国、尼德兰和法国，而没能成为推动本国经济发展的资本积累。很快，西班牙的经济发展就出现停滞。

1566 年，尼德兰地区民众不堪忍受西班牙的残酷剥削与压迫，爆发了革命，菲利普二世为镇压革命，花费了巨额钱财，但最终还是以失败告终。1609 年，西班牙和在尼德兰革命中成立的荷兰共和国签订《十二年休战协定》，事实上承认了共和国的独立。而被西班牙兼并没多长时间的葡萄牙，也在 1640 年出现了反西班牙的民族独立运动。同年 12 月，葡萄牙议会宣布脱离西班牙的统治，正式独立。

1588 年 5 月，菲利普二世以英格兰女王伊丽莎白一世处死信仰天主教的苏格兰女王玛丽斯图亚特为借口，派遣有 130 多艘军舰的无敌舰队东征英格兰，但在英吉利海峡遭到英国舰队的强力反击，后退途中又遭到暴风雨的袭击，损失惨重，几乎全军覆灭。西班牙的海上霸权地位由此受到严重的冲击。英国在海上，法国在陆地，不断挑战西班牙的霸权地位，到 17 世纪中叶，西班牙沦为“欧洲病夫”，彻底丧失了欧洲的霸权地位。

宗教裁判所

宗教裁判所是13至19世纪罗马天主教会侦察和审判异端的机构，又被称作宗教法庭。它的功能旨在镇压一切反教会、反封建的异端以及有异端思想或同情异端的人。宗教裁判所最开始是13世纪上半叶教皇英诺森三世为镇压法国南部阿尔比派异端而建立的教会内部侦察和审判机构。霍诺里乌斯三世继任教皇后，于1220年通令西欧各国教会建立宗教裁判所。后来教皇格列高利九世又重申前令，强调设置该机构的重要性，于是宗教裁判所在西欧天主教国家普遍成立。

宗教裁判所的裁判官掌握对本地区异端的搜查、审讯和判决大权。主教和世俗政权有协作、支持的责任，但并没有制约、干预的权力。异端包括不同于罗马正统教派的言行和思想，巫士亦被视为异端。不少反封建的进步思想家、科学家、民间魔师、术士皆为裁判所打击迫害的对象。

在天主教国家里，西班牙宗教裁判所历时较久，十分凶残恐怖，不仅用来镇压异端，并用来迫害阿拉伯人和犹太人。1483至1820年，受迫害者达30余万人，其中1/3被判处火刑。到18、19世纪，西欧各国宗教裁判所先后被撤销。

第四章

现代的欧洲

从 15 世纪开始，欧洲步入了一个崭新的时代，新航路的开辟与新大陆的发现，为欧洲的发展带来了宝贵的资源和市场，而文艺复兴和宗教改革则带来了欧洲的思想解放，工业革命使得高效率的机器成为社会的主要生产工具。欧洲从此进入一系列分化改组的过程之中。

一、地理大发现

欧洲的扩张，主要与一系列航海发现相联系。欧洲史学家把 15 世纪到 17 世纪欧洲航海家开辟新航路和发现新大陆通称为“地理大发现”。地理大发现使原来基本上相互隔绝的欧洲、亚洲、非洲、美洲，通过殖民贸易组成一个统一的整体，欧洲凭借其经济和军事力量成为国际贸易最大的受益者。

（一）地理大发现的条件

地理大发现并不是偶然发生的，而是由多种因素促成的。首当其冲的是西欧国家各界对遥远东方财富的渴望。西欧各国的国王、贵族、高级教士和普通市民，都沉醉在“淘金梦”中，东方盛产的香料、胡椒、黄金、宝石令他们垂涎欲滴，他们朝思暮想到东方做生意大发横财。而当时通往东方的商道经过中亚地区，交通不便，还要付给奥斯曼土耳其政府高额税收，西欧各界都普遍希望在海上找到通向东方的航道。在这种思潮的引导下，一批破落贵族和冒险家就加入了探险者的行列。

以《马可·波罗游记》为典型代表的一些关于东方的传奇、游记的发表和流行，使这种狂热有了确切的目标。例如，在《马可·波罗游记》一书中，作者把印度、中国、东南亚等东方国家描绘成“遍地黄金、香料盈野”的美好天堂。强烈的诱惑使很多人甘愿冒着生命危险，来打通通向东方的新航道。

自从 13 世纪《马可·波罗游记》发表后，欧洲人确信东方有一些大国（印度、中国）是非穆斯林世界，因此希望这些国家的人能皈依基督教。十字军东征后，面对信仰伊斯兰教的奥斯曼土耳其的

马可·波罗真的到过中国吗？

据 2011 年 8 月 11 日《环球时报》报道，英国媒体引述意大利一组考古学家的调查结果称，大探险家马可·波罗事实上从来没有真正到过中国，《马可·波罗游记》是道听途说的汇集。英国《每日邮报》称，如果这一理论被证明正确，人类历史上最伟大探险家之一的马可·波罗就是一个“骗子”。

▲ 15 至 16 世纪的西班牙大帆船

威胁，西欧人念念不忘向亚洲传教，希望和他们结成联盟以对抗奥斯曼土耳其。

地理知识和航海技术的进步也为地理大发现提供了技术条件。15 世纪以来，西欧人的地理知识大大提高，地理书籍陆续出现，准确的地图也相继问世。同时，航海的必备工具，如测星器、罗盘在当时已经发明出来，罗盘也在十字军东征时由阿拉伯人传入欧洲，欧洲的航海家又成功制造了适合远航的轻便、灵巧、快速的帆船。

西班牙、葡萄牙政府的鼓励支持也是成就地理大发现的重要原因。西班牙、葡萄牙的当权者对航海事业表现出前所未有的关注，当时葡萄牙王子亨利亲王几乎把毕生精力都放在航海事业上，他设立了欧洲规模最大的天文台和航海学校，训练水手，召集航海家、天文学家研究航行的路线，建造船坞以生产精良的帆船。

（二）新航路开辟的进程

15 世纪初，葡萄牙人在亨利亲王的积极推动下，纷纷到大西洋探险，希望找到一条绕过非洲南端通达印度的新航路。他们沿着非洲西海岸摸索南下，先后发现了加纳烈群岛、马德拉群岛和亚速尔群岛，到 1460 年亨利亲王逝世时，葡萄牙人的探险队已经到达赤道附近的几内亚。1486 年，葡萄牙航海家迪亚士航行到非洲最南端的海角，他把它命名为“风暴之角”。当迪亚士回航向葡萄牙国王报告他的航行经过时，国王便把这个海角改名为“好望角”（cape of good hope），意思是绕过了它，就大有希望通达探险者梦寐以求的地方——印度和中国。

1497 年 7 月，葡萄牙航海家达·伽马乘 4 艘帆船，率 160 名水手，沿着迪亚士走过的航路前进，希望到达东方。同年 11 月，达·伽马率领舰队越过好望角，沿非洲的东海岸北上，横渡印度洋，驶往印度。1498 年 5 月 9 日，达·伽马和他的随从在印度西南的卡里海特港（calicut）登陆。他在那边建立了一座大理石的石碑，以纪念这一具有历史意义的航海活动。达·伽马在卡里海特大肆采购东方所出产的香料、丝绸、宝石等物品，运回葡萄牙市场出售。他这次所获得的利润，竟然是此次航行成本的60倍。这种前所未闻的暴利，使那些怀着“黄金梦”的人垂涎不已。

新航路的发现使得葡萄牙成为暴发户，它的首都里斯本取代威尼斯，一跃成为当时最大的商港。葡萄牙人垄断了对东方的贸易，从此欧洲的商业中心也由地中海转移到大西洋。与此同时，葡萄牙积极向海外殖民，他们的传教士也纷纷来到东方传教。

当葡萄牙人正在热火朝天地探求新航路时，西班牙的统治者也不甘示弱，积极进行海外扩张。在此期间，他们最重大的收获，就是哥伦布发现了美洲新大陆。1492年8月3日，来自意大利的探险者克里斯托弗·哥伦布（约1451—1506）在西班牙国王斐迪南五世和女王伊莎贝拉一世的资助下，携带西班牙王室致中国皇帝的国书，带领87名水手，分乘3艘探险船，从西班牙的巴罗斯港出发，驶入浩瀚茫茫的大西洋，开始了一场划时代的航海探险活动。10月12日的午夜，即启航后的第71天，有一名水手看到了横在前面的一个岛屿。哥伦布和他的随从登陆上岸，以西班牙王国的名义占领了这个岛屿，并且把它命名为“圣萨尔瓦多”（原意“救世主”）。据考证，那个岛屿就是现今巴哈马群岛中的威特林岛。

哥伦布在岛上稍做停留后继续航行，并到达了古巴地区，他的目标是到达当时元朝统治的中国，希望与元朝皇帝进行香料与黄金贸易的谈判。但结果却令他大失所望，他继续南下到达了现今的圣多明各岛，但梦寐以求的印度与中国连影子都没见到。灰心丧气的哥伦布在1493年1月16日乘“尼尼亚”号返回西班牙。这位幸运的航海家于1493年3月到达西班牙。

▼哥伦布登上新大陆

在以后的10年里，哥伦布又进行了3次航行，探察了波多黎各、牙买加、维尔京群岛以及从圭亚那到洪都拉斯一段沿海地区，并在圣多明各岛建立了欧洲人在新大陆的第一个永久殖民地。

哥伦布到死都一直认为他发现的这片大陆是东方的印度，15世纪末至16世纪初，意大利航海家亚美利哥（Amerigo Vespucci）考察了南美洲海岸，断定那里不是亚洲，而是“新世界”“新大陆”，后来这片大陆的名字就被命名为亚美利加洲，但哥伦布最先到达的南北美洲之间的岛屿，一直叫作西印度群岛。

贵族出身的葡萄牙人费尔南多·麦哲伦是个训练有素的航海家，他在本国得不到重用，便转而投效西班牙王室。1519年9月20日，在西班牙国王的支持下，他率领一支西班牙船队——5条帆船和265名水手，从西班牙塞维尔港出发，开始了环球航行的伟大壮举。沿途他遭到暴风、赤道无风带的闷热天气、南半球的飓风，但他仍然义无反顾地沿着南美东部海岸向南航行。次年10月，船队发现了大西洋与太平洋之间的通道，后称为麦哲伦海峡。而向西行驶后，船队在浩瀚的大洋上连续航行了3个多月，因海面上风平浪静，船员叫它“太平洋”（pacific）。

1521年3月，麦哲伦率领的船队到达菲律宾群岛。麦哲伦在岛上竖起十字架，宣布这片土地归西班牙国王所有，他还以西班牙王子菲利普的名字命名这片岛屿“Philippines”，这就是现今菲律宾地名的由来。麦哲伦在菲律宾插手当地两个部落的械斗，被当地人杀死，他的助手卡诺带着剩下的两条船匆匆逃离菲律宾。1521年11月初，麦哲伦的余部到达麦哲伦朝思暮想的香料群岛（摩加群岛）。他们低价购入大批香料等物资后，穿过马六甲海峡，经印度洋，绕过好望角，最终于1522年回到了3年前他们的出发地——西班牙的塞维尔港。麦哲伦的航行是人类历史上第一次环球航行，证实了地球是圆形的。新航路的开辟，不仅对科学的发展和人类对宇宙的认识具有重要意义，而且为欧洲经济发展带来了巨大影响。

麦哲伦——英雄还是强盗?

在麦哲伦死亡地菲律宾马克坦岛，有两座纪念碑。一座是麦哲伦纪念碑，建于1866年；一座是岛酋西拉布拉布纪念碑，建于1933年。菲律宾人并不否认麦哲伦环球航行的贡献，但是西拉布拉布却无疑是反抗西方侵略者的民族英雄。两座意义截然相反的纪念碑，耸立在同一个小岛上，而且就在一条街的两边对视着。

（三）地理大发现的巨大影响

美洲的发现与新航路的开辟，改变了欧洲人的世界观，激起了一股航海热，引发了欧洲人向海外已知和未知地区进行征服和殖民扩张的大进军。

新航路开辟后，东西方的贸易中心由原来的地中海地区转向大西洋沿岸，威尼斯、热内亚、佛罗伦萨等意大利城邦的商业地位一落千丈，而葡萄牙的里斯本、西班牙的塞维尔、尼德兰的安特卫普以及英国的伦敦成为繁盛的国际贸易商埠。16 世纪中期，安特卫普成为欧洲国际贸易的中心，据当时一位威尼斯大使记载，安特卫普每年的贸易额是威尼斯的二十余倍。近代资本主义社会中的一些商业机构，如证券交易所、航运保险公司等，最初都是在安特卫普发展起来的。

当然，地理大发现在欧洲所造成的最直接的经济后果是“价格革命”。由于西欧各国殖民者和商人从亚洲、非洲和新大陆把成千上万的金银财宝运回本国，急剧增加了欧洲市场上的货币流通量，刺激物价上涨。单在 16 世纪这 100 年中，西班牙物价就猛涨了三四倍。

新航路开辟后，随着资本主义经济的发展，统一的世界经济市场开始形成，使世界上第一次有了现代意义的宗主国和殖民地。正如英国经济学家亚当·斯密所说：“海外的地理大发现给欧洲一切商品打开了一个新的无穷无尽的市场。这个市场囊括了亚洲、非洲和美洲几乎所有不同的国家，并且使资本主义的发展突飞猛进。”

《马可·波罗游记》

1275 年，意大利威尼斯城邦商人马可·波罗随他的叔父来到元朝的首都大都（今北京市）。他留在中国做了 20 年官，回国后因参加对热内亚的战役被俘，他在监狱中口述在东方的见闻，由同狱的文人罗斯蒂替他记录整理出来形成一册游记，即《马可·波罗游记》。《马可·波罗游记》以夸张的笔法描写中国以及其他东方国家的繁荣富庶，成为当时广为流传的读物，激发了欧洲人对于东方的向往和冒险的热情。

二、文艺复兴

17 米高、5000 多公斤重的大卫像，现安放在意大利佛罗伦萨学院美术馆内。它体魄雄健，面容俊美，神态坚毅，是西方雕塑史上的瑰宝。这一意大利艺术大师米开朗琪罗的惊世作品平均每年要接待超过 100 万的观众，这从一个侧面见证了文艺复兴的辉煌成就。

（一）文艺复兴的时代背景

在文艺复兴以前的西欧社会，思想文化领域完全由天主教会把持，西欧各国的教育机构几乎都建在教堂和修道院里，教士就是神父和修士，课程自然以神学为主。当时人们唯一的精神寄托，就是教会和他们宣扬的出世观念，除祈祷死后可以得到灵魂上的拯救，便别无指望。整个社会的思想文化归于沉寂，缺乏活力。

后来，随着城市的兴起、工商业的发展，越来越多的人在思想上开始觉醒，教会宣扬的悲观厌世观念逐渐失去市场，人们把关注的中心由教会所代表的“神”转到人类自身上，这就是历史学家所说的“人的发现”，也是文艺复兴的原动力。

这是一次人类从来没有经历过的最伟大的、进步的变革，是一个需要巨人而且产生了巨人——在思维能力、热情和性格方面，在多才多艺和学识渊博方面的巨人的时代。

——恩格斯评价文艺复兴

文艺复兴的发源地是意大利的北部地区，如威尼斯、热那亚、米兰及佛罗伦萨等城市。13 世纪以后，意大利始终处于分裂状态，北部的城市形成了自治的城邦。这些城市地处交通要道，商业贸易活动频繁，经济繁荣。新兴的中产阶级力量不断壮大，他们对祖先创造的辉煌灿烂的罗马文化恋恋不忘，纷纷斥资创办各种学术机构，研究古典文化。

（二）文坛三杰与艺术三杰

早期意大利文艺复兴以文学成就最为突出，其主要代表人物是意大利佛罗伦萨文坛上的“三杰”：但丁（1265—1321），跨时代的文豪，文艺复兴的先驱者；彼特拉克（1304—1374），第一个人文主义诗人，有桂冠诗人称号；薄伽丘（1313—1375），西欧第一个自由主义和现实主义文学家。

1265 年 5 月下旬，但丁诞生于佛罗伦萨一个没落的小贵族家庭。他潜心攻读荷马、维吉尔、贺拉斯及奥维德的诗卷，在“智慧的海洋”里汲取了丰富的养料。他还在修道院里旁听过课程。青年时代的但丁积极参加政治活动，站在主张依靠教皇统一意大利的威尔弗党一边，后威尔弗党获胜，但丁投入新政权的建设工作，当选为城市 6 位最高行政官之一。后该党分裂为黑白两党，但丁属于代表商人利益的白党，他被代表贵族利益、掌握政权的黑党没收了家产，判处终身流放，至死没能回到故乡。

经过长期酝酿和精心构思，大约在 1307 年前后，但丁开始创作伟大的史诗《神曲》。历经 14 年，《神曲》终于脱稿出版。《神曲》全诗分《地狱》《炼狱》《天堂》三部，一共 14233 行。诗人自叙他在人生旅途中发现自己在一片黑暗的森林里迷了路，正想攀登一座秀美的山峰时，忽然被豹、狮、狼三只野兽拦住了去路。危急之际，古罗马诗人维吉尔前来援救但丁，带领他从另一条路走向光明。维吉尔引导他游历了地狱和炼狱，接着他又在天神的引导下游历了天国。全书情节充满了寓意，表现了人类从迷惘和错误中，经过苦难、考验，达到真理和至善的境界。《神曲》不仅充分体现着但丁渴望祖国统一、复兴的强烈爱国主义情怀，还揭露了教会僧侣的贪污腐化，封建统治者的残暴专横，高利贷者的贪财好利，表现了他反对政治纷争，主张政教分离，追求美德、知识，尊崇古代文化的进步思想。因其作品划时代的历史影响，但丁被后人称为“中世纪的最后一位诗

▼佛罗伦萨市的但丁雕像

人和新时代的最初一位诗人”。

彼特拉克是意大利杰出诗人、人文主义运动的先驱。少年时与但丁同时被放逐而迁居法国，在骑士抒情诗的中心普罗旺斯旅居多年。他曾攻读修辞学和法律，但酷爱文学，对希腊、罗马文化深有研究。他的诗歌作品突破中世纪神学观念，歌颂了人的高贵和智慧，宣传人有追求尘世幸福、享受荣誉的权利，被史学家称为“人文主义之父”。他用意大利文写作的抒情诗集《歌集》是他最优秀的作品。《歌集》中包括1330年至他逝世前40多年间的300多首十四行诗，抒发了他对年轻时倾心爱慕的少女劳拉的爱情。

彼特拉克的好友薄伽丘则是第一个近代短篇小说家和热情的人文主义战士。他的名作《十日谈》包括100篇小说或故事，以诙谐生动的语言讽刺教会和贵族，赞扬市民群众，被誉为欧洲现实主义小说的滥觞。

进入16世纪，意大利后期文艺复兴取得了多方面的成就，尤以造型绘画艺术最为突出，其著名的代表人物有意大利“艺术三杰”：达·芬奇、米开朗琪罗和拉斐尔。

莱昂纳多·达·芬奇（1452—1519）是文艺复兴时期一位学识渊博、多才多艺的学者，恩格斯称赞他“不仅是大画家，而且也是大数学家、力学家和工程师，他在物理学的很多领域都有重要的发现”。他的艺术创作在体现人文主义思想和掌握现实主义技法上有极大的提高，塑造了一系列无与伦比的艺术典型。例如，他的壁画《最后的晚餐》，描写耶稣被捕前与门徒最后聚餐的情景，深刻而又精确地画出各种人物的典型性格和动作，被誉为世界艺术宝库中的不朽杰作；他的《蒙娜丽莎》画像则表明他对人的观察分析与艺术概括都达到了极高的境界。画中妇女的微笑含意无穷，超过一切言语形容。同时，他对许多学科都有浓厚兴趣和重大发现，在解剖学、生理学、地质学、植物学、物理学、应用技术和机械设计方面建树颇多。

与达·芬奇齐名的另外两位艺术家米开朗琪罗（1475—1564）和拉斐尔（1483—1520），也都在艺术创作上取得了极高的成就。

有关《蒙娜丽莎》的轶事

1503至1507年，达·芬奇开始绘制《蒙娜丽莎》。这幅画一直跟随在他的身边，直到他死后数年，画像由法兰西国王弗朗索瓦一世买下。此后，它一直归法国王室所有，直到1805年拿破仑将之珍藏在卢浮宫。法国国王路易十三得到《蒙娜丽莎》后，把它挂于家训堂，命令女儿整天模仿画中的笑容。经过数年努力，公主们终于将那神秘的微笑模仿得惟妙惟肖。拿破仑拥有《蒙娜丽莎》时，喜欢把它挂在卧室内，每日早晚要独自欣赏多次，有时竟能面对画像伫立一天半日，入迷得忘记一切。

米开朗琪罗在建筑、雕刻、绘画方面都留下了不朽的杰作。他创造的人物形象雄伟有力，精确生动，体现了浪漫主义和现实主义的结合。他在雕刻上的代表作是《大卫像》，这是一座高达5米半的裸体青年塑像。全像呈站立姿态，左腿向前，左手握着肩上的投石机弦，表情坚毅，侧过头来注视着前方，似乎看准了目标，准备给敌人以毁灭性的打击。这是一个准备为正义事业奋斗的战士的形象。米开朗琪罗在罗马梵蒂冈西斯廷礼拜堂屋顶上画的壁画《创世纪》，面积达五百多平方米，是世界上最宏伟的艺术巨作，其中充满了热情洋溢、力量无穷的英雄形象。虽然壁画的题材仍属于基督教的神造世界和人类的故事，作品本身却反映了新时代的气魄和信心。画成以后，轰动了整个意大利，被一致公认为世界历史上最伟大的美术作品。

作为后起之秀，学习和充分吸收了达·芬奇和米开朗琪罗的优秀成果的拉斐尔，则通过自己的画幅把人文主义的理想发挥到极致，在秀美、和谐、典雅的艺术风格上大放异彩。拉斐尔是一个多产的艺术大师，他一生创作了近300幅作品。他融合了意大利两个世纪以来绘画艺术的精华，独创了自己秀美优雅的绘画风格，并把绘画艺术推进到新的高峰，因此被誉为“画圣”。有人把达·芬奇的艺术比作是深深的海洋，把米开朗琪罗的作品比喻为险峻的高山，而把拉斐尔的绘画看成是广阔明朗的原野，这正形象地说明了三位艺术巨匠不同的艺术特点。他画的《圣母像》最为著名，在画中间，带着母亲慈爱表情的圣母玛利亚抱着小耶稣踏着飘浮的云朵徐徐而下，纯洁端庄。整幅画线条、用色圆润典雅，构图、形象完美协调。该画通过圣母把爱子献给人类的宗教传说，歌颂了为理想而不惜牺牲自己最宝贵的一切的献身精神，充分反映了拉斐尔的人文主义理想。圣母玛利亚的形象在他笔下已没有丝毫神秘的宗教禁欲主义的气味，而是生活中的温柔美丽的女性典型。

▼拉斐尔的《圣母像》

（三）北方文艺复兴

所谓北方文艺复兴，是相对于意大利而言的。它是指 16 世纪和 17 世纪初在英国、法国、德意志、西班牙、尼德兰等国家和地区所发生的人文主义新文化运动。从 15 世纪起，文艺复兴的浪潮从意大利传播到这些国家，与当地的新文化萌芽结合在一起，形成了北方文艺复兴运动。

北方文艺复兴最典型、最杰出的人文主义者是伊拉斯谟（1466—1536）。伊拉斯谟出生于尼德兰，神父、神学博士，其活动和影响是国际性的。伊拉斯谟以他过人的才智和渊博的学识赢得了各国学者和宫廷人士的崇敬，被誉为“人文主义之王”。伊拉斯谟认为人来自自然，人的自然欲望就是人的天性，人受情欲的支配，顺应情欲生活就会幸福；反之则没有欢乐，生活会充满悲哀、烦恼和无聊。人生的目的是感官享乐，享乐、自由和知识是构成道德的重要条件。伊拉斯谟对宗教问题十分关心，但他对教义差别和圣物之类的东西不感兴趣。他认为，真正的基督徒不在于他受过洗礼、涂过圣油或会用三段论的方法去争论教义，而在于他从内心深处信奉上帝，并以虔诚的实际行动去仿效上帝。在他的代表作《愚人颂》中，伊拉斯谟站在人文主义立场上，采用讽刺的手法，把“愚蠢”人格化，假“愚蠢”之口，对封建统治阶级的各类代表人物，如国王、教皇、主教、僧侣等的愚昧无知、贪婪欺诈、荒淫无耻进行了无情的揭露。《愚人颂》于 1511 年写成后，流传甚广，既是伊拉斯谟个人的代表作，也是当时欧洲人文主义的代表作，有力地促进了欧洲宗教改革的思潮。

文艺复兴在自然科学上的成就主要体现在天文学上，哥白尼（1473—1543）是当时最重要的天文学家。他是一个波兰教士，年轻时曾去意大利波洛尼亚大学学习，受到文艺复兴思想的影响。回国后，他利用业余时间从事天文学研究。哥白尼凭着科学的精神，根据自己的观测和推论，大胆地提出，在宇宙中，太阳“坐在皇帝的宝座上”。1543 年，他发表了《天体运行论》一书，把他的新天文学理论日心说公布于世。他的观点在当时并未被人们所接受，但它本身却是一座科学史上的里程碑，它标志着自然科学对宗教和古代权威的反叛，标志着近代科学革命的开始。

在哥白尼之后，又出现了另一位重要的德国天文学家开普勒（1571—1630）。开普勒利用一个丹麦天文学家所作的大量天文观测记录，发现了行星运动三定律，不但发展了哥白尼的日心说，而且为以后牛顿天文学体系的建立打下了基础。

除了天文学以外，16 世纪和 17 世纪初，北方国家在医学、化学、植物学、生理学及物理学等多方面都有重要进步。

（四）文艺复兴的地位与影响

文艺复兴作为一场伟大的思想文化运动，在欧洲历史上具有划时代意义。文艺复兴与其说是“复兴”，不如说是在“创新”。

文艺复兴首先带来了人们思想、观念的巨大变化，其中最突出和最重要的是对人的重新发现与认识，即关于人的价值观念的转变。在中世纪，在基督教的神学体系中，人本身是卑贱的，人在现实世界是微不足道的。在这种观念引导下，人们压抑着自己正常的欲望，消极处世，把一切寄托于来世，致使社会进步与发展缺乏精神动力。文艺复兴从“人本主义”出发，张扬了人自身的价值，讴歌了人和人的伟大，提出了“人最宝贵”的思想，从而肯定了人的能力和创造潜力。

中世纪，封建神学主宰一切，教会僵化守旧的愚民教育宣传，致使大多数人思维愚钝、观念守旧。文艺复兴则针锋相对地提出了“知识就是力量”的口号，尤其是 1543 年哥白尼的《天体运行论》的发表，在人与天地关系的根本问题上，与封建神学观念展开了正面论争。以此为标志诞生的近代自然科学，在当时特殊的社会环境中首先作为革命的精神力量，对西欧观念变革产生了重大影响。

文艺复兴对人类文化宝库是一个巨大贡献，在文艺复兴时期涌现出来的那些著名的人文主义作家、艺术家、天文学家以及他们不朽的作品与成就，都给人类文化史增添了新的篇章。

欧洲 17 世纪的宗教改革，18 世纪以法国为代表的启蒙运动，北美独立战争期间振聋发聩的《独立宣言》，1789 年法国的《人权宣言》，都不同程度地受到了文艺复兴的影响。

中文“文艺复兴”的来历

在中国最早出现“文艺复兴”术语的书籍，是 1903 年上海（商务印书馆）出版的法国人赛奴巴所著《泰西民族文明史》一书。书中列有“文艺复兴与宗教改革”专章，中云：“至 16 世纪，奇才辈出，天资超迈，烁古振今，故谓文艺复兴时代。”在后来的译著中，“文艺复兴”称呼五花八门，不一而足，如“学问复兴”“文运复兴”“古学复兴”等。

保定军官学校校长蒋百里，1921 年出版《欧洲文艺复兴史》（商务印书馆，梁启超作序）一书，其导言中云：“当十五六世纪时，欧洲诸民族间发生一种运动，起源于伊大利（即意大利），传播于英法，而终及于日耳曼，是中古时代与近世时代之蝉蜕。历史家名之曰 Renaissance，译言再生也，东人则译为文艺复兴。”

三、宗教改革运动

西欧的基督教会在16世纪发生了一次大分裂，在历史上称为“宗教改革”，英文称之为“The Reformation”，翻译为中文变成“宗教改革”。其实，该词并没有道出这一名词中所意味的激烈程度。从对政治与宗教秩序冲击之严重、流血之惨烈、时间持续之长久及影响之深远上来说，这一事件都可以算得上是一场“革命”，而不仅仅是一次“改革”。

（一）宗教改革的起因

十字军东征后，罗马教廷控制下的天主教势力虽然日渐衰落，但仍然控制着人们的思想，是民众乃至贵族、君主的精神领袖，享有对《圣经》的最高解释权。在经济上，教会拥有西欧各国国土1/3的地产，侵占了不少森林、牧场、水源等公有土地，并有收取“什一税”的权利。在思想文化上，教会垄断教育和意识形态，使政治、法律、科学都必须为教会服务。教会宣称，罗马教廷从来不会也永远不会犯错误，凡不尊重它的就不是天主教徒，并通过设立宗教法庭和“异端”裁判所对各种敢于反抗它的权威的异端进行残酷镇压。

随着商品经济的发展，拥有极高权势的罗马教廷开始介入商业活动，内部的贪污腐败现象日益严重。到宗教改革前夕，教会的腐化到了登峰造极的地步。从教皇至主教，都肆无忌惮地利用职权出卖神职，中饱私囊。如罗马教皇亚历山大六世是靠贿赂当选的，他生活十分奢靡，曾将一对母女同时收为情妇，在当时成为一大丑闻。

16世纪，各派势力分裂割据、矛盾交织复杂的德意志成为宗教改革的主要策源地。当时，德意志王权衰微，地方诸侯坐大，整个德意

贿选教皇亚历山大六世

亚历山大六世以贿选得任。他的统治期以谋杀、贪婪和淫乱闻名于天下，是史上最为声名狼藉的教皇之一。1493年，他颁发通谕，为葡萄牙和西班牙划定了扩张殖民势力的分界线，即“教皇子午线”。他在1503年8月一次晚宴后不明死去，死状甚惨，有的史书这样描绘道：“整个头浮肿，发紫，嘴巴肿得像猪嘴巴那么大。”

志没有全国性的法律，没有统一的常备军和币制，也没有相对安全、通畅的交通道路。与当时英、法已形成中央集权制相反，当时德意志有7大选帝侯、10多个大诸侯、200多个小诸侯、1000多个独立的帝国骑士和许多独立的帝国城市。德国充其量只是一个地理概念，国内分崩离析，关卡林立，币制繁杂，严重地影响了经济的进一步发展，加上罗马教廷对德国的掠夺，各种矛盾日益尖锐。德意志皇帝、世俗诸侯觊觎教会的领地与财产，不满教皇对德国教会的控制和专横。低级教士出自平民，收入微薄，生活与一般群众相似，他们反感教会的堕落、腐败。中产阶级，包括富裕的手工业者、商人和新兴手工工场主，在当时是宗教改革的支持力量，他们受诸侯的压榨，不满于僧侣的渎职和城市贵族垄断市政权力，要求改变政治上的弱势地位。

（二）路德教派

德意志宗教改革的领袖是一位名叫马丁·路德的神父。马丁·路德1483年11月10日出生于德意志东部一个矿工家庭。他幼年在教会学校学习，后进入爱尔福特大学学习法律和哲学。他天资聪颖，学习勤奋，1505年以优异的成绩取得硕士学位。1505年5月，路德遵从父命继续攻读法律。7月7日，他突然弃绝尘世，遁入爱尔福特圣奥古斯丁修道院当修道士。1512年，路德获得神学博士学位，之后出任维登堡大学神学教授，主讲《圣经》，同时兼维登堡修道院副院长。在这期间，路德深入研究《圣经》，逐步确定了自己的“因信称义”的宗教学说：他认为人的灵魂获救只需依靠个人的信仰，而不需要外在的善功及服从教会的权威，他否定了教会和僧侣阶层对《圣经》解释的垄断权力。

▼ 路德张贴《九十五条论纲》

1515年，罗马教皇利奥十世以筹集修建圣彼得大教堂经费的名义，任命美因兹大主教为“专员”，负责推销赎罪券。大主教又把在德国地区的推销权交给了一位修士。该修士在教堂门口摆上钱柜，每天卖力地推销赎罪券并宣称，只要购买赎罪券的钱币一放进钱柜里，传出来“当”悦耳的撞击声，罪恶的灵魂就可以从炼狱升入天堂。这种明目张胆的欺骗和勒索，引起了人们普遍的困惑和谴责。

1517年10月31日，马丁·路德在维登堡大学教堂门口贴出了一张名为《九十五条论纲》的“大字报”，公开抨击贩卖赎罪券的行为，要求辩论赎罪券问题。马丁·路德认为：“教皇没有赦免任何罪恶的权力，这种权力只存在于上帝。”靠忏悔和信仰，直接与上帝交往，灵魂才能得救，这一观点被后人称为“信仰得救”。此檄文一发表，马上在德意志境内引起轩然大波，教皇对于路德的忤逆之举大为震怒。7月，教皇传路德在60天内来罗马受审。路德收到传票后，立刻写信请求萨克森选侯的保护。由于当时德国民族情绪高涨，很多选侯表示要“照料”路德，实际是有意保护。教皇不得不慎重行事，只好取消要路德去罗马受审的决定。1519年夏天，教皇特使、天主教神学家埃克与路德在莱比锡展开了一场论战。这次辩论会使赎罪券问题的争论深入到教皇权力这个核心问题上来，对宗教改革运动的发展有着极为重要的意义。路德公开宣称罗马教皇的权力是人为的，不是神授的，从而剥掉了它的神圣外衣。

莱比锡辩论后，路德与罗马教廷的决裂已成定局，路德对此十分坦然，用他那火一般的革命热情和犀利的笔锋，写了大量的小册子、讲道集和书信，痛斥罗马教皇，无拘无束地阐述自己的主张。1520年他写的《论善功》《罗马教皇权》《致德意志基督教贵族公开书》《教会被囚于巴比伦》《基督徒的自由》，被称为宗教改革五大名著，像五座丰碑耸立于宗教改革运动史上，这些著作的发表标志着路德教派的正式形成。在这些论著中，他除了全面论述“因信得救”的学说外，还主张取消教阶制度，建立廉俭的“民族教会”，号召全国贵族联合一致，反对教皇；要求教皇“交还我们的自由、权利、财产、荣誉、身体和灵魂”；主张废除教皇和红衣主教的职位，只保留主教和牧师。

教皇利奥十世随即发布教谕，认定路德的言论为异端邪说，要求焚毁包含上述谬论的所有路德著作，对路德本人则必须自训令贴出之日起60天内承认错误，否则也以异端分子论处。路德郑重声

路德为什么要迫害女巫？

马丁·路德深信人可以与魔鬼达成协议，可以崇拜魔鬼并进行邪恶的魔术。因此他赞成法庭惩罚巫师和巫婆。在一次布道中他叙述了他对巫术的深刻憎恶：“处死女巫是一个正义的法律，因为她们会造成许多破坏……她们造成身心摧残，她们酿造魔剂和召唤魔鬼，散布仇恨、炙爱、坏天气和对房屋和田地的破坏……”

明："我坚持己见，决无反悔。"他当众烧毁了教皇谕令和一些教律，表示与教廷公开决裂。

在路德提出宗教改革不到20年，以萨克森、勃兰登堡为首的北德意志各邦相继宣布路德教为国教。北欧的国家也借机封闭罗马教会，承认路德教的国教地位。

（三）加尔文教派

宗教改革的另外一个教派是加尔文教。加尔文（1509—1564）出生于法国北部一个宗教律师家庭，14岁进入巴黎大学学习哲学和神学，19岁赴奥尔良等地学习法律和文学。在求学期间，他受到宗教改革和人文主义思想的影响，成为一个积极的宗教改革倡导者。1533年，由于参加巴黎新教徒的活动，他被法国王室认为是异端分子而受到迫害。1535年，他逃到瑞士巴塞尔从事著述。1540年，日内瓦宗教改革派重掌政权，加尔文应邀重返该市，此后他一直在那里进行宗教改革和政治统治。他的主要著作是《基督教原理》和后人为他编纂的《加尔文全集》（共52卷）。

他的改革思想主张与路德相似，主张"信仰得救"，反对繁缛的仪式和教阶制，不同之处在于加尔文神学思想的核心是先定论（也称预定论或前定论）。加尔文认为，每个人在世界上所能取得的成就，都是上帝预先安排的。按上帝的旨意，追寻上帝，某些人可以得到永恒的幸福，他们是上帝的"选民"；另一些人则注定受到永罚，是上帝的"弃民"。一个人的成功或失败、发财或破产，是区分二者的标志，进而鼓励大家努力工作，追求财富，成为上帝的"选民"。

▼约翰·加尔文

加尔文在日内瓦主政期间推行的宗教改革内容主要为：1. 废除天主教主教制，建立长老制。2. 简化宗教仪式，宣布《圣经》是信仰和圣事的唯一根据，摒弃祭台、圣像、祭礼等。3. 提倡节俭，反对奢华享乐。4. 改组市议会，建立政教合一的基督教神权国家（为此，当时日内瓦被称为“新教的罗马”，加尔文被称为“日内瓦教皇”）。5. 鼓励经商致富，宣称做官执政、蓄有私产、放债取利，同担任教会职务一样，均可视为受命于上帝。

加尔文教派很快在瑞士和尼德兰得到广泛支持，法国的新教徒也属于这一派别，不久又传播到不列颠，其势力不逊于路德教派。

（四）宗教改革的意义

宗教改革几乎席卷整个西欧，它使基督教分裂为新教和旧教两大派别。新教扫除了教会的腐败现象，旧教进行了一定程度的重新整顿，欧洲人在宗教改革的影响下逐渐恢复了信仰。

在政治上，宗教改革冲击了罗马教廷至高无上的权威和地位，为民族主义的成长提供了有利条件，促进了王权的增长和民族国家的建立。

在文化上，宗教改革所释放出来的新精神、新观念，与文艺复兴所唤起的观念一起汇成又一股观念变革的时代大潮，猛烈冲击着原有的封建观念，将人们从神权主义的桎梏中解脱出来，使文艺复兴以来倡导的人文精神在西欧社会受到极大张扬。“上帝面前人人平等”的思想意识，有利于自由主义和民主主义的成长，为后来的资产阶级革命奠定了思想基础。

耶稣会

1534 年，在罗马教皇保罗三世的支持下，西班牙罗耀拉创立了耶稣会。它的主要宗旨是维护天主教旧教的权威地位，为此，耶稣会主张不惜使用任何手段，如暗杀、投毒、收买和背信弃义等，以保护天主教会利益。耶稣会内部等级森严，管理严格，初入会的耶稣会教士要根据罗耀拉所著的《神操》一书，进行为期四周的严格训练。训练期间，学员要做各种自我折磨，戴着各种腰箍和铁链，并用各种方法鞭打身体，直到出血为止；要默想罪人在地狱的痛苦，引起对罪的憎恶。耶稣会十分重视教育，在各地广泛设立学校，他们的活动不只限于欧洲，其足迹遍及美洲、非洲、中国、印度、日本和南洋各地，对于西学东渐发挥了重要作用。

四、三十年战争

1618 至 1648 年的三十年间，以德意志为主要战场爆发了欧洲历史上第一次大规模的国际战争，当时欧洲几乎所有大国都参与了这场带有浓厚宗教色彩的战争。这场战争影响深远，它确立了近代欧洲的国际关系格局。

（一）教随国定

宗教改革运动打破了罗马教会一统天下的局面，基督教从此一分为二，即赞成宗教改革的新教和反对改革的旧教（即天主教）。

在当时的欧洲国家中，英国、法国、丹麦和瑞典是新教势力相对比较强大的国家，西班牙、波兰等国则天主教占优势。而德意志内部情况比较复杂，既有信仰新教的资本主义发展较充分的邦国（主要有勃兰登堡、巴拉丁、萨克森侯国），也有信仰天主教的邦国（主要有波希米亚、科伦大主教区）。在信仰天主教的奥地利哈布斯堡王朝的统治下，德意志神圣罗马帝国内部旧教和新教、皇权和王权的斗争一直没有停息，冲突和战争此起彼伏。为了中止新教和天主教间无休止的争端，1555 年，帝国皇帝和信仰新教的诸侯签订了《奥格斯堡宗教和约》，其主要内容为：1. 新教路德派和天主教享有平等的权利和地位；2. 境内的各地诸侯可以决定信仰何种宗教，其属地臣民必须跟从，信仰其他宗教者必须迁出；3. 关于教产归属以 1552 年的实际分属状况为准。该条约正式确立了“教随国定”的原则。

但由于新教诸侯在此之前没收了大量天主教会教产，新教徒想保留所获得的教产，而天主教徒则欲收回被新教徒占去的教产，该

▲哈布斯堡王朝家徽

和约未对此加以说明，且条约签署后路德教在帝国境内获得官方承认，但拥有众多信徒的加尔文教依然未被承认。因此，和约签署后，帝国境内的宗教冲突不仅没有停歇，反而愈演愈烈。

自1438年起，德意志帝国皇帝都是出身哈布斯堡家族的王公贵族。哈布斯堡家族是欧洲历史上支系繁多的德意志封建统治家族，主要分支在奥地利，亦称奥地利家族。其发源于瑞士北部的阿尔高州，11世纪初，该家族的主教维尔纳建立哈布斯堡，并逐渐将势力扩展到今天的奥地利和德国南部，除德意志外，当时欧洲强国西班牙的国王也来自哈布斯堡家族。但到16世纪，德意志王权日渐衰微，皇帝无权干涉各邦的内部事务，而且皇帝也非世袭，而要由7个选帝侯选举产生，德意志皇帝没有国库，更没有常备军，其权力仅限于其在奥地利、波希米亚（今捷克）等地的王室直属领地。皇帝自然不甘心这种有名无实的君王地位，一心想加强帝国的中央权力，力图以天主教统一德意志乃至整个欧洲，这遭到德意志新教诸侯的反抗。在双方的冲突过程中，逐渐形成两个相互对立的政治军事联盟，即新教联盟和天主教联盟。两大阵营各自对外缔结联盟，天主教联盟和西班牙及教皇缔约，新教联盟则和法国、英国、尼德兰联合王国和北欧的丹麦、瑞典结盟。

（二）掷出窗外事件

三十年战争的导火索源于天主教和新教在波希米亚控制权的争夺，波希米亚作为哈布斯堡家族的领地，虽然有一定的自治权，但还受到德意志皇帝的控制。1617年，德意志皇帝指定哈布斯堡家族的裴迪南为当地国王。作为虔诚的天主教徒，斐迪南一到这里便推行宗教迫害政策，禁止新教教徒的宗教活动，还下令拆毁他们的教堂，做新教礼拜的人被投入监狱，这些行为引起新教教徒的极大不满。

▲掷出窗外事件

1618年5月23日，愤怒的民众冲进首都布拉格的王宫，把两名德意志帝国委任的地方长官从布拉格王宫的窗口扔下城壕，二人都身受重伤。紧接着，起义者成立了由30名成员组成的临时政府，宣布废黜斐迪南，波希米亚独立。

1619年6月，波希米亚起义军进军至哈布斯堡家族统治下的奥地利王国的首都维也纳近郊，并与当时已继位为神圣罗马帝国皇帝的斐迪南二世进行谈判。斐迪南迫于形势，表面上答允进行谈判，实际上在暗地里向天主教同盟求助。不久，天主教同盟出兵2.5万人，并赞助神圣罗马帝国皇帝大量金钱。起义军很快被打败，被迫于该年8月退回波希米亚。斐迪南乘胜追击，双方于1620年11月8日在布拉格附近的白山地区展开决战。由于装备落后，实力相差悬殊，起义者最终失败，受到残酷镇压，波希米亚重新回到哈布斯堡家族的统治之下。

（三）群雄混战

斐迪南在镇压了波希米亚起义之后，开始在帝国境内大范围地扩张天主教势力。德意志信仰新教的诸侯邦国面对威胁，纷纷向外寻求帮助。丹麦国王克里斯蒂安四世出于在北德扩张领土的野心，加上英国、法国与荷兰的幕后支持，于1625年率领5万军队加入了这场战争，从而使战争由内战演变为国际战争。

丹麦大军气势汹汹，很快便占领德意志的西北部。面对强敌，斐迪南起用声名显赫、出身于捷克贵族家庭的华伦斯坦。华伦斯坦很快就募集了一支精干强悍的雇佣军，在1626年8月的卢克战役中打败丹麦军队，占领了整个北德意志和日德兰半岛。丹麦国王落荒而逃，丹麦被迫于1629年3月与神圣罗马帝国签订了《吕贝克和约》，保证不再插手德意志事务，并宣布放弃对德国北部主教区的领土要求。1629 年 3 月 6 日，斐迪南皇帝颁布归还教产的敕令，规定新教诸侯应将 1552 年后所侵占的教产全部归还原主，从而使新教诸侯和皇帝的矛盾更为尖锐。

与丹麦毗邻的瑞典不愿坐视旧教同盟势力的扩张，于是决定先发制人。1630 年，英勇善战的瑞典国王古斯塔夫·阿道夫在法国资金的援助下，率领士兵在德国的乌泽多姆登陆并投入战斗。一开始，瑞典军队迅速攻占了德国北部和中部的大片领土，并于 1631 年 9 月 17 日在莱比锡附近的布赖滕菲尔德重创神圣罗马帝国军队的主力。1632 年 4 月的列克河战役中，古斯塔夫面对一支实力与自己差不多的神圣罗马帝国军队，强渡过河并击败了对手，帝国军队统帅提利伯爵也在这场战役中丧生。瑞典军乘胜占领莱茵区，相继攻陷纽伦堡和慕尼黑。

在大敌当前、危急存亡之际，斐迪南只得再度起用与己政见不合的华伦斯坦。华伦斯坦复出后打败了和瑞典结盟的萨克森军队，进军萨克森，准备切断古斯塔夫的后路。古斯塔夫被迫回师萨克森，双方在莱比锡附近集结军队，又一场决战到来了，这就是著名的吕岑战役。11 月 16 日清晨，天空中大雾弥漫，两军在莱比锡附近的吕岑展开决战。瑞典人在“上帝保佑我们”的呼喊声中奋力杀敌，德意志人则高呼着“圣母玛利亚”与对手拼死相搏。战争一直持续到傍晚时分，双方均损失惨重，瑞典军队虽然取得战役的胜利，但也付出了惨重的代价，特别是古斯塔夫在战役中阵亡，极大地挫伤了士气。

▼瑞典国王古斯塔夫·阿道夫阵亡场景

古斯塔夫·阿道夫死后，华伦斯坦认为和平谈判的机会到来，于是向皇帝提出和平谈判的建议，但这一计划遭到天主教诸侯们的反对。华伦斯坦看到依靠皇帝权力解决问题已无希望，于是转而想依靠个人的力量来实现和平。1633 年 1 月，华伦斯坦开始与波希米亚和萨克森秘密会谈，同时派心腹特使去与瑞典人、法国人会谈。1633年11月，瑞典军队逼近奥地利边境，皇帝命令华伦斯坦回兵救援。由于华伦斯坦一直按兵不动，被斐迪南皇帝视为叛徒。1月24日，帝国颁布命令，解除华伦斯坦的职务。2月25日，华伦斯坦在卧室被几个苏格兰、英格兰及爱尔兰士兵围攻，华伦斯坦没有躲避，也没有自卫，任凭一柄长剑刺入心脏，一代帅才就此殒命。在除掉华伦斯坦后，斐迪南联合西班牙盟军，在1634年9月于纳德林根会战大败瑞典军，迫使瑞典军撤回波罗的海沿岸。

哈布斯堡帝国军队再次获胜令法国大为震惊，此前，法国因为自身是天主教国家，碍于国内天主教势力的反对，一直只是假手他国以削弱哈布斯堡皇室的实力，但当丹麦、瑞典与神圣罗马帝国的新教诸侯均告失败后，法国终于直接出兵，与瑞典联合对哈布斯堡王朝作战。1635年2月及4月，法国先后同荷兰、瑞典订立攻守同盟。5月，法国向斐迪南宣战，并派兵到德意志、西属尼德兰、西班牙等地作战，但未取得显著战果。1636至1637年，西班牙出兵，与哈布斯堡帝国军队由南北两路夹攻进逼法国，但最终被法军打败。

瑞典军队乘机卷土重来，重新控制了北德意志地区，并于1639年和1642年攻入波希米亚。1645年3月，瑞典军队在波希米亚的扬考地区击败帝国军队。同年8月，法军又于纳林根会战击溃哈布斯堡帝国军队，德意志领土大部分被占领。1648年，法瑞两国联军在楚斯马斯豪森会战及兰斯会战再次大胜哈布斯堡帝国军队。但战至此时，双方都元气大伤，已成强弩之末，无力将这场战争继续下去。

经过一番激烈谈判之后，所有的参战国于同年10月签订了《威斯特伐利亚和约》，该条约规定：法国得到洛林的三个主教区和阿尔萨斯的大部分地区；瑞典取得德意志在波罗的海沿岸的大片土地，并因此成了德意志的诸侯，可以随时插手德意志的内部事务，从此一跃成为北欧强国；正式承认荷兰、瑞士及葡萄牙独立；帝国境内诸侯领地恢复到战前状况，在宗教问题上还是重申了原来的教随国定的原则，教产的归属以1624年为标准年，各诸侯凡在1624年以

三十年战争对德意志的影响

战争期间，德意志共有寺庙1976所、城市1629座、村庄18310个被洗劫，许多矿山、制铁和铸造的工场被毁灭，工商业普遍衰落，人民的生活濒临绝境，被迫以树木和草茅为食物。

前占有的教产可以保留。

三十年战争的主要战场是德国。在战争中，德国 5/6 的乡村被毁坏，人口减少了 1/3 以上。农民变得一无所有，在饥饿和死亡线上挣扎。战争结束后，神圣罗马帝国名存实亡，德意志仍然是一个四分五裂、残破不堪、诸侯林立的国家，而法国借此成了欧洲大陆的霸主。

国际法之父

在三十年战争期间，有位叫格劳秀斯（1583—1645）的荷兰法官，眼见战争的残酷与灾祸的蔓延，基于人道主义的立场，写成了《战时与平时之法律》。这是第一本关于国际公法的著作，它呼吁各国共同遵守战时公约，以保障一般无辜民众的生命和财产。他的著作全面系统地论述了近代国际法的基本原理，使他成为近代国际法学的奠基人，而被世人誉为“国际法之父”。

五、法国的专制与霸权

在法国历史上，路易十四统治的时代是一个相当重要的时期。在这一时期里，法国在欧洲处于首要地位，国力空前强大，其对外政策对周围邻国产生了重要的影响。法国在欧洲的霸权地位不容置疑，王权的强大也是前所未有，国王成为至高无上的政治领袖。伏尔泰曾称这个时期为“路易十四的世纪”。

（一）路易十四的内政

1609年，法国波旁王朝的第一位国王亨利四世被暗杀，其子路易十三即位。1643年，路易十三去世，其子路易十四即位，年仅5岁，由首相马扎然主政，此时正值“三十年战争”接近尾声。法国的参战使国内捐税不断增加，农民、城市劳动者和资产阶级怨声载道，于是在巴黎爆发了由法院贵族和资产阶级领导的反抗政府的“投石党运动”。年幼的国王路易十四曾随朝廷逃离巴黎，并遭到追捕。这个事件，对路易十四亲政后加强王权、削弱贵族势力的政策有深刻的影响。

▼路易十四

1661年马扎然死去后，路易十四开始亲政。当时，欧洲各国大多由首相或亲信大臣代理国王执政。路易十四却不蹈常袭故，事无巨细都亲自过问，他称此为从事“国王的职业”。

路易十四刚一上台，立即发起了一次真正意义上的君主政变。路易十四打击巴黎高等法院，流放了一些法官，还亲自去法院撕毁投石党的议事记录，宣称“朕即国家”。从此，巴黎法院失去了对国王敕令提出异议的权利，只起着记载敕令的作用。一切介于君主和庶民之间的承上启下的中间机构，一切传统的权力机构，诸如三级会议、市政府、教士会议都被路易十四废弃，只徒有虚名。国王恢复了直接向各郡派遣司法、治安和财政监督官的制度，这些监督官完全听命于国王，只是国王意志的传达者。路易十四在中产阶级中选择自己的亲信大臣，听取他们的报告，然后单独决定一切重要事务，签署国事公文并采取行动。这些大臣虽受到重用，但在路易十四的眼里，他们只是执行国王意志的工具。至于那些被凡尔赛宫花天酒地的宫廷生活所吸引的贵族，表面上受到路易十四的尊重，实际上被排除于政治生活以外。

在经济上，路易十四任命商人子弟出身的科尔伯为财政大臣，主管财政、海军和经济等事务。科尔伯精于理财，他积极推行重商主义政策，改革税制。为了避免白银外流，科尔伯提高外国工业品的进口税，并对外国船只进入法国港口课以重税。他设立享有专利特许的贸易公司，如东印度公司、西印度公司、近东公司及北方公司等，以扩大海外贸易。科尔伯还建立了一支可供商业和军事需用的远洋舰队。到1671年，法国已拥有一支194艘船的舰队，其中120艘是军舰。法国还参加了西欧各国掠夺海外殖民地的竞争，在印度、北美的路易斯安娜、加拿大及西印度群岛扩大殖民侵略。这些措施使法国经济繁荣，经济大为发展，国库收入增加，法国成为继英国和荷兰之后的又一个强大的殖民帝国。

高跟鞋的发明者是谁?

路易十四是个矮子，身高大约154cm。他对自己的身高十分不满，觉得自己的地位和身高并不匹配，于是他叫工匠在给他做鞋的时候在脚跟处垫上厚跟，形成了现代意义上第一双高跟鞋。

（二）路易十四的对外扩张

路易十四为了夸耀威势，称霸欧洲，对外推行侵略性的扩张政策。他的对外扩张目标有两个：一是扩张法国的领土疆界，把法国的版图扩展到古罗马帝国的高卢省那样大；二是削弱哈布斯堡家族而提高波旁家族的势力。哈布斯堡家族控制着德意志和西班牙的王位，使法国两面受敌，这让路易十四寝食难安。

路易十四此时已经拥有一支自罗马帝国统治以来欧洲人数最多、最强大的常备军。1672年，陆军人数达到12万，1690年超过30万，几乎与欧洲其他国家军队人数总和相当，武器装备也大大改善。

正是凭借这一军事力量，路易十四对外发动了一系列战争。

1666 年，西班牙国王菲利普四世病死，路易十四提出以女婿的身份继承西属尼德兰（今比利时）的统治权，于 1667 年出兵占领了该地区。当时荷兰因与法国在贸易上有竞争，便同西班牙和瑞典结成联盟抵御法国的扩张。战争以法国的胜利告终，战后的《阿亨条约》使法国从西班牙那里得到了南尼德兰和法国接壤的一部分地区。

1672 年，路易十四又发动了对荷兰的战争。受路易十四侵略政策威胁的国家都加入了以荷兰为中心的新的反法同盟。但路易十四用外交手段孤立荷兰，拆散这个同盟。1678 年的《尼姆维根和约》，又使路易十四从西班牙手中占领了法国东部的弗朗什·孔泰以及南尼德兰的一些城市。

在战争胜利的鼓舞下，路易十四的胃口越来越大。于是，他成立“属地收复裁决院”，借口“收复”历次条约中割交给法国的城市和地区。这种在和平时期表现出来的强烈的霸权野心，使整个欧洲大陆的不安情绪大大增长，导致了 1686 年反法“奥格斯堡联盟”的成立。英国、荷兰、奥地利、西班牙、瑞典、意大利和德意志一些小邦的诸侯都属于这个联盟。完全孤立的路易十四在对“奥格斯堡联盟”的战争（1688—1697 年）中，不得不对付一个几乎集合了整个西欧的反法同盟。战争中，法国军队虽在大陆上打了一些胜仗，但是在海上却被英国海军打得落花流水。因此，在 1697 年的《里斯维克和约》中，法国丧失了除斯特拉斯堡以外所有战前“收复”的土地。路易十四不肯就此罢休，又发动了他生平以来最大也是最后的战争——西班牙王位继承战争。

路易十四有怎样的名言?

“朕即国家”，这句话通常被认为是路易十四的名言，尽管历史学家认为这种说法并不准确。据报道，和此话原意相反，路易十四说的话是：“朕走了，但国将永存。”

1700 年，西班牙哈布斯堡王朝的查理二世死后无嗣，由于路易十四的王后和奥地利皇帝的皇后都是查理二世的姐妹，双方都要求西班牙王位继承权。查理二世生前曾立遗嘱，将王位传给他的外甥——法国国王路易十四之孙安茹公爵菲利普，但规定法、西不得合并。路易十四大喜过望，因为西班牙是当时最大的殖民帝国，如果菲利普继承西班牙王位，那么欧洲的西南部和美洲的大部分都将落入法国之手。

1701 年，法王宣布菲利普为西班牙国王，称菲利普五世。英国不能容忍法国独霸欧洲，因而与荷兰结成反法联盟，支持奥地利皇帝利奥波德的次子查理大公继承西班牙王位。先后加盟的还有普鲁士、德意志的一些诸侯国及葡萄牙等。战争初期，法军在欧洲大陆的进展颇为顺利，先后攻占了尼德兰、意大利、西班牙和德意志境内部分地区。1704 年 7 月，英军攻占直布罗陀。8 月，英国马尔伯罗公爵统率陆军进军巴伐利亚，在那里与奥地利欧根亲王的部队会合，随后取得布伦海姆会战的胜利，挫败法军进军奥地利的企图，扭转了战局。9 月，奥地利欧根亲王率军大败包围都灵的法军，使盟军收复了整个意大利北部地区。在西班牙，反法盟军则成功地抵御了法军对巴塞罗那的进攻，并趁法军混乱之机，于 6 月底占领了西班牙首都马德里。此后，英、奥陆军继续配合作战，在 1708 年的奥德纳尔德会战和 1709 年 9 月的马尔普拉凯会战中，先后击败法国军队。

从 1710 年起，双方形成僵持局面。鉴于法军实力强大，而英国也担心奥地利势力增长对己不利，于是开始同法议和。这样，在 1713 年 4 月，双方签订了《乌得勒支和约》，战争最终结束。和约规定，路易十四的孙子菲利普虽然最终登上了西班牙王位，但是西班牙在尼德兰和意大利的全部属地转归奥地利所有，英国获得了法国在北美的一部分殖民地和原属西班牙的直布罗陀。这场战争大大削弱了法国的力量，法国在欧洲的优势地位丧失殆尽。

由于战争中法国屡遭失败，国民经济受到严重破坏，财政亏空，民不聊生，国力大为削弱，盛极一时的法国开始走下坡路。路易十四于 1715 年去世后，法国的国力进一步衰竭，年年入不敷出，岁岁国债增加，专制统治此时已经摇摇欲坠。

（三）法兰西文化的强势

法国虽然在军事上最终被欧洲的其他强国打败，但文化上，高度发展的法兰西文化彻底征服了欧洲世界，在 17 至 18 世纪，法国的文学、艺术和语言都在欧洲占有支配地位。在此期间，法国享誉欧洲的文学艺术大师层出不穷，如法国喜剧创始人莫里哀、古典主义美学家布瓦洛、寓言作家拉·封丹、建筑艺术家克洛德·贝洛等。

路易十四为显示他的威严尊贵，斥巨资在巴黎郊外建造凡尔赛宫，其富丽堂皇绝无仅有，在凡尔赛宫里聚集了欧洲大量杰出的文学家和艺术家。路易十四还创办了“法兰西科学院”和“技术学院”，在巴黎建筑天文台，聘请专家编撰《法兰西大辞典》，又扩充皇家图书馆，使其藏书增加到百万册，一时间，凡尔赛宫成为整个欧洲的观瞻，巴黎成为欧洲的文化中心。

法语随着法国政治上的霸权，取代了原来拉丁语的地位，成为欧洲学者和科学家公认的正式语言。在外交事务中，各国订立的外交文件和商务协定普遍使用法语，法语逐渐成为国际交往时所使用的标准语言。法语本身的明细严谨以及词汇的丰富固然是一个原因，但最重要的还是因为法国当时已经成为欧洲最强大的国家。

波旁家族与法国的王位

波旁王朝是一个在欧洲历史上曾断断续续统治法国、西班牙、那不勒斯与西西里、卢森堡等国和意大利若干公国的跨国王朝。

波旁王室，顾名思义起源于法国中部的波旁地区。而这个采邑最早出现于13世纪初，是法王一位家臣的封地，这里是波旁家族母系祖先的私人领地，而其成员的父系祖先可追溯到法王路易九世。路易九世之子克莱蒙伯爵罗贝尔通过和波旁领地的女继承人勃良第的比阿特丽斯的婚姻，获得了对波旁公国的统治权。他们二人的长子路易在1327年获封为波旁公爵。自此以后，他的子孙以封国波旁为姓，而此次受封被视为波旁王室的起源。

1527年，法王弗朗索瓦一世将波旁公国爵位授予旺多姆公爵夏尔。自此，波旁家族的拉马尔什－旺多姆分支获得了波旁公国，而这个公国也是波旁家族日后夺得法国王位的重要资本。1589年，该家族成员亨利·德·波旁在法国国王亨利三世遇刺身亡后，顺利即位为法国国王，称亨利四世，开始了波旁王朝在法国的统治。波旁王朝在法国的统治断断续续持续到1848年法王路易十三的第八代孙奥尔良公爵路易·菲利普被革命推翻为止。

六、俄罗斯的崛起

在西欧地区文艺复兴运动蓬勃发展之时，广阔的东欧大多还是蛮荒之地，很多地区还处于蒙古人的统治之下。而就在此时，一个以莫斯科为中心的小公国借势而发，不仅摆脱了蒙古人的控制，统一了俄罗斯，还通过彼得大帝和叶卡捷琳娜二世的改革，全面引进西方的技术和制度，一举跻身于欧洲强国之列。

（一）基辅罗斯与莫斯科公国

俄罗斯是斯拉夫人建立的国家，在中世纪，斯拉夫有东、南、西斯拉夫三个主要民族。西斯拉夫人主要居住在中东欧，南斯拉夫人主要居住在巴尔干半岛，而东斯拉夫人主要居住在俄罗斯平原，被称为俄罗斯人。俄罗斯人最早散居在黑海和里海以北，聂伯河、顿河、伏尔加河沿岸的东欧平原上。公元 862 年，北欧的诺曼人南下，他们在首领留里克的指挥下，在诺夫哥罗德建立了第一个罗斯王国，留里克出任首任王公。公元 879 年，留里克去世，奥列格继任王公，他率领亲兵队南征，占领了斯摩棱斯克和波洛茨克等战略要地，并于公元 882 年占领第聂伯河中游的基辅城，把罗斯国的首都迁到基辅，开始了“基辅罗斯”公国时期。后来王公弗拉基米尔一世娶拜占庭安娜公主为妻，并于公元 988 至 989 年宣布东正教为国教，强令全体居民接受东正教神父的洗礼，促进了基督教文化在罗斯的发展。

公元 11 世纪，基辅罗斯逐渐衰落，分裂成十多个小公国。13 世纪，蒙古人西征，征服了基辅罗斯，在当地建立了金帐汗国。而此时，在俄罗斯平原上兴起了另一个公国——莫斯科公国。莫斯科城建于12世纪中叶，起先只是基辅罗斯时代弗拉基米尔公国的一个城市。13世纪末，莫斯科从蒙古人统治下的弗拉基米尔公国中独立出来，成为莫斯科公国。公国王公善于投机钻营，利用给金帐汗国充当收税大使的机会，排斥异己，扩张势力，到15世纪时，莫斯科公国成为俄罗斯诸国中最强大的国家。

此时，金帐汗国已经衰落，莫斯科公国借机开始脱离蒙古人的统治。1380年，王公底米特里率军在顿河之滨的库利科沃原野与金帐汗国的军队展开一场血战，一举击溃强敌，这是俄罗斯人第一次对蒙古人作战获胜。底米特里被称为“顿斯科伊”（顿河英雄），威震俄罗斯诸国。接着，金帐汗国由于内讧，相继分裂成几个汗国，莫斯科大公伊凡三世巧妙利用各汗国之间的矛盾，分化瓦解，采用各种手腕，逐步摆脱蒙古人的统治。1478年，伊凡三世停止向蒙古人缴纳贡赋。1480年，金帐汗国可汗阿合马率兵征伐。两军在乌格拉河两岸对峙了7个月，后来形势发生变化。因天寒粮缺，波兰援军又未到，金帐汗国被迫撤兵，伊凡三世不战而胜。不久，阿合马在内讧中被杀。这样，蒙古人对俄200多年的统治就此结束。此后经过几代王公一系列东征西伐，到16世纪30年代，俄罗斯中央集权国家基本成形，其疆域北达白海，南抵奥卡河，西及第聂伯河上游，东至乌拉尔山脉。俄罗斯的统一大业最终完成，莫斯科大公成为俄罗斯国家的唯一君主。

俄罗斯历史上首位沙皇是谁?

伊凡四世是俄罗斯历史上首位沙皇，其在沙皇俄国的开国史上占有非常重要的地位，是斯大林和彼得一世的偶像。但另一方面，此人生长在阶级斗争和统治集团内部斗争极其复杂的环境中，自幼养成意志坚强和冷酷无情的性格，有很强的猜忌心理。13岁时就下令处死了反对他的世袭大领主，盛怒之下，竟然用手杖打死了长子伊凡太子，“雷帝”（即“可怕的伊凡”或“恐怖的伊凡”）的外号，由此而来。

（二）彼得大帝的改革伟绩

16世纪末，俄罗斯政坛陷入一片混乱，波兰和瑞典相继入侵，一直到1611年，俄罗斯贵族选举迈克尔·罗曼洛夫为新任沙皇，俄罗斯整个政局才趋于稳定。罗曼洛夫王朝就此开始了对俄罗斯长达300年的统治。17世纪的俄罗斯尽管幅员辽阔，地跨欧亚两大洲，土地面积达1400多万平方公里，但作为内陆国家，没有出海口，社会经济文化相当封闭落后，其发展水平和当时中亚的蒙古国家没多大区别，国内还存在着一百多万农奴，受尽封建主的剥削压迫，且当时全国人口的 90% 是文盲。

1682 年，彼得一世出任新的沙皇，他决心改变俄国贫穷落后的面貌。为了学习西欧国家先进的航海技术，他于 1697 年乔装打扮到德国、荷兰及英国等国考察，亲身体验了西欧国家先进的科技文化。

彼得一世回国后，马上在俄国推行欧化政策，进行经济、军事、文化及政治等一系列破旧立新的改革。在经济方面，彼得通过贷款和提供劳动力等优惠措施，大力发展工业，为俄国奠定了工业基础。他推行重商主义政策，鼓励出口赚取外汇，委任贵族出任手工业场主，彼得甚至允许商人买下整个村庄的农奴进工厂做工。为了筹集发展工业的巨额费用，彼得强化贡税制，将原来按户征收改为按人征收，并增加苛捐杂税，甚至连留胡子、洗澡、磨刀都要课税。在发展国内贸易方面，彼得征召了数以万计的农奴开凿运河，建设通商口岸，发展集市贸易，扩大国内市场。在对外贸易方面，彼得实行保护关税政策，奖励输出，限制输入。

在军事方面，彼得创办海军大学，增建船坞，聘用奥地利和荷兰专家督造军舰。通过征兵、造船和造炮等一系列措施，彼得建立了一支由步、骑、炮、工组成的 20 万人的正规陆军和一支由 48 艘战舰、大批快艇及 2.8 万名水兵组成的海军舰队。

在文化教育方面，彼得为了培养俄国自己的专门人才，建立了算术学校、造船学校、航海学校、炮兵学校、医护学校、工程技术学校及矿业学校，还派遣一批留学生到西欧去学习。彼得规定贵族子弟必须上学，必须学会算术和一门外语，否则剥夺贵族的全部特权，甚至规定不毕业者不准结婚。此外，他还建立了俄国第一个印刷所、博物馆、图书馆和剧院。1703 年，彼得创办了第一份全俄报纸《新闻报》，并亲任主编。为了全面学习西欧的生活方式，彼得甚至命令臣民剪掉长须，禁穿蒙古式长袍。

▼ 彼得大帝

在国家行政管理方面，彼得取消了原先的“大贵族会议”，另外组织参议会处理全国政务。他先后把全国划分为 8 大行政区和 50 个省，将全国官吏都收归沙皇一人

直辖。彼得还废除了大教长的职务，取消了教会的司法权，把宗教控制在自己手里。通过这一系列改革，加强了中央集权，巩固了专制制度。

在改革过程中，彼得打破了过去一贯按出身门第、论资排辈的贵族世袭传统制度。1722 年，他颁布“官职等级表”，把文武官员分成 14 级。根据每个官员的知识水平、才能高低和贡献大小来选拔和任用各级官员。这样就使一批饱食终日很不称职的旧贵族丢掉了官职，而让一批出身“贫贱”但精明能干的人受到提拔和重用。

为了打通通向波罗的海的出海口，彼得率军和瑞典进行了长达二十多年的北方战争，在 1709 年 7 月的波尔塔瓦战役中，彼得指挥俄军一举歼灭瑞典军主力，扭转了战局。1721 年，俄瑞两国签订《尼什塔特和约》。俄国获得了梦寐以求的芬兰湾、里加湾等地，取得波罗的海出海口。彼得大帝的威名就此达到顶点。同年 10 月，参政院封彼得为“大帝”和“祖国之父”。从此，彼得大帝统治下的俄国也改称俄罗斯帝国。

（三）叶卡捷琳娜大帝的伟业

▼叶卡捷琳娜大帝

彼得一世去世后，国内政局动荡，继任的沙皇普遍平庸无能，一直到 1762 年女皇叶卡捷琳娜二世（1729—1796）上台，俄罗斯的政治经济局面才焕然一新，国力空前增大，为争夺欧洲霸权奠定了基础。叶卡捷琳娜出身于德国贵族家庭，1745 年嫁给俄罗斯王位继承人彼得三世。她机智、伶俐，勤勉好学，功名心很强，她拼命学习俄语，掌握俄国的宫廷礼仪，很快取得了她的婆婆——女沙皇伊丽莎白的宠爱。1761 年，伊丽莎白女沙皇去世，彼得三世继位。彼得三世十分崇拜普鲁士的腓特烈大帝，他上台后便与俄国的宿敌普鲁士缔约，还下令俄军改穿普鲁士军服，实行普鲁士军纪。他还命令攻击教会，宣布没收东正教教会的部分财产，这些做法引起俄国贵族、教会及军队的普遍不满。1762 年 6 月 28 日，叶卡捷琳娜联合效忠于她的近卫军官兵发动宫廷政变，推翻了丈夫彼得三世的统治，出任新的沙皇。即位之初，叶卡捷琳娜就宣称自己是彼得一世的继承者，要带领俄罗斯重回彼得一世的辉煌。在她执政期间，俄罗斯的确延续了彼得一世的道路，深化改革，大力扩张领土。在内政方面，实施保护关税的政策，促进俄国工商业的发展，她还在各行政区设置钦差院，处理全区的财政事务。此外，她招募了 3 万德国贫农，到伏尔加河下游开垦处女地，促进了乌克兰地区的开发。

在对外政策上，叶卡捷琳娜二世组织三次瓜分波兰的军事行动，对南方发动俄土战争，并打败土耳其，兼并了南布格河和德涅斯特河之间的黑海北岸地区，夺取黑海出海口，并获得了克里米亚半岛。

叶卡捷琳娜二世晚年还念念不忘俄国的世界霸权。她妄图建立一个包括 6 个都城（彼得堡、莫斯科、柏林、维也纳、君士坦丁堡、阿斯特拉罕）的俄罗斯帝国。她哀叹："要是我能够活上 200 岁，全欧洲都将匍匐在我的脚下。"让她感到骄傲的是，她两手空空来到俄国，却为俄国赢得了克里米亚和波兰，打通了黑海出海口，使俄国的版图由 1642 万平方公里，扩大到 1705 万平方公里。

沙皇

"沙皇"在俄语里意即"帝王""皇帝"，是俄国最高统治者的称谓。"沙"是古罗马共和国末年独裁者恺撒的俄语音译。沙皇制度的创立者是莫斯科大公伊凡四世，1547 年 1 月 16 日，伊凡四世加冕即位亲政。他不满足莫斯科大公的称号，正式自称沙皇，以炫耀自己至高无上的君权。此后，莫斯科大公国又称为沙皇俄国。1721 年，彼得一世改称皇帝，但一般仍称其为沙皇。沙皇制度在俄国历史上存在了几百年。1917 年 2 月，俄国发生资产阶级革命，沙皇制度被彻底推翻。

七、工业革命

世界五千年文明史中，一直到18世纪都还是以种植粮食作物为核心的农业经济。四千多年来，人们一直过着日出而作、日落而息的生活。直到18世纪下半叶，随着欧洲西北部不列颠岛屿上嗡嗡的机器轰鸣声，欧洲大陆率先进入工业时代，这一持久的历程被史学家称为“工业革命”。

（一）工业革命发生的时代背景

位于不列颠岛屿的英国最先引发工业革命的浪潮。工业革命首先在英国发生，是英国政治、经济发展的必然结果。在政治上，通过英国革命与光荣革命，英国君主专制的体制被取消，确立了君主立宪制度，此后英国的政局一直比较稳定，为经济发展营造了良好的政治环境。

在农业领域，通过圈地运动，废除了低效的公地制度，土地实现了集约化经营，获得土地的农场主们通过改良土壤、培育良种、采用新的耕作方法、使用新工具、开凿沟渠及灌溉排涝等方法，大大提高了农产品的产量，实现了农业革命，为工业革命奠定了良好的基础。

▼工业革命时期的背景油画

英国从17世纪开始进行大规模的殖民扩张，它先后打败了荷兰和法国，垄断了大西洋的贸易，到19世纪中叶，英国的殖民地遍布各大

洲，总面积达两千多万平方公里，英国因此被称为“日不落帝国”。英国从广阔的殖民地掠夺了大量财富，通过殖民掠夺与国内外贸易活动，英国工商业界获取了丰厚的利润，为工业革命完成了原始积累的过程。

18 世纪欧洲的自然科学取得长足的进步，涌现出英国的牛顿、卡文迪许，法国的拉瓦锡等著名科学家，科学家的理论研究成果被应用于生产实践，便出现了各种机械的发明。英国出现了一大批技术熟练、经验丰富的技师和工匠，为工业革命的发生奠定了技术基础。

（二）纺织业的技术革新

工业革命首先从纺织业此起彼伏的技术革新、发明创造开始。在 18 世纪前，英国纺织业生产工具主要以人力手摇车为主，工序繁琐、效率低下，日渐不适应日益增长的国内外需求，于是很多能工巧匠开始专研纺织技术，出现了一系列发明创造。

工业革命前，英国的织布技术很落后，工人一会儿用右手把梭子往左抛，一会儿用左手把梭子往右抛，一天织不了几尺布。1733 年，有个名叫约翰·凯伊的机械师发明了飞梭，只要用绳子一拉，梭子就会很快飞去，织布的速度一下子提高了好几倍。

1765 年，兰开郡的纺织工詹姆斯·哈格里夫斯一天晚上回家的时候，不小心踢翻了女儿的纺纱车，他看到被踢倒的纺纱车的轮子一直在转，原先横着的纱锭现在变成直立的了。他突然产生了一个新奇的想法：把几个纱锭都竖着排列，用一个纺轮带动，这样不就可以同时纺出许多的纱吗？

▼ 珍妮纺纱机

于是，哈格里夫斯动手设计了一个能同时带动 8 个纱锭的新纺纱机，使纺纱速度提高了 8 倍，哈格里夫斯以女儿珍妮的名字给这个纺纱机取名为“珍妮纺纱机”。以后，哈格里夫斯不断研究，最后

使一台纺纱机可同时纺出 80 至 120 根纱，大大提高了劳动生产率。珍妮纺纱机虽然可以一次纺几十根纱，但机器的动力主要靠人工手摇。这显然是很大的局限，因此，又有人试图解决动力问题。1768 年，一个叫阿克莱特的理发匠推出了水力纺纱机，他自己还在曼彻斯特建立了一个水力纺纱厂。

珍妮纺织机纺出的棉纱纤细但不结实，而水力纺织机纺出的纱结实却显粗糙，于是又有人动脑筋想办法。童工出身的技工克伦普顿在 1779 年发明了骡机，把珍妮机和水力机的优点结合起来，通过这种机器，在水力的作用下，一次可有 300 至 400 个纱锭转动，纺出的纱精细而有韧度，既可作纬线，也可作经线。用这种纱织出的细棉布，又薄又轻。

由于纺纱速度的加快，纺与织之间供求的平衡再一次被打破，现在又轮到对织布机来做改造了。1785 年，英国教士卡特莱特发明了水力织布机。使用这种织布机工作，生产效率可提高 10 倍，一台织布机可以抵得上 40 个手工织匠同时劳动，而且织布的松紧密度也均匀得多。

此外，与纺织业密切相关的漂白和染色等工业，也陆续出现了新的机器，棉纺织业便成为第一个全部采用机器生产的近代工业部门。到 19 世纪 40 年代，英国的工业化基本完成。

（三）工业革命的扩展

1784 年，英国机械师瓦特改造了纽可门发明的蒸汽机，大大提高了蒸汽机的工作效率，使得蒸汽机真正可以投入民用。这样，工厂就不必总建在离水源近的地区，从根本上解决了工业时代的机器动力问题。

伴随着蒸汽机的发明，燃料的革新又浮现出来，早期冶铁一般采用木炭为原料，随着产量扩大，人们便尝试用煤作为高炉燃料。这样不仅解决了燃料问题，而且焦炭质地坚硬，可以承受较大的压力，使炉子能够加高增大，产量大幅度提高。焦炭多孔透气，有利于炼铁过程中化学反应的进行，所以是极为理想的燃料和还原剂，自那时起一直使用至今。1760 年，被称为英国“土木之父”的史密顿发明了冶铁技术。1784 年，英国人科特又发明了精炼法，将生铁炼成熟铁，从此铁器的制造日渐增多。

在前人发明成果的基础上，英国机械师斯劳芬逊成功设计出可以在铁路上行驶得更为实用的火车。1825 年 9 月 27 日，由他设计制造并亲自驾驶的名为“旅行号”的火车头，拖曳着 12 节货运车厢和 20 节客运车厢，运载 450 名乘客以每小时 24 公里的速度前进，铁路交通自此开始。

（四）工业革命的传播

工业革命在英国进行半个世纪后，才传播到其他欧洲国家，法国和德国是最早接受工业革命的国家。

法国的工业化始于拿破仑帝国崩溃之后。此后数十年间，工业发展很快，到 1850 年，法国已经有蒸汽机 5000 架，煤产量达到 400 万吨，钢产量达到 47 万吨，火车、轮船成为水陆的交通工具。到 19 世纪下半叶，法国基本完成了工业革命，其工业产量仅次于英国，居世界第二位。

德国的工业革命从 19 世纪 30 年代才开始，但发展迅速，后来居上。和英、法一样，德国的工业化也是从纺织业开始，到 19 世纪中叶，德国的纺织厂与钢铁厂已经普遍使用机器，并且开始兴建铁路。在采矿和冶金方面，德国通过广泛采用新技术，发展速度很快，以煤炭、钢铁为主要工业的鲁尔区被称为“欧洲工业的心脏”，到 19 世纪下半叶，德国的化学和电气工业已经跃居世界第一，而布匹、钢铁的产量也足以和英、法抗衡。

其他欧洲国家继法国和德国之后也相继开始工业革命，奥地利和意大利因和法、德接壤，成为这些国家的先行者，意大利的纺织业颇为闻名。另外，荷兰、比利时、瑞士因邻近英、法，受其影响也很大，1830 年比利时脱离荷兰独立后，政府积极鼓励工业建设，

> 科学绝不是一种自私自利的享乐。有幸能够致力于科学研究的人，首先应该拿自己的学识为人类服务。
>
> ——瓦特

使得比利时在煤炭、冶金方面在欧洲大陆处于领先地位，荷兰的造船业和瑞士的钟表业也闻名于世。至于俄罗斯、北欧和东欧的国家，则直到19世纪中叶才开始工业革命，丹麦的食品罐头和挪威的捕鱼业奋起直追，跃居欧洲前列。到19世纪后期，工业革命的浪潮超出了欧洲的范围，向美洲、亚洲和非洲地区扩展，并改变了整个世界的面貌。

工业革命成果的综合展示——世界博览会

1851年5月1日，成为世界工业霸主的英国举办了有史以来的第一次世界博览会。博览会的中心是位于伦敦海德公园的一座完全由玻璃和金属建成的巨型建筑——水晶宫。水晶宫占地19英亩，高度为20.7米，长度为563米。数千名工匠花费22周时间才完成，总造价高达8万英镑，这在当时是一个令人难以想象的天文数字，可见水晶宫本身就是英国富裕的标志。

水晶宫内陈列着约1.4万家厂商提供的展品，其中英国厂商约占一半，这与英国在世界工业生产中的地位是基本一致的。作为第一个完成工业化的国家，英国提供的几乎全是工业品，而外国提供的几乎都是农产品或手工产品。英国参展的物品，代表了世界工业未来的发展方向。博览会上还展出了英国生产的品种繁多的消费品，如火柴、钢笔、信封以及1840年英国在世界上首先发明的一张漂亮的面值为半便士的黑色邮票。

第五章

革命与统一

从 17 世纪到 19 世纪，通过一系列革命斗争，欧洲封建专制制度逐渐瓦解，“自由、平等与立宪”成为欧洲政坛的主调，而处于长期分裂状态的德国和意大利也在此期间通过王朝战争实现了统一。

一、尼德兰革命与荷兰的兴起

尼德兰革命是欧洲现代史上第一次民族革命。经过长达82年的艰苦斗争，当地革命民众终于战胜了强大的西班牙帝国，赢得了荷兰共和国的独立，成为欧洲现代史上通过民族独立战争方式，建立起来的第一个资产阶级共和国，为17世纪出现高度繁荣的资产阶级商业共和国荷兰奠定了基础。

（一）革命前夕的尼德兰

“尼德兰”意为低地，是指缪司河、莱茵河和些耳德河及北海沿岸一带地势低洼的土地，相当于今天的荷兰、比利时、卢森堡以及法国东北的一部分。中世纪初，它曾是法兰克王国的中心，在11至14世纪，被分割为大大小小的公爵国、伯爵领地和主教辖区，分别隶属于德国和法国。15世纪后，成为勃艮第公国的组成部分。后来由于王室联姻以及继承关系的演变，尼德兰落入作为西班牙统治者的哈布斯堡家族手中。

16世纪的尼德兰，有“城市国家”之称，约有300万人口，多数集中在300多座大小城市里，南方安特卫普是国际贸易的中心，北方的经济中心是阿姆斯特丹。发达的工商业，优越的地理条件，使它在16世纪成为世界上资本主义经济最发达的国家。

“地理大发现”和新航路开辟后，尼德兰经济出现难得的繁荣。虽然它只是西班牙殖民帝国的一小部分，但帝国每年从尼德兰搜刮来的财物，大约相当于西班牙本土得来的四倍，或从新大陆殖民地得来的四倍，或从意大利得来的一倍。所以卡洛斯一世称尼德兰是“我的王冠上的一粒珍珠”。当时欧洲的宗教改革运动很快波及这里，当地的工商业者和中下层民众纷纷改信加尔文教，尼德兰成为新教的中心基地之一。

当时尼德兰实际上是由一些封建公国和伯国组成的联邦，有中央集权的政府机构，首脑是西班牙国王任命的总督，下设国务会议、财政会议和枢密会议，也存在中央和各省的三级会议。总督拥有高度的军事和行政权力，控制着制定法律、征收赋税和司法行政的大权，是西班牙国王在尼德兰的代表。卡洛斯一世还利用天主教会作为统治工具，在尼德兰设立宗教裁判所，残酷迫害新教徒。1550 年的敕令（被称为“血腥诏令”）规定，凡与路德教、卡尔文教有接触者或散布“异端”学说者，男的杀头，女的活埋，包庇“异端”者与其同罪。

腓力二世继位后，变本加厉地搜刮当地的财富，迫害尼德兰民众。他派西班牙军队直接驻守尼德兰，任命其姐姐玛格丽特公爵为尼德兰总督，在经济上，以宣告国家财政破产为借口拒绝偿还国债，使尼德兰的银行家们遭受巨大损失。他提高西班牙收购羊毛的价格，使输入尼德兰的羊毛减少，导致许多手工工场倒闭，成千上万的工人因此失业。他还禁止尼德兰商人同西班牙殖民地直接贸易，中断尼德兰同英国的贸易往来。他还加强宗教裁判所对新教徒的迫害，据统计，从“血腥诏令”颁布起，到 1566 年革命爆发，因异端罪被杀害和被迫流亡的人有 5 万之多。西班牙的专制统治引起尼德兰社会各阶层的普遍不满。

（二）革命的过程

1565 年，尼德兰当地已经资产阶级化的贵族组成以奥兰治·威廉亲王为首的“贵族同盟”。他们在国务会议上公开批评西班牙的统治政策，要求在国内恢复“自由”，撤回西班牙驻军，取消对异端教徒的迫害，但他们仍然表示效忠于西班牙国王。1566 年 4 月，“贵族同盟”中 300 多名成员衣着褴褛，带上讨饭袋，向玛格丽特总督递交请愿书，提出废除“血腥诏令”，召开三级会议，停止迫害异端教派等要求。但女总督当即予以拒绝，一些政府官员还咒骂他们是“乞丐”。西班牙统治者的藐视和污蔑激发了尼德兰的民族情绪，风起云涌的尼德兰革命不可避免地爆发了。

1566 年 8 月 11 日，弗兰德尔的一些工业城市中的手工工人和城市贫民首先发动了起义，斗争的锋芒首先指向西班牙专制统治的精神支柱——天主教会。起义者冲进教堂和修道院，捣毁圣像、十字架，没收教会财产，焚毁地契和债券。起义运动很快席卷了尼德兰各省，参加者数万人。起义者强迫市政府当局停止宗教迫害，甚至夺取城市领导权，西班牙的统治陷于瘫痪。群众性的暴力革命运动拉开了尼德兰革命的帷幕。女总督迫于群众的压力，宣布停止宗教裁判所的活动，允许加尔文教在尼德兰自由传教，并下令赦免了贵族同盟的成员。与此同时，西班牙国王腓力二世却暗中调兵遣将，派出一支 1.8 万人的讨伐军在阿尔发公爵的率领下东征尼德兰。这支军队于 8 月 22 日占领布鲁塞尔，扑灭了当地民众的革命运动。很快，西班牙当局展开了残暴的清算，继任为总督的阿尔发宣称：“宁把一个贫穷的尼德兰留给上帝，不把一个富裕的尼德兰留给魔鬼。”他建立所谓“惩治叛乱委员会”，用血腥恐怖手段以叛国罪大肆搜捕残杀起义者。在不到一年的时间里，就有 8000 多名起义者惨遭杀害。阿尔发还制定新的税制，一切动产和不动产都要征收财产税，所有的商品都要征收交易税，企图从经济上扼杀尼德兰革命。

阿尔发公爵的屠杀与掠夺政策，迫使许多贵族、商人和手工业者流亡国外，奥兰治·威廉在他的德国领地拿骚继续策划革命，他多次率军反攻尼德兰，但都不幸失败。但在尼德兰当地，不甘心屈从的革命群众纷纷行动起来，打击西班牙统治者。在南方，广大工人、农民、手工业者和一部分革命的资产阶级、贵族分子转入弗兰德尔附近的森林里，组成森林游击队，经常出其不意地袭击西班牙的小股军队，他们被称为“森林乞丐”。在北方，当地的作坊主、渔民、港口工人、某些造船主和乡村加尔文教派商人，组成“海上乞丐”游击队，在海上袭击西班牙的船队和沿海据点。

人民游击战争推动了革命新高潮的到来。1572 年 4 月 1 日，一

圣像破坏运动

西班牙的残暴统治，引起尼德兰各阶层人民的强烈不满，最终爆发一场声势浩大的人民起义。1566 年 8 月 11 日，弗兰德尔一些城市首先发动起义，开始时锋芒指向教会，他们手持木棒、铁锤，冲进教堂寺院，把所谓圣像圣骨之类骗人的“圣物”全部捣毁。起义发展迅速，很快波及尼德兰 17 个省中的 12 个省。短期内，教堂和寺院被捣毁 5500 余所。因此，历史上称之为“圣像破坏运动”。

支由24艘船只组成的海上游击队占领了莱茵河岛上的布里尔城。这一重大胜利，成为北方各省民众总起义开始的信号。到1572年7月，几乎整个荷兰和西兰两省都从西班牙统治下解放出来。奥兰治派贵族和资产阶级组成革命军队，夺取城市政权，镇压亲西班牙的神父、叛徒和间谍。到1573年底，北方乌特勒支、弗里斯兰、上伊塞尔及格尔德兰等7个省先后宣布脱离西班牙而独立。奥兰治·威廉于1572年7月在乌特勒支召开的荷兰省议会上被推选为总督，北方各省事实上已经赢得了独立。

北方起义推动了南方革命运动的高涨。1576年9月4日，布鲁塞尔爆发起义，奥兰治亲王指挥的民军在城市平民的配合下，占领了国务委员会大厦，政权转入三级会议手中，西班牙在南方的统治被推翻。南方各省纷纷响应，许多城市相继发动起义，夺取政权，革命高潮迅速到来。10月，尼德兰南北各省代表在根特召开了三级会议，南北双方最终达成联合协议，并于11月8日签订了《根特协定》。协定废除了阿尔发颁布的一切法令，宣布恢复各城市原有的特权，联合南北各省，共同反对西班牙。

南方革命形势的高涨，引起了西班牙当局的恐慌，其迅速组织力量反扑。1578年1月，西班牙新任总督亚历山大·法内塞率军击败尼德兰联军。南方封建贵族和天主教势力原本就不愿和西班牙人断绝联系，这时都迅速倒向西班牙人。1579年1月6日，南方反动保守贵族成立“阿拉斯同盟”，承认腓力二世为“合法的统治者和君主”，天主教为唯一合法的宗教。此后南方的革命形势出现逆转，城市革命政权被各个击破，西班牙恢复了在南方的统治。

以荷兰、西兰两省为主体的北方各省，联合南方的布鲁塞尔、根特等城市，于1579年1月23日成立了“乌特勒支同盟”，宣告结成永不分裂同盟；以各省代表组成的三级会议为最高权力机关，审议并决定征税、宣战、媾和以及颁布根本法等一切重大事宜；废除各省同外国缔结的协议；统一货币和度量衡。同盟的协议奠定了北方共和国的政治基础。

1581年7月26日，奥兰治·威廉亲王在海牙召集乌特勒支同盟各省代表大会，宣布正式脱离西班牙而独立，成立联省共和国，简称荷兰共和国，奥兰治亲王被选为首任执政。1584 年 7 月，奥兰治亲王被西班牙间谍暗杀，其子奥兰治·摩利斯被推为“民族委员会”主席和联省军总指挥。

西班牙对联省共和国采取拒不承认的政策，西班牙军队在稳定南方后，企图镇压北方革命，但屡被联省军击溃。由于尼德兰人民的坚决斗争，联省共和国在外交上取得了英、法的支持，西班牙扑灭尼德兰革命已不可能，于是只得于 1609 年 4 月 9 日同荷兰缔结为期 12 年的休战协定，事实上默认了共和国独立。欧洲三十年战争后，在 1648 年的《威斯特发里亚和约》中，荷兰共和国正式获得国际承认。

16 世纪的尼德兰革命，是人类历史上第一次成功的资产阶级革命，它揭开了现代欧美资产阶级革命的序幕；它也是世界近代史上第一次民族独立战争，北部荷兰共和国的独立，直接挑战了西班牙的殖民制度；它还是一次宗教革命，宗教改革后形成的新教获得胜利，确立了自己的国家政权，对天主教世界是一个打击。作为一次政治革命，尼德兰革命建立了现代史上第一个共和国，为人类提供了一种新的政治统治形式。所有这些结果，不仅直接导致西班牙帝国的衰落，还奠定了 17 世纪荷兰成为西欧经济强国的基础。

奥兰治·威廉亲王是怎样被刺杀的?

西班牙当局早就策划暗杀威廉的阴谋。1582 年 3 月，威廉遭受雇于西班牙的一名青年的枪击，但幸免于难。此后两年，暗杀威廉的阴谋竟达五次之多。1584 年 7 月 10 日，威廉被潜入家中的西班牙刺客连击三枪而逝世，葬于德尔夫特。1585 年，威廉之子、18 岁的摩利斯亲王继任执政。

（三）荷兰殖民与海上霸权的确立

独立战争还未结束，联省共和国就积极发展对外贸易和殖民扩张。1602 年，荷兰建立了荷兰东印度公司。这个公司迅速膨胀，在东方，它排挤了西班牙和葡萄牙的商业势力，先后把亚洲的印度尼西亚、斯里兰卡等地变为殖民地，它侵占我国台湾地区，在印度、澳大利亚等地也建立一系列殖民据点，占领了通往东方最有价值的战略据点毛里求斯和开普，夺取了东方的贸易垄断权。到 17 世纪中叶，荷兰形成了在东方的殖民帝国。这样迅速的进展，被认为是殖民主义“历史上的一个奇迹”。除此以外，在南北美洲、加勒比海，都有荷兰的殖民地。荷兰不仅一跃成为世界性殖民大国，它还通过贸易和其他方式，把亚、美、非洲的许多地区，不等程度地卷入了欧洲资本主义的旋涡。

同时，荷兰在海上贸易取得特别巨大的成就。在欧洲，它几乎控制了德国的整个对外贸易，在与俄国的进出口贸易中排挤英国而居首位，把波罗的海地区70%的贸易集中在自己手中。地中海沿岸的贸易，荷兰同样是遥遥领先。荷兰拥有世界上最庞大的船队，航行于大西洋、太平洋、印度洋以及地中海和波罗的海，称为“海上马车夫”。荷兰在国际贸易中的垄断地位，对欧洲各国资本主义的发展，起了促进作用，产生了重大影响。

广泛的殖民掠夺和对外贸易的急剧发展，使荷兰社会经济特别兴旺，富甲全球，令整个欧洲都羡慕不已。荷兰在欧洲金融方面的地位也十分突出，荷兰的阿姆斯特丹迅速发展成为世界上最大的金融中心，据说它拥有的金钱可以使欧洲半数国王的空虚国库充实起来。

尼德兰革命是否是世界近代史的开端

在国内世界史学界，曾经有人把尼德兰革命作为世界近代史的开端。这是不正确的。因为这次革命纵然时间上最早，性质上也无可厚非，是一次资产阶级革命和民族独立战争，但是它的影响有限，主要限于对低地国家自身历史发展的影响，对欧洲其他地方的影响有限，无法像英国革命那样产生全局性的影响。因此，将之作为世界近代史的开端有点勉强。另外，尼德兰革命只是西班牙王国棋盘中的一件事情，其对西班牙自身兴衰的影响远远不如西班牙政府政策重要。

二、英国革命

英国之所以能成为 18 至 19 世纪不可一世的“日不落帝国”，和它在政治体制方面的创新有很大关系。发生在 1640 至 1688 年的英国革命，缓解了英国国内的教派和阶层矛盾，为英国经济的发展创造了相对宽松的政治和社会环境，成为英国崛起为世界霸主的重要因素之一。

（一）早期英国历史概览

早在 25 万年前，不列颠岛就有人类居住，当时的居民以狩猎为生，直到公元前 4000 年农业才开始出现，伊比利亚人是最早在不列颠岛生活的土著人。公元前 7 世纪到公元前 3 世纪，原先居住在现在德国西北部的凯尔特人成群结队迁居到不列颠岛。公元前 55 年，罗马军事统帅恺撒看上了这片富足的土地，于是率领数万罗马军团侵入不列颠，虽然由于凯尔特土著人的顽强反抗，恺撒被迫撤军，但从这时开始，罗马文明开始渗入不列颠。到公元 43 年，如日中天的罗马帝国终于凭借其强盛的国力和强大的军事力量征服了不列颠。但到公元 3 世纪末，随着罗马帝国实力的衰微，罗马军队逐渐从不列颠撤出，罗马人在不列颠的统治自此结束。

▼盎格鲁－撒克逊人的武器与服装

罗马人一走，原来居住在易北河流域一带的盎格鲁—撒克逊人开始大举进攻不列颠，他们烧杀劫掠，给当地生产造成了极大的破坏。到公元 7、8 世纪，盎格鲁—撒克逊各部落经过分化组合，逐渐形成了七个王国，不列颠进入七国时代。此时原先住在北欧的维京海盗不断侵袭英国，英格兰民众在威塞克斯王国国王阿尔弗雷德率领下，成功抵御了维京海盗的入侵，并结束了七国分裂局面，形成了统一的英格兰王国。到 11 世纪，英格兰王国国势渐衰，英格兰经历了一段短暂的维京人的统治。

1066 年，原来在法国西部的诺曼人在威廉公爵的率领下借机在英格兰登陆，最终成为英国最后一支外来征服者。诺曼征服后，欧洲大陆的分封采邑制度被引入英国，英国进入封建化时期。而由于英格兰统治者来自法国，英王领有法国大片封地，造成英、法两国的纷争，进而导致 14、15 世纪的百年战争，战争的结果是英王丧失了他在法国的全部封地，英国自此进入独立发展阶段。百年战争后，英国发生了大贵族与王室争夺王权的玫瑰战争，到 1485 年才告结束，从此英国进入都铎王朝时期。

亨利八世的婚姻

亨利八世先后娶了六位夫人，全部没有好结果：第一位被逼迫离婚；第三位因病去世；第四位德意志新教公主协议离婚；最后一位因他去世幸免于难；另外两位被他处死。值得一提的是，亨利八世的情妇安妮·博林给予亨利八世巨大压力，要求成为“公众认可的”皇后。最后亨利八世与教会决裂，不需要再获得教皇的批准，他与第一任妻子离婚并娶其为皇后。此外，他亦有大量情妇及私生子，后世的考古学家很多都怀疑他是死于梅毒，并留下一个接近破产的国家。

（二）新教与旧教，议会和国王

在英国国王亨利八世统治时期，亨利八世为了巩固王权，要求改变英国的宗教现状，取得对教会的支配地位。于是亨利八世利用教皇拒绝承认他和皇后凯瑟琳离婚的合法性为由，在 1534 年促使国会通过了著名的“至尊法案”，明文宣告“国王为英格兰教会唯一的、至高无上的首脑”，并宣布与罗马教皇断绝一切来往，与罗马教廷彻底决裂。此后的英国教会称英国国教会，又被翻译为安立甘教或圣公教，属于欧洲三大新教之一，成为国家机构的一部分，而不再接受罗马教廷的领导，但仍然保留了原来的天主教的重要教义与仪式。

亨利八世主导的英国宗教改革，使英国摆脱了罗马教廷的精神桎梏，形成了英国自己的民族教会，借此，英国的王权得到进一步加强。但这次宗教改革因还保留天主教的教义而带有很大的不彻底性，围绕教义与教规出现了新教与旧教的矛盾纷争，此后 100 多年，英国因宗教问题始终处于激烈的社会动荡之中。

在亨利八世宗教改革期间，英国大都市如伦敦的许多工商人士和乡村的自由农民，接受了加尔文教的教义而产生“清教思想”，他们主张清除国教中天主教的影响，改革国教的礼拜仪式和教区事务，被称为“清教”。他们满怀宗教热忱，勤勉工作，很快形成一股强大的社会力量。

1603 年，英格兰女王伊丽莎白女王死后无嗣，这样离王室血亲最近的苏格兰的詹姆士六世继承英格兰王位，即位后在英国称詹姆士一世，开创了斯图亚特王朝的统治。詹姆士不了解英格兰的社会与政治环境，而是沿袭他在苏格兰的专制统治经验，力主建立绝对君主制度，认为国王应不受议会、法律和风俗制约，国王是臣民之父，可凌驾于一切集团之上。他着力宣扬“君权神授论”，认为君主不仅拥有来自神的权力，还拥有与神同等的地位。他还重用宠臣，纵容贪污腐败，生活奢侈，挥霍无度，使得原本已经十分拮据的王室财政更是入不敷出。后来他还是被迫按照传统，召开议会，要求批准加增新税，而议会的议员则借机批评詹姆士一世的内外政策，最后双方剑拔弩张，不欢而散。

1625 年，詹姆士一世病逝，查理王子登位，为查理一世（1625—1649）。查理继承了其父“君权神授”的观念，坚持国王的权力要高于议会，并在 1629 年解散议会，实行了长达 11 年的个人专制统治。

苏格兰地区在 16 世纪已经完成了宗教改革，清教势力取得宗教上的统治地位。1639 年，苏格兰与英格兰因宗教派别矛盾爆发内战。为筹措军费，查理一世只好在 1640 年重新召开议会。议会召开后，很快成为反对查理一世为首的封建专制势力的领导中心，这就成为英国革命开始的标志。

（三）英国内战与克伦威尔的军事独裁政权

议会召开后，议员们再次对查理一世的专制统治发难，他们纷纷谴责国王破坏议会，责难查理一世的宗教政策，控诉船税等不合法的征税，反对工商业专卖制度等。查理不甘心向议会屈服，在 1642 年 1 月率亲兵强行进入议会所在地威斯敏斯特宫，企图逮捕皮

▲ 克伦威尔

姆等议会领袖。皮姆等人事先得到消息，躲进伦敦城。伦敦市民手持武器，自发武装起来阻止查理进城捕人。查理一世手下并无多少常备军，他知道自己在首都已经失去支持，无法立足，便于1月末离开伦敦，向北方撤退。1642年8月，查理在诺丁汉城建立大本营，他指称议会造反，背叛国王，应该予以征讨，内战由此爆发。

内战开始时，王党的军队占了上风，但由于议会从商人与伦敦市民那里取得了资金上的援助，势力越来越大，而王党的军队因缺乏军费，到1645年穷得连军饷都发不出来，军心涣散，最终在1647年被出身乡绅的清教徒克伦威尔指挥的“新模范军”击败，议会最终取得了内战的胜利。

内战暂时告一段落后，议会阵营内部的保守派与激进派的矛盾分歧加剧，掌控军权的克伦威尔借机掌握政权，接着在激进派的要求下，于1649年1月建立最高法庭，展开对国王的审判。在经过四次开庭审判之后，最高法庭以“叛国罪、挑起内战罪、破坏法律罪和英国人民自由罪”判处查理一世死刑，并于1月30日执行。

大权独揽的克伦威尔不容议会的掣肘，于1653年4月强行解散议会，并于1653年12月自封为英格兰、苏格兰和爱尔兰组成的共和国护国公，名副其实的军事独裁政权就此建立起来。从此，克伦威尔建立了护国政体，他把行政、立法、军事及外交等大权，全部掌握在自己手中，实行军事独裁统治，成为英国的最高统治者。

克伦威尔任护国主后不久，在全国各地成立11个“军管区”，每一个军管区由一名将军统治，除镇压反叛和防御事务外，将军还拥有管制地方政府的权力，甚至本身就兼任地方政府首长，克伦威尔的权势借着军管区扩展到全国各地。

（四）光荣革命

1658 年 9 月 3 日，克伦威尔去世后，他的儿子查理即位为新的护国主。查理的能力远不及他的父亲，懦弱无能的弱点使他根本无法驾驭飞扬跋扈的将领，结果反被其操纵，即位不到八个月就在 1659 年 5 月 25 日被迫辞职。英国陷入权力真空状态，原来执掌大权的军队一下子群龙无首，实力大减。

1660 年 2 月 3 日，驻苏格兰军队司令蒙克借口恢复过去的议会制度，率领军队武装占领了伦敦。蒙克到达伦敦后，马上按斯图亚特王朝时期的选举法成立了新的议会，多数议员也都是亲王党派的。议会决定与流亡国外的王室妥协，扶持查理一世之子查理二世复位。1660 年 5 月，查理王子由荷兰返回不列颠即位，称查理二世（1660—1685），斯图亚特王朝得以复辟。查理二世掌握政权后，很快对原来的革命者展开反攻倒算，曾经审判查理一世的最高审判庭成员全部被判处死刑，连克伦威尔的尸体也被从坟墓中挖出枭首示众。查理二世还残酷压制清教势力，发布法令将清教徒逐出国家机构和国教会，要求一切教士遵奉国教，禁止国教会以外的任何公开礼拜。

克伦威尔死后的悲惨遭遇

查理二世下令把克伦威尔的遗体从威斯敏斯特大教堂的墓地里掘了出来，并命人拖着它穿过伦敦城。然后，遗体被送到刑场，吊上绞刑架，与其他两具尸体一同示众一整天。执刑者把吊尸体的绳子砍断后，就把克伦威尔的头颅砍了下来，并把那颗头颅挑在长矛上游街示众，而尸身则被扔进坑里草草掩埋。伟大的护国主自此身首分离，再难团聚。最后，克伦威尔的脑袋被一根长钉子钉在了威斯敏斯特教堂的屋顶上，在上面一待就是 25 年。

1685 年，查理二世去世，他的弟弟约克公爵詹姆士继承王位，史称詹姆士二世。詹姆士二世即位后，大力推行天主教，他不仅宣布天主教徒信仰自由，给予他们平等的公民权利，还任用一些天主教徒担任政府、军队及大学的高官要职，在宫中接见罗马教皇的代表，甚至在宫廷里公开举行天主教祈祷仪式，这让当时的英国国教教会大为反感与恐惧。当坎特伯雷大主教与其他 6 名主教请求国王重新考虑其宗教政策时，詹姆士二世勃然大怒，以“煽动、诽谤”的罪名将这些人逮捕，这样国王与议会在宗教和外交上的对立冲突达到不可调和的地步。

1688 年，英国国会的 7 名重要议员秘密集会，他们联名写信给作为新教徒的詹姆士二世的女婿、荷兰的执政威廉，请他率军前来英国，帮助捍卫英国人的自由。1688 年 11 月 5 日，威廉率领 600 多艘船只运送来的1.5万名士兵，在英格兰西南部德文郡的托尔湾成功登陆，很快得到当地信奉新教的乡绅与贵族的支持。英国军方虽然集结了4万人的军队与之对抗，但主要将领都避免与威廉军队交战，一些军官甚至公开倒戈。12月18日，威廉率领的军队在未遭遇任何抵抗的情况下，长驱直入伦敦，彻底控制了英国的政局。詹姆士二世流亡法国，最终客死异乡。

1689年2月，议会全体会议通过了詹姆士二世"退位"的决议，并宣布威廉及其妻玛丽公主登上王位，共同统治英国。在此之前，议会发布了一项《权利法案》，规定以后国王不经议会同意不能停止任何法律的效力，也不能决定使任何人免受法律的制裁。国王不经议会同意不能征收任何赋税，也不能在和平时期征集和维持常备军。法案宣布议会的言论自由，议会必须定期召开等。同时规定禁止天主教徒继任国王，也禁止王室成员与天主教徒结婚。法案以法律的形式限制了王权，终于在英国确立了君主立宪制的政体形式，并正式明文承认了议会高于王权的政治原则。

英国经过光荣革命，最终建立了君主立宪制度，有效缓和了宗教派别的矛盾分歧，在以后的几个世纪中，英国既无内战，又少有外患，终于形成了适宜资本主义经济快速发展的政治和社会环境。在这个环境中，英国对外大举殖民扩张，建立了庞大的殖民帝国。同时，英国又率先发动划时代的工业革命，把一个曾经只在文明边缘徘徊的小小岛国推向了世界舞台的中心。

辉煌的英国皇家海军

英国皇家海军从1546年正式组建以来，其强弱与国家兴衰是紧密联系在一起的。英国海军开始仅是一支不起眼的力量，后经不断扩充，发展成为世界上首屈一指的强大海军，曾先后击败过16世纪末西班牙"无敌舰队"、17世纪荷兰舰队、18世纪法国海军。截至1938年，英国海军舰船总吨位达214万吨，数量近700艘，海军兵力3.75万人，有作战舰艇137艘，后勤辅助舰艇80多艘，舰艇总吨位居于当时世界第三位。

三、法国大革命

1789年法国大革命，无异于一场惊雷震撼着欧洲大地。它作为对原有旧制度的反叛，其彻底性和波及面超过了原来的政治革命。法国民众在这次革命运动中为争取权利和自由而表现出来的顽强的斗争精神，永远为后人所敬仰。

（一）君主专制与三级会议

自查理曼帝国瓦解后，法兰西王国的前身——西法兰克封建领主制盛行，领主在其领地内行使独立的行政、司法权力，统一的国家政权机构实际上已不复存在，王权名存实亡。法国王权的强化，主要依靠两条途径：一是通过王室领地扩张，消除割据势力，以增强王权。法国王室利用联姻、外交、战争、购买等手段，千方百计扩张领地。二是不断扩充国王的实权，实行军事、司法和财政大权的集中。尤其在10世纪后，随着城市的发展，法国国王和城市联合，为恢复王权进行了不懈的斗争。到法国国王路易十四统治时期，法国已经形成典型的君主专制制度，路易十四将全国的政权、财权、军权、教权和立法权集于一身，宣称“朕即国家，朕即法律”。路易十四被尊为神，是“副上帝”“太阳王”，贵族们以能在王宫侍奉他为最大的荣耀。法国的专制权力达到了登峰造极的地步。

法国议会的萌芽是14世纪初建立的三级会议，它是1302年由国王菲利普四世第一次正式公开召集的全国性会议，由高级教士、世俗贵族和富裕市民三个等级的代表参加，会议主要讨论如何征收新税和税负的分担问题。此后，三级会议在法国经常召开，各省也有自己的三级会议。但由于王权的强大，1614年以后就没有召开过三级会议。

当时，法国国民被分为三个等级：第一等级是教士；第二等级是贵族；第三等级是农民、工场工人、手工业者和城市平民，还包括以新兴工商业者为代表的资产阶级。第一、二等级是掌握统治权的特权等级，占全国人口的 2% 不到，他们不受法律审判，几乎不缴纳任何赋税，享有一切特权。而第三等级负担着纳税和其他一切义务，没有任何政治权利。腐朽的贵族阶层不思进取，碌碌无为，他们非但不纳税，还恣意挥霍国库。为豢养这些寄生的贵族，国家赋税不断加码，加重了资产阶级与人民的负担，引起了法国第三等级的普遍不满。

（二）启蒙运动

在法国尖锐的社会矛盾背景下，18 世纪的法国思想界掀起了一场以重视自然、推崇理性为显著标志的思想运动，被称为启蒙运动。其主要代表人物有伏尔泰、狄德罗、孟德斯鸠、卢梭等。

孟德斯鸠（1689—1755）是法国杰出的启蒙思想家，曾任法国波尔多省法院法官、院长，法兰西学院院士。孟德斯鸠的主要代表作有《论法的精神》《波斯人信札》《罗马盛衰原因论》等。他认为法律是理性的体现，主张在法国建立英国式的君主立宪政体，提倡立法、行政、司法三权分立，进行有利于资产阶级的改革。

▼“欧洲的良心”伏尔泰

伏尔泰（1694—1778）作为法国启蒙运动的泰斗和领袖，出身于资产阶级公证人家庭，青年时因写诗讽刺贵族被囚禁于巴士底狱，后又被驱逐出国，侨居英国。伏尔泰的主要代表作有《哲学通讯》《哲学辞典》。伏尔泰认为理性是一切事物的标准，凡是违反理性的事物都应该被废除。他赞赏“开明”君主制度，主张限制王权。他主张信仰自由，反对教会，把天主教教士视为“恶棍”，把教皇喻为“两足禽兽”。

狄德罗（1713—1784）是当时著名学术团体

▲卢梭

“百科全书派”的领袖，启蒙运动的主将，他早年就读于家乡一所教会学校，毕业后到巴黎闯荡天下。狄德罗的最大成就在于主编了史无前例的巨著《百科全书》，并以此为武器，抨击封建专制主义，宣扬自由平等原则，为即将到来的革命制造舆论。

卢梭（1712—1778）是法国伟大的启蒙思想家，激进的民主主义者，著名的文学家和教育家。卢梭出身于日内瓦一个钟表匠家庭，幼年经历坎坷，被迫在一个雕刻匠家中做学徒，由于不堪辱骂，辞职逃离，过着颠沛流离的生活，后长期定居法国。卢梭的主要代表作有《社会契约论》《论人类不平等的起源和基础》《爱弥儿》等。卢梭认为私有财产是不平等的起源，是万恶之源，自由平等是不可剥夺的“天赋人权”，提出了“社会契约”“人民主权”以及建立民主共和国等一系列学说。

18 世纪的欧洲启蒙运动是一场由资产阶级有识之士所创导的思想解放运动，是继文艺复兴以来的第二次思想启蒙。思想家们通过撰写各种小册子、走上街头演讲等形式抨击封建专制制度，唤醒民众，使人权、民主、自由、平等及三权分立等观念逐渐深入人心。启蒙运动中的各种观念，直接引导着法国大革命，并在法国革命中得到运用，其中的许多思想，成为人类文明宝库中的珍贵遗产。尤其是“自由、平等、博爱”不仅成为法国大革命的旗帜，还不同程度地推动着世界不同国家及民族和人民争取自身权利的斗争，意义重大。

（三）攻破“巴士底狱”与《人权宣言》的发表

革命前夕，法国封建专制统治已从路易十四时代的鼎盛，经路易十五的衰弱、腐败，发展到路易十六的腐朽和没落。由于挥霍无度，国债骤增，为解决财政困难，路易十六任命杜尔哥等人进行了一系列财政改革，但由于特权阶层的反对而无甚起色。于是，国王与宫廷只得求助于三级会议。1789 年 5 月 5 日，三级会议在凡尔赛宫开幕，一共有 1200 名代表参加，其中第一、二等级各 300 人，第三等级 600

▲攻占巴士底狱

人。第三等级的代表主要包括银行家、商人、律师、作家及少数“投奔”资产阶级的贵族。会上，第一、二等级与第三等级首先在投票权问题上发生争执。第三等级要求以人数为单位，而第一、二等级则要求按等级投票。此外，很多平民代表要求首先讨论政治改革问题，遭到教士和贵族的反对，三级会议陷入僵局。

由于会议僵持不下，6 月 17 日，第三等级代表以全民的名义，把三级会议改为国民会议。第三等级代表组成国民议会，标志着法国三级会议历史的终结。由于路易十六派兵封锁了会场，第三等级代表于 6 月 22 日在会议厅附近一个用于网球比赛的大厅里集会，并发出誓言：不给法国一部宪法，绝不解散。国民会议遂改名制宪会议。不久，原属第一、二等级的代表也前来参加。国王见势不妙，只得宣布承认国民议会的合法性。但没过多久，路易十六在皇后的劝说下调集 2 万军队包围巴黎，企图强行解散国民会议。巴黎民众得知消息后，立即举行示威游行，支持制宪会议。7 月 12 日傍晚，示威游行的队伍与军队发生冲突，造成很多市民伤亡。

7 月 13 日清晨，全市教堂警钟齐鸣，手工业者、工人和小商人、妇女和老人都涌上街头，他们手持各式各样的武器，有短刀、手枪、斧头甚至石块，进攻国王的雇佣军。国王的军队在起义者的进攻下，步步后退，一部分士兵临阵倒戈。到 7 月 13 日夜里，巴黎绝大部分地区都处于起义者控制之下，只剩下巴士底狱还未攻下。巴士底狱是专制暴政的象征，因为其中监禁着许多无辜的人民。同时，它也是巴黎市的一个重要堡垒，里面驻扎着军队，并存有火药。因此，攻陷巴士底狱成为巴黎人民的首要目标。

7 月 14 日上午 9 时起，“到巴士底去，到巴士底去”的口号响彻巴黎全市。无数群众扛着步枪、长矛和大刀奔赴巴士底狱。英勇的起义人民一再向堡垒猛攻，在守军的炮火下有百余人壮烈牺牲。经过四小时的激烈战斗，巴士底狱终于被攻陷。

起义成功后，路易十六见势不妙，马上下令撤军，并认可了制宪会议的地位，制宪会议成为国家最高权力机关。8 月 26 日，制宪会议发表了著名的《人权宣言》。《人权宣言》共 17 条，以孟德斯鸠、卢梭等共和民权学说为理论基础。宣言一开头就宣布了资产阶级自由、平等的原则，指出“人在权利上是生来并永远平等的”。宣言否定了封建等级与封建特权，庄严宣布人身自由、言论自由及信仰自由，反抗压迫的权利都是“天赋的和不可剥夺的权利”。《人权宣言》颁布后，制宪会议在宣言的一系列原则指导下，着手宪法的讨论工作，并于 1791 年 9 月通过了宪法，史称“1791 年宪法”。宪法规定了法国是三权分立的君主立宪制国家。行政权属于国王，立法权属于立法会议，司法权属于各级法院。宪法对王权进行了严格的限制，系统地确立了君主立宪制。

（四）革命的演进

路易十六不甘心大权旁落，于 1791 年 6 月中旬秘密逃出巴黎。1791 年 6 月 21 日，出逃的路易十六在法德边境被驿站管理人员认出并解回巴黎。国王的不义之举激怒了巴黎人民，要求国王退位的呼声随之出现。

8 月，普奥两国君主联合发表《庇尔尼茨宣言》，扬言欧洲诸国君主将以武力支持路易十六。1792 年 8 月，普军开始越过边境，入侵法国，“祖国在危急中”。为保卫胜利果实，国民公会号召巴黎及各地凡能够拿起武器的贫民都行动起来。数天之内，仅巴黎就有 1.5 万人志愿报名参加义勇军。

路易十六在战争中竭力进行破坏活动，甚至把作战地图偷偷送给普奥军队。国王的叛变破坏活动激起了民众的愤慨，8 月 9 日夜半，来自巴黎各区的起义者再次聚集起来，他们占领了巴黎市政厅，驱逐了旧市政府人员，并成立了新的革命市政府——巴黎公社。

8 月 10 日清晨，2 万巴黎起义人民在巴黎公社的领导下，向国王的寝宫——杜伊勒里宫推进。路易十六带领全家仓皇离开皇宫，逃到制宪会议避难。在民众的压力下．制宪会议不得不宣布废除

1791年宪法，宣布国王退位，将其软禁起来，并实行普选制，召开以普选制为基础的国民大会。

8月10日起义后，温和共和派的吉伦特派掌握了政权。9月21日，瓦尔密战役中，法军力克普鲁士军队，这是革命的法国反对欧洲封建武装干涉的第一次胜利。第二天，按普选方式选举出来的国民公会在巴黎开幕。国民公会公布废除王政，成立共和国，史称法兰西第一共和国。

1793年1月中旬，国民公会就如何处置路易十六进行讨论。在激进的雅各宾派的坚持下，最后以361票赞成，334票反对，5票弃权的结果，宣布路易十六犯有叛国罪，处以死刑。1793年1月21日，路易十六在巴黎协和广场被送上断头台。

路易十六的被杀，触怒了几乎整个欧洲的王国。1793年，奥地利、普鲁士、英国、荷兰及西班牙组成了第一次反法同盟，力图联合扼杀革命政权。大敌当前，吉伦特派政权因缺乏财政经费，只能大量发行纸币，由此导致经济更加混乱，人民生活困难，社会的不满情绪再次高涨。5月31日至6月3日，巴黎人民在雅各宾派的领导下，再次举行起义，一举推翻了吉伦特派的统治，将雅各宾派推上了历史舞台。雅各宾派主要代表中、小资产阶级的利益，主要领袖人物为罗伯斯庇尔、圣茹斯特和马拉、丹东。雅各宾专政的主要内容是经济上的统制、政治上的恐怖政策和个人集权统治。经济上的统制主要由全面限价法令、面包配给法等一系列经济控制法规组成。另外，为筹措战争军费，雅各宾派政府实行征用制度，一些军事上的必需品大多被政府征集，包括军靴、衬衣、床等。在雅各宾派的坚强领导下，法军很快就把反法同盟的军队赶出法国。

路易十六有着怎样的后世评价？

法国庆祝革命200周年的庆典上，时任法国总统密特朗表示：“路易十六是个好人，把他处死是个悲剧，但也是不可避免的。”他性格软弱，不敢采取强力的措施。三级会议出现冲突，他既不敢解散议会，担心落得英国查理一世的下场，又不能填补法国财政的亏空，平息民愤，最终无可逆转地走向了覆灭之路。

7月13日，马拉在自己家中被与吉伦特派关系密切的女贵族科黛刺死。为镇压反革命叛乱，雅各宾派设立了“革命裁判所”，大肆镇压异己分子，路易十六的皇后以及原来吉伦特派的领导人相继被送上断头台。1793年一年中，单是在巴黎就有2600人被杀，全国被杀者不下1万人，史称“恐怖时期”。此时雅各宾派出现了左右派的斗争，罗伯斯庇尔独断专行，对两派极力镇压，先后处死了丹东等派别领袖。1794 年 7 月，资产阶级纠集反对罗伯斯庇尔的各派力量，发动了“热月政变”（法国新历共和二年的热月），逮捕并处死了罗伯斯庇尔、圣茹斯特等人。之后成立督政府，终止了罗伯斯庇尔推行的统制经济政策和滥杀行为。至此，法国大革命的高潮阶段就此终结。

▲马拉之死

法国大革命震撼了欧洲，也震撼了整个世界，在法国和世界历史上都具有重要而独特的地位。大革命粉碎了法国腐朽的封建专制制度，创立了资产阶级共和国，确立了资产阶级统治，为资本主义的进一步发展扫清了道路。在法国革命旗帜下，欧洲、拉丁美洲许多国家都爆发了资产阶级革命和民族独立运动。

《马赛曲》的来历

法国大革命期间，有过许多鼓舞斗志的战斗歌曲，而最受群众喜爱、流行最广的是自由的赞歌《马赛曲》。《马赛曲》的作者名叫鲁热·德·利尔，是法国大革命时期的一名工兵上尉。1792 年 4 月，饥荒笼罩，应市长之邀，他决定写一首激昂亢进的歌曲来鼓舞人们的士气。

他一口气写下歌词，谱上音符，然后找到市长迪特里希。市长立即叫醒自己的夫人和女儿，还叫来几位爱好音乐并能演奏的朋友。在市长女儿的伴奏下，德·利尔激昂地唱起歌来。听了第一节，每个人心潮澎湃不已；听到第二节，大家都流下了热泪；听到最后一节时，人们的狂热爆发了。众人哭着拥抱在一起，他们欢呼：祖国的赞歌找到了！

这首原名为《莱茵军进行曲》的新歌，不久就传遍了全国。三个月后，马赛的工人革命队伍高唱这首歌曲，浩浩荡荡地开进巴黎；马赛的俱乐部每次召开会议，开始和结束时都必定演奏这支歌曲，《马赛曲》因此得名。

1795 年，《马赛曲》被正式定为法国国歌。此后，这支歌曾被拿破仑一世、路易十八和拿破仑三世废止过，到 1879 年才重新成为法国国歌。

四、拿破仑帝国的兴亡

位于法国本土东南的科西嘉岛是地中海第四大岛，南隔博尼法乔海峡，与意大利撒丁岛相望，以法国著名人物拿破仑的出生地而闻名于世。在这里，拿破仑故居被重点保护，并开发为岛上著名的阿雅克修·拿破仑博物馆。以拿破仑命名的大街、饭店到处可见。城中的广场上耸立着一组拿破仑及其兄弟们的塑像，每年络绎不绝的游客来到这里追忆拿破仑的雄姿。

（一）拿破仑的发迹

1769 年 8 月 15 日，拿破仑（1769—1821）出生于法国科西嘉岛阿雅克修城，其祖先是意大利人，他的父亲曾任律师。他身材矮小，双目炯炯有神，善于雄辩，早年在巴黎军校学习。在军校学习期间，拿破仑刻苦勤奋，喜爱数学、军事和历史。

拿破仑毕业后任陆军上尉，在 1793 年 12 月的土伦战役中崭露头角。当时法国的王党势力发动叛乱，占据了法国南部的一个重要港口，并让英国和西班牙军队不费一枪一弹就轻而易举地占领了土伦。法国组织军队反攻，拿破仑率军攻占港湾西岸的小直布罗陀要塞，夺取克尔海角，然后在那里用炮火轰击英国舰队，把英国海军逐出土伦港，土伦的王党由此失去海上支持。共和军于 12 月 19 日占领土伦，拿破仑因指挥出色，不久被破格提拔为准将。1795 年 10 月 5 日，巴黎王党阴谋暴动，王党发动 3 万“护国军”进攻国会大厦，国民公会任命巴拉斯指挥镇压，拿破仑为其助手。拿破仑率领 5000 军队，用大炮和霰弹击溃了 2 万多名叛乱分子。拿破仑因此声名大振，被任命为法国“内防军”副司令。

1796 年，当时的督政府决定打击统治意大利北部的奥地利，扩大自己的势力范围。拿破仑率领 3 万余法军，出其不意地通过海边天险进入意大利。法军连战连捷，迫使当时与法国敌对的撒丁王国和奥地利割地求和。1798 年 5 月，拿破仑统率 3 万法军和 300 余艘舰只出发东征埃及，于 7 月初在埃及登陆。法军夺取亚历山大港，在金字塔旁击败土耳其军队，但他们被英国人领导的土耳其军队防守的阿克尔要塞所阻，一直无法扩大战果。

▲拿破仑

此时，英国组织第二次反法联盟进攻法国。法国在莱茵战场屡遭失利，在意大利的战果已经丧失，督政府腐败无能，不得民心，这给了拿破仑一个千载难逢的机会。他马上从埃及秘密回国，并于 11 月 9 日至 10 日（共和历雾月 18 日至 19 日）发动政变。他指挥巴黎驻军包围国会，推翻了督政府，史称“雾月政变”。

“雾月政变”后，拿破仑任临时政府新政权的第一执政，集军政大权于一身。1802 年 8 月，法国国会同意他为终身执政。1800 年 5 月，拿破仑带兵进攻意大利，大败奥地利军队，并于 1802 年 3 月和英国签订《亚眠条约》，粉碎了第二次反法联盟，拿破仑的声望剧增。1804 年 12 月 2 日，拿破仑加冕称帝，即拿破仑一世，权势达到顶峰。

（二）卓越政绩

拿破仑上台后马上着手社会经济方面的各项改革，在国内经济政策上，拿破仑进行财政改革，创办法兰西银行，扭转了督政府时期财政混乱的局面。在法国实行经济紧缩政策，保护关税，改进税收，成立工商业部和法兰西银行，为新企业提供津贴扶持，同时奖励发明，举办博览会，修建公路，开凿运河和建设港口，法国经济状况得到显著好转。

在政治上，拿破仑竭力加强中央官僚集权，他取消了地方自治选举制度，在原来的省区下划分了88个郡，郡守、市长、县长均由中央政府任命，并改组了法院，成立司法部和警务部，同时另设直属拿破仑的巴黎警察总监。

拿破仑的政绩中最值得大书特书的是《拿破仑法典》。这部法律的原名是《法兰西共和国民法典》，由当时欧洲著名的法律专家编撰而成，是一部典型的资产阶级民事法典，分民法、刑法和诉讼法三部分，共35章、2281条。法典在1804年推出，它将原来复杂凌乱的法律条文系统化，捍卫了法国大革命的革命成果，打击了封建残余势力，最可贵的是它体现了大革命的精神，革命以来的社会改革政策，如民权平等、信仰自由、解放农奴及解除封建特权，在法律中都有所体现。因拿破仑在法军占领的土地曾强迫实施法典，《拿破仑法典》在历史上流传甚广，欧洲资本主义国家的所有法律几乎都借鉴了这部法典。当拿破仑战败，被流放到圣赫勒拿岛时，他曾说："我真正的光荣并非打了四十多次胜仗，滑铁卢一战抹去了关于这一切的记忆。但是，有一样东西是不会被人们忘却的，它将永垂不朽——那就是我的民法典。"

罗曼·罗兰对拿破仑有怎样的评价?

身材短小，颜色黯淡，似乎无底的阴暗的眼，浓厚的黑色毛鬈发。常穿着一件飘荡的黑袍，用一条粗的腰带系住，像进香客一样。不趋时髦，也不遵守社会的狭窄的规矩。在椅子上坐不舒服，却常常盘膝在矮凳上或栖息在窗台里；时而活泼狂笑，时而沉没在犹豫里。总之，一个活在梦里的大梦想家。

（三）对外战争的荣与辱

对外战争构成了拿破仑一生的重要方面。他的军事思想在军事史上占有极为重要的地位。从拿破仑掌权至帝国覆亡，法国经历了与第二次至第六次反法联盟的战争。当时，英、俄、奥、普等欧洲大国先后都参加了反法联盟，意大利和德意志若干小国也曾加入反法战争。

1805年，英国、俄罗斯和奥地利组织了第三次反法联盟。1805年10月17日，法军和奥地利军队在乌尔姆激战后，法军大胜，接着拿破仑率军于11月占领维也纳。之后法军又在12月2日，即拿破仑加冕一周年纪念日，在今捷克境内的奥斯特里茨镇以7万人的弱势兵力，打败了9万俄奥联军的强势兵力，取得了奥斯特里茨战役的胜利。在此次战役中，因法军战线已经拉得过长，战略要点需要分兵把守，后勤补给出现困难，拿破仑迫切希望尽早决战，以扭转不利的局面。为了诱使反法联军与自己决战，拿破仑命令法军从前沿撤退，做出打算退兵的样子。同时又派使臣晋见沙皇亚历山大一世，建议进行停战谈判，并要求与亚历山大一世单独会晤，故意表现出胆怯、信心不足的样子。亚历山大一世放松警惕，决定立即向法军发起进攻。反法联军于 12 月 1 日到达奥斯特里茨镇，拿破仑为诱敌深入，故意放弃了该地区唯一的制高点。拿破仑的战略意图是引诱敌军把主攻方向放在法军的南翼，然后乘俄奥联军南移而中间空虚之际，集中法军主力穿插包围，把俄奥联军拦腰切断，一举克敌制胜。俄奥联军果然中计，军队主力在法军强烈的攻势下分割为南北两部分，首尾不能相顾全线溃退。此战役俄奥联军损失 2.7 万人，1.5 万人被俘，反法同盟再度瓦解，奥地利国王也被迫取消了神圣罗马帝国皇帝的称号。

接着拿破仑又连战连捷，取得了耶拿与奥尔斯泰特等战役的胜利，挫败了英、俄、普等国组成的第四次反法联盟，并打败普鲁士军队主力。1806 年 10 月 27 日，法军几乎兵不血刃地攻克普鲁士的首都柏林。1807 年 6 月 25 日，拿破仑和俄罗斯沙皇亚历山大在涅曼河中游一只设有篷帐的木筏上举行会晤。经过 14 天谈判，拿破仑最终在 7 月 7 日与沙皇签订了《提尔西特和约》，和约规定俄国承认法国在欧洲占领的土地，法国承认俄国对瑞典和土耳其的扩张，法俄结盟共同反对英国。

1807 年末，西班牙爆发内部动乱，拿破仑趁机入侵西班牙，囚禁西班牙国王，并让其长兄约瑟夫·拿破仑成为西班牙国王。1809 年初，英国和奥地利组成第五次反法同盟。奥地利在背后偷袭法国，拿破仑被迫退出西班牙，率军东征。法军和奥地利军队互有胜负，最后拿破仑的军队在 7 月 5 日、6 日的瓦格拉姆战役中夺得决定性的胜利，迫使奥地利签订《维也纳和约》，再次割让土地。次年，拿破仑娶奥地利公主玛丽·路易丝为妻，法奥结成同盟。至此拿破仑在欧洲的势力达到顶峰，欧洲大陆在 1812 年时除了俄罗斯外，大多数

周恩来对拿破仑有怎样的评价？

时势之英雄，固若是其众也，然非吾之所论于项羽、拿破仑也。夫二氏，世界之怪杰也。具并吞八荒之心，叱咤风云之气；勇冠万夫，智超凡俗；战无不胜，攻无不取；敌邦闻之而震魄，妇孺思之而寒胆；百世之下，犹懔懔有生气，岂仅一世之雄哉！是犹其勇之著于外也。若其关系于世界之进退，人类之盛衰，又非一时豪俊、二三学者所可同日而语。虽以帝王之尊、宗教之力、金钱之势，莫以易之。故二氏者，吾之所谓造时势之英雄也。

国家要么是法国的附庸国，要么被迫割地与法国结盟。

1812 年 6 月 24 日，拿破仑率军侵入俄罗斯帝国，数十万法军于 9 月占领莫斯科。但由于俄罗斯实行焦土政策，法军的后勤补给日渐困难，受冬日严寒的影响以及俄军游击战的骚扰，法军有生力量受到很大的损耗。俄军乘机还击，拿破仑军队被迫撤出俄国，最后撤到法国的军队只有 2 万多人，几乎全军覆没。

英、俄、普、奥等国借拿破仑兵败俄国之机组织了第六次反法同盟，在 1813 年 10 月 16 日至 19 日进行的莱比锡战役中，法军集中了 15.5 万人，而联军兵力是法军的两倍。联军分六路合围莱比锡，在反法联军的强大炮火攻势下，拿破仑被迫撤退。在败退途中，法军遭到联军的重大打击，只剩 5.6 万残兵败将。1814 年 3 月 31 日，反法联军占领巴黎，法兰西第一帝国崩溃，拿破仑被流放到地中海的厄尔巴岛，不久波旁王朝复辟，路易十六的弟弟路易十八成了法国国王。

（四）百日王朝和滑铁卢

波旁王朝在法国的统治并不稳固，法国军队和民众几乎都认为拿破仑才是他们真正的君主。1815 年 2 月 26 日拿破仑借机逃出小岛，率领 700 多名士兵于 3 月 1 日回到法国，一路上势如破竹。路易十八屡次派兵堵截，但是所有军队一见到拿破仑就阵前倒戈。3 月 20 日，拿破仑回到巴黎，路易十八逃跑，百日王朝开始。在此期间，拿破仑宣布波旁王朝统治告终，解散元老院和咨议院，废除封建头衔，没收波旁王侯领地，组织新内阁和整顿军队。

> **拿破仑的名言**
>
> 1814 年，俄、奥、普联军兵临巴黎城下，理工学校学生要求参战。面临灭顶之灾的拿破仑却说：“我不愿为取金蛋杀掉我的老母鸡！”后来，这句名言被刻在巴黎理工学校梯形大教室的天花板正中心，一直激励着该校师生奋发好学。

而此时在维也纳开会的欧洲君主得知拿破仑复辟的消息后大惊，马上纠集了近百万军队组成第七次反法联盟。1815 年 6 月 18 日，拿破仑指挥的 7 万法军和威灵顿公爵指挥的 6 万多英军会战于比利时的滑铁卢镇。正在英法军队僵持不下时，普鲁士军队突然赶到增援英军，和英军前后夹击，法军全面溃败。6 月 22 日，拿破仑宣布退位，结束了“百日”政权，英国人把他流放到大西洋圣赫勒拿岛。1821 年 5 月 5 日，拿破仑在岛上去世，结束了他不平凡的一生。

1840 年，当时的法国政府在国内拿破仑派的压力下，与英国进行外交交涉，把拿破仑的遗骸从圣赫勒拿岛运回法国。12 月 15 日，拿破仑的遗骸被安葬在巴黎残疾军人院教堂内，幕上写着：“拿破仑，皇帝和国王，1821 年 5 月 5 日在圣赫勒拿岛去世。”

英国历史学家约翰·罗斯在其所著的《拿破仑一世传》中这样写道：“尽管遭受了惨重的失败，但拿破仑在治理国家、焕发人民才智和运用战争艺术等方面，完全是超群绝伦、伟大至极。他是一个奇迹的创造者，这样一个驾驭法国革命、改造法国生活的人，这个给意大利、瑞士和德意志的新生活奠定了广泛而又深厚基础的人，这个发起了十字军东征以来最伟大的行动，使得西方势力再次冲向东方的人，这个最终把千万人的思念引向南大西洋那块孤独的岩石的人，必将永远屹立于人类历史上千古不朽者的最前列。”

默默无闻的拿破仑二世

拿破仑二世是拿破仑的幼子，全名为弗朗索瓦·约瑟夫·查里·波拿巴。他于 1811 年 3 月 20 日出生于巴黎的杜勒里宫，为拿破仑和皇后奥地利公主玛丽·路易丝所生。拿破仑一世中年得子，高兴异常，下令鸣放礼炮 101 响，宣布他为自己的王位继承人，并封他为“罗马王”。拿破仑退位后，拿破仑二世随母亲居住在奥地利。19 世纪二三十年代，拿破仑在法国尚有一定的力量和影响，1830 年推翻波旁王朝的七月革命后，个别起义者曾要求他到法国执政，拿破仑的支持者称他为“拿破仑二世”或“罗马王”。1831 年拿破仑二世身染重病，1832 年 6 月因结核病死于奥地利，年仅 21 岁。拿破仑二世在临死前感叹道：“拿破仑家族留给我的政治使命实在是太重了。”

五、德意志的统一

长久以来，德意志不过是一个地理概念，国内诸侯林立，处于四分五裂的状态。一直到新崛起的普鲁士在一代名相俾斯麦的领导下，通过“铁与血”力克强敌，一举实现了德意志的统一，欧洲大陆的政治面貌才为之一变。

（一）统一前德国的面貌

在德意志未统一前，虽然在德意志的大地上存在一个名义上的君主——神圣罗马帝国皇帝，但实际上德意志境内存在着300多个邦国，其中以南方的奥地利和北方的普鲁士最为强大。

拿破仑称霸欧洲时，在1806年迫使奥地利国王放弃了神圣罗马帝国皇帝的称号，并联合德意志西部和南部的16个小邦组成莱茵同盟。拿破仑失败后，1815年召开的维也纳会议决定在德意志组成德意志邦联，由德意志34个邦和4个自由市（汉堡、不来梅、卢卑克和美因河上的法兰克福）组成，奥地利代表主持邦联会议。“德意志邦联”完全是一个松散的政治联盟，德意志继续保持分裂局面。

（二）普鲁士的崛起

普鲁士地区古代的居民为古普鲁士人，属波罗的海种族，13世纪被条顿骑士团征服，1410年骑士团建立的国家被波兰—立陶宛联军击败，西部土地割让给波兰，东部仍属骑士团，但臣服于波兰，成为波兰的附庸国。1525年4月，条顿骑士团末代首领、霍亨索伦家族的阿尔布雷希特改信路德新教，并宣布将骑士团国家改为世俗的普鲁士公国，自立为公爵。1618 年，该公国因无男嗣，公爵位子被转让给霍亨索伦—勃兰登堡选帝侯继承。1660 年，勃兰登堡选帝侯又利用波兰与瑞典战争的机会，废除了波兰对普鲁士公国的领主权，取得对普鲁士的主权，建立起勃兰登堡—普鲁士专制政体。

▲腓特烈一世

1701 年 1 月 13 日，普鲁士公国成为王国，勃兰登堡选帝侯腓特烈加冕为普鲁士国王，称腓特烈一世，普鲁士的发展进入新的时期。历任国王通过各种手段扩展自己的疆土，先后夺取了西里西亚和西普鲁士。18 世纪，普鲁士已成为欧洲军事强国，官僚组织、军事组织及普鲁士容克地主的政治统治均获得巩固。

到 1772 年，普鲁士版图由勃兰登堡的 2.3 万平方公里，增加到 19.4 万平方公里，人口 540 万。在参与瓜分波兰后，其版图更增加到 30.5 万平方公里，人口 860 万，一跃成为欧洲强国。

1815 年维也纳会议后，普鲁士恢复军事强国地位，收回了被拿破仑夺走的绝大部分领土，并获得了一些新的领地。1822 年普鲁士已拥有 3 个省，疆域自东欧延伸至德意志中部和西部，占有最重要的工业区和经济最发达的地区，为其统一德意志奠定了经济基础。1815 年后的普鲁士成为德意志资本主义经济最发达的邦。1834 年，普鲁士领导组织了一个关税联盟，到 1854 年，除了奥地利之外，其他德意志各邦都参加了该联盟。关税的统一是经济统一的先导，是促进德意志统一的关键因素。

（三）“铁血宰相”

1815 年 4 月 1 日，就在滑铁卢战役的前夕，俾斯麦出生于勃兰登堡一个容克贵族家庭。俾斯麦 6 岁那年，便被母亲送到柏林的预备学校接受严格的教育。1832 年俾斯麦进入哥廷根大学学习，一年半后转入柏林大学，主攻法律，但他对历史和外语颇感兴趣。大学期间，他曾与同学发生过 28 次格斗，声名远扬。1835 年后，他在柏林的法院当过公务员，在王家卫队服过兵役，在阿亨地方法院当过法律报告员。强壮的体格，粗野的个性，追求目标的毅力，不择手段以及现实主义态度，构成俾斯麦的主要特点。1839 年，俾斯麦抛弃文官职务，回到其在波美拉尼亚的领地上亲自经营农业，他改变经营方式，实行深耕，改进农具，轮种作物，变成一个资产阶级化的容克地主。

1847 年，俾斯麦当选为普鲁士联邦议会议员，步入政坛，他先后于 1851 年、1859 年和 1861 年被任命为普鲁士驻德意志邦联议会公使、驻俄公使和驻法大使。1862 年 9 月下旬，俾斯麦应召出任普鲁士宰相兼外交大臣。9 月 30 日，他在普鲁士议会的“预算委员会”的第一次会议上，作了即席讲话。他用鼓动的言辞要求普鲁士内部停止对抗，“聚集力量”共同对外，同时宣称：“当代的重大问题不是用说空话和多数派决议所能解决的，而必须用铁和血来解决。”统一德国依靠“铁和血”，即凭借暴力，这是俾斯麦的纲领和信条，因此，他在历史上被称为“铁血宰相”。

铁血宰相的坚忍

俾斯麦给他妻子写的一封信中，曾有这样一段话：“在地球上所进行的事情，总是有一种堕落天使的特质：漂亮，却不意味着和平；概念伟大，也付出极大努力，亦不表示成功；骄傲，同时也孤独。”在俾斯麦的案头则有这样一句座右铭：“对于意志永不屈服的人，没有所谓的失败。”两句话相应和，正体现出了他的秉性所在。

（四）王朝战争

在俾斯麦“铁血”方针的指导下，战争成为实现德意志统一的唯一途径。丹麦和易北河之间，濒北海和波罗的海的两个小公国的归属——石勒苏益格和荷尔斯泰因成为普丹战争的导火索。石勒苏益格是一个居民大多为丹麦裔但也居住着大量日耳曼人的公国；荷尔斯泰因是一个居民以日耳曼人为主的公国。在很长的一段时间内，两地都由丹麦君主统治，但对于德意志而言，始终是一块“心病”。

1852 年 5 月 8 日，英、法、俄、普、奥、瑞典六国签订《伦敦议定书》，在确保荷尔斯泰因传统特权的前提下，丹麦国王仍以个人名义领有这两个公国。但到 1863 年，问题再次出现。丹麦国王死后无嗣，其外孙克里斯蒂安继承王位。两地的居民以古老法典规定“土地遗产不得传给妇女”，对此持反对态度。新继任的克里斯蒂安九世不仅不加理会，而且还通过新宪法，宣布取消石勒苏益格和荷尔斯泰因

▲普奥战争勋章（普鲁士）

的传统特权，要把它们直接并入丹麦王国。

于是，普鲁士决定以此为借口，联合奥地利，发动对丹麦的战争。1864 年 1 月，普奥对丹麦的战争爆发。普奥联军于当月即占领了荷尔斯泰因，2 月又占领了石勒苏益格，丹麦战败。10 月，双方签订《维也纳和约》，丹麦放弃对两公国的统治权。普鲁士得到石勒苏益格，奥地利占领荷尔斯泰因。

对丹麦的战争结束后，普奥矛盾尖锐起来，普鲁士开始着手准备对奥战争。在外交上，俾斯麦利用俄奥矛盾，取得了俄国在未来的普奥战争中保持中立的可能，并用含糊其词的“补偿”作诱饵，换取了法国的中立默契。1866 年 6 月，普军进攻荷尔斯泰因，普奥战争爆发。当时，欧洲许多国家都认为奥地利必胜无疑。但是，事态的发展出乎人们的意料。普军按照其周密的作战计划行事，行动迅速，攻势凌厉，速战速决，很快就控制了整个北德意志。7 月 3 日，普奥双方各投入 20 多万兵力在捷克境内的萨多瓦进行决战。双方势均力敌，旗鼓相当。在战役的紧要关头，普鲁士援军赶到，出击奥军右翼，打乱奥军阵脚。在这次战役中，奥军主力被击溃，普军直逼奥地利首都维也纳。8 月 23 日，普奥签订《布拉格和约》，奥地利答应退出德意志邦联，旧邦联宣告解散；承认普鲁士在莱茵河以北建立北德意志同盟；同意把荷尔斯泰因、汉诺威和法兰克福市等划归普鲁士。对奥战争的胜利，使普鲁士取得了德意志统一大业的领导权，大大加强了它在德意志的地位。

俾斯麦统一德国的第三步，就是 1870 年对法战争。拿破仑三世以南德诸邦的保护人自居，坚决反对德国的统一。1868 年出现的西班牙王位虚悬问题给俾斯麦提供了与法国开战的机会。他在背后促成西班牙议会同意将王位授予普鲁士霍亨索伦王室的利奥波德亲王。拿破仑三世提出强烈抗议，要普王作出书面保证，不再让任何普鲁士王族继承西班牙王位。普王同意不让利奥波德亲王继承西班牙王位，但拒绝作上述的书面保证。双方的外交交涉在普王的休养地埃姆斯温泉进行，普王把交涉内容用急电告知在柏林的宰相俾斯麦。俾斯麦于是篡改了急电中的几个字，特别是将最后一句“从长计议”改成“陛下和法国人已经再没有什么可谈的了”，然后在报上公布。报刊一登，感到受了侮辱的拿破仑三世于1870年7月19日向普鲁士宣战。装备精良的普军很快击败法军，并且越过边境。9月2日的色当战役，10万法军投降，拿破仑三世被俘。俾斯麦统一南德的障碍已除，但是他并不满足，而是驱兵直逼巴黎。1871年1月28日，法普签订《巴黎投降和停战协定》。5月10日，双方在莱茵河畔法兰克福签订《法兰克福和约》，规定法国赔款50亿法郎，割让阿尔萨斯和洛林部分地区。法国国力遭到极大削弱，德法就此结下世仇。

1871年1月18日，正是勃兰登堡选帝侯加冕为普鲁士国王的170周年纪念日，俾斯麦在法国的凡尔赛镜厅宣布统一的德意志帝国成立，普鲁士国王成了德意志帝国的皇帝，德意志的统一正式完成。

容克

德语Junker的音译，源自Jungerr，意为地主之子、小主人或年轻贵族，泛指普鲁士贵族大地主阶级。自16世纪起，其成员长期垄断普鲁士军政职位，掌握国家政权。19世纪中叶以前，容克的封建农奴制大庄园经济在普鲁士居统治地位。容克不仅是行政长官和诉讼案的裁判官，而且还直接经营、管理庄园。始于19世纪三四十年代的工业革命，使封建的容克经济在资本主义经济的冲击下迅速瓦解，容克开始资本主义化，成为资产阶级化的贵族地主。许多资产阶级化的容克成为政府首要人物，是普鲁士和德意志帝国统治的支柱力量。第二次世界大战后，容克作为一个阶级消亡。

六、意大利的新生

作为罗马帝国发祥地的意大利，自西罗马帝国灭亡后，一直处于分裂和混乱的局面。长期以来，小邦林立，四分五裂，意大利只是作为一个地理名词而存在。一直到 19 世纪后期，在马志尼、加富尔及加里波第等人的领导下，意大利的统一终于得以实现。

（一）意大利民族的觉醒

意大利具有光辉的历史和灿烂的文化。它是古代罗马帝国的本土，文艺复兴运动的故乡，又是近代资本主义的摇篮。在意大利历史舞台上，曾经演出过许多威武雄壮的历史剧目，出现过不少知名的历史人物，他们的活动曾对人类历史的进步作出了不可磨灭的贡献。

然而，自从罗马帝国灭亡以后，这个曾经盛极一时的国度长期陷于四分五裂、纷争不息的局面。中世纪罗马教皇和神圣罗马帝国之间的矛盾和斗争，大大削弱了这个国家的力量。从 16 世纪起，西班牙、奥地利和法国相继入侵意大利，各自在意大利建立了自己的附属国。

1796 年，拿破仑率军入侵意大利，把意大利分成了三个附属于他的王国。1815 年拿破仑帝国垮台，根据 1815 年维也纳会议的规定，意大利被分割为十个封建小邦。奥地利统治着北部的伦巴底和威尼斯，并且控制着托斯卡纳、帕尔马及莫登纳三个小公国。西班牙的波旁王朝恢复了对南部的两西西里王国的统治。罗马周围是教皇的领地，受到法国军队的保护。只有撒丁王国是个独立国家，其领土除了撒丁岛外，还有热那亚和皮特蒙。

▲烧炭党人会议

千年的分裂和外国长期的专制统治，使意大利民族意识被窒息，几乎处于麻木状态。当时情况正如马志尼所说："整个意大利，随着大笔一挥，自由被剥夺，改革被取消，希望幻灭了！"但是，到19世纪初，这个民族又重新苏醒，展开了争取民族独立和国家统一的伟大斗争。

1815至1830年，意大利的统一运动以烧炭党人的斗争为主。这个爱国组织的大多数成员属于下层劳动人民。拿破仑帝国覆亡后，数以千计的复员军人和失业的文职人员参加进来，成为中坚力量。他们在意大利一些城市组织暴动，采取恐怖手段暗杀外国官吏，焚毁仓库，偷袭军营，打击敌人。1831年4月，资产阶级民主派领袖马志尼在法国的马赛联络一批爱国侨民，创建了"青年意大利党"，领导意大利独立和统一运动。

1848年，意大利统一运动出现高潮迭起的局面。这年的1月12日，西西里岛首府巴勒莫爆发了人民起义，揭开了意大利革命的序幕。革命形势迅速发展，不久便席卷意大利全境。在人民起义浪潮的冲击之下，撒丁王国、那不勒斯王国、托斯卡纳公国以及教皇国等纷纷颁布宪法，组成资产阶级主导的内阁。3月18日、22日，米兰和威尼斯先后举行反奥民族起义，宣布成立共和国，不久整个伦巴第和威尼斯地区获得解放。3月24日，撒丁王国发动反奥民族战争，但由于实力不济，很快被奥地利打败。8月9日，撒丁王国同奥地利签订停战协定，奥地利恢复了对伦巴第、威尼斯、帕尔马和莫登纳等邦国的统治，意大利再次陷入分裂的局面。

（二）加富尔的富国强兵政策

1848年革命后，意大利其他各邦相继恢复了封建专制制度，只有撒丁王国的政权掌握在自由派手中，保留着革命时期颁布的宪法。它在政治上实行君主立宪制，经济上实行自由贸易政策，降低关税，鼓励开办银行，兴建新的工业部门等。撒丁王国成了意大利半岛唯一不受外国势力控制的最先进的资本主义邦国，许多自由派贵族和新兴资产阶级把意大利统一的希望寄托在撒丁王国身上。

▲加富尔

加富尔（1810—1861）出身于都灵一个贵族家庭，博学多才，受过军事教育，曾供职于军旅。22 岁时，他游学英、法等国，研究农业和社会情况。他崇拜英国君主立宪体制，并创办《复兴报》，撰文赞扬英国宪法，呼吁各邦进行社会改革，鼓吹以撒丁王国为中心，“自上而下”统一意大利。

1852 年，他出任撒丁王国首相，兼任外交部长，开始推行一系列富国强兵的改革。这些改革措施有：1. 大力发展工业，如兴修铁路，鼓励私人兴办企业，扩建热那亚港，建立商船队等。2. 实行自由贸易政策，先后与英国、法国、比利时及瑞士等国签订通商条约，并降低关税税率，在国内建筑铁路，改良荒田，振兴教育。3. 大力加强国防建设，建造堡垒，改编旧军队，逐年增加军队，改善军事装备。4. 限制教会和修道院的权力，将教会部分财产收归国有，剥夺教会的各种特权。这些改革的推行，增强了撒丁王国的国力，提高了王国在意大利人民中间的威望，从而为建立统一的意大利王国打下了基础。

加富尔深知，以撒丁王国单薄的力量，不可能驱逐外国侵略势力，实现意大利的统一。因此，他在外交上采取与法国结盟以打击奥地利的方针。1858 年 6 月 21 日，加富尔利用法奥矛盾，在法国避暑胜地普隆比埃与法国国王拿破仑三世会晤，双方达成联合对奥作战的秘密协定。拿破仑三世答应参加对奥作战，帮助撒丁王国收复奥地利占领的领土，加富尔则答应把萨伏依和尼斯割让给法国作为酬谢。

（三）统一战争的进程

1859 年 4 月 29 日，面对撒丁王国的挑衅，奥地利首先对撒丁王国宣战。战争开始后，撒丁王国和法国的军队很快攻克了伦巴第，托斯卡纳、莫登纳及帕尔马等邦国的民众也纷纷起来推翻封建政权，成立资产阶级政权。这时，加富尔抓住有利时机，用几个月的时间突击访问了中部这几个小邦，游说他们合并于撒丁王国。1860 年 3 月，这些小邦举行全民投票，正式宣布与撒丁王国合并。

而这时法国由于不愿意看到在其周边出现一个统一的强大的意大利，突然背信弃义，单独同奥地利讲和。7 月，法奥签订协议，奥地利答应交出伦巴第，将它归入撒丁王国，而威尼斯仍由奥地利占领。法奥协定签订后，加富尔屈从法国的政治压力，于 1860 年 3 月与法国政府缔结密约，将意大利的领土萨伏依和尼斯割让给法国，以换取法国承认伦巴第归还意大利以及中部各小邦合并于撒丁王国。

意大利南部的两西西里处在西班牙波旁王朝的统治之下。1860 年 4 月，西西里岛首府巴勒摩爆发了反对西班牙统治者的农民起义，加里波第率红衫军前往援助，同年 7 月解放了西西里岛。9 月，加里波第又率军攻入那不勒斯，彻底推翻了波旁王朝在意大利的统治，西班牙统治者在意大利的全部王国落入加里波第手中。加里波第准备成立独立的民主共和国，但由于受到加富尔的政治压力，根据 1860 年 10 月 21 日“全民投票”的结果，南部意大利并入撒丁王国。

加里波第

意大利爱国志士及军人。他献身于意大利统一运动，亲自领导了许多军事战役，是意大利建国三杰之一（另两位是撒丁王国的首相加富尔和创立青年意大利党的马志尼）。而由于在南美洲及欧洲对军事冒险的贡献，他也赢得了“两个世界的英雄”的美称。

1861 年 3 月 19 日，意大利王国宣告成立。撒丁国王伊曼纽尔二世正式改称为意大利国王，加富尔称首相。意大利除了威尼斯和罗马两个地区之外，已基本实现统一。1866 年 6 月 16 日，普奥战争爆发。6 月 20 日，意大利乘机向奥地利宣战，后来奥地利战败求和。10 月 3 日，意奥条约签订，威尼斯回归意大利。1870 年，普法战争爆发，罗马的法国驻军奉命回国参战。加里波第趁机再次组织志愿军向罗马进军，于 9 月 20 日解放了这个故都，教皇只得退居梵蒂冈。1870 年年底，意大利王国的首都从佛罗伦萨迁往罗马，意大利的统一大业终于大功告成。

烧炭党

公元9世纪初，意大利资产阶级自由派组成的秘密革命团体。1809年建立于意大利南部，因党员避入那不勒斯南部山林时，扮作烧炭工人，故名。1796年，拿破仑侵入意大利后，实行残暴统治，引起意大利人民的不断反抗，各地建立起许多反对法国侵略者的秘密团体，其中最为活跃的就是烧炭党。拿破仑帝国崩溃后，意大利仍处于封建割据的局面，遭受奥地利的民族压迫，烧炭党人继续展开活动，反对奥地利的统治，组织得到很大发展。该党的成员成分较为复杂，其中大多数是资产阶级、自由派贵族、军官和先进的知识分子。他们主张立宪，实行改革，限制专制政治，驱逐外国掠夺者，争取意大利民族独立，在群众中很有影响。1820至1821年间，曾在两西西里王国和撒丁王国发动起义。1831年2、3月，又在意大利中部的莫德纳、帕尔马和教皇领地罗曼纳等地发动起义，但由于没有明确和统一的政治纲领，没有发动和依靠广大人民群众，只采用密谋活动方式，因此均遭失败。自19世纪30年代初起，烧炭党逐渐退出政治舞台，但烧炭党人的活动对于唤起意大利人民的民族意识起到重要作用。

第六章

战争与和平

20 世纪上半叶，欧洲各强国之间的矛盾处于无法调和的状态，为了争夺领土、殖民地及商业利益，欧洲大多数国家卷入两次世界大战之中。战争的硝烟导致很多专制帝国崩溃，而对于战争结果的不满也导致了法西斯主义的上台。20 世纪二三十年代短暂的和平岁月，也只是作为矛盾的酝酿和战争的准备阶段而存在。

一、第一次世界大战

1914年8月，欧洲南部巴尔干地区萨拉热窝市的一声枪响，把几乎所有的欧洲国家都卷入一场惨烈的战争。在这场历时4年多的战争中，30多个国家、15亿人口被卷入，人类的精神和物质都遭到极大摧残，死伤遍地，哀号遍野，整个欧洲弥漫着死亡的气息。英国外交大臣格雷爵士说：“整个欧洲的灯正在熄灭，在我们的有生之年将不会再看到它们被重新点燃。”

（一）同盟国和协约国

普法战争战后和约的条件极为苛刻，不仅令法国失去了大片土地并付出巨额赔款，更是在法国人的心中种下了仇恨的种子。为收复失地和恢复国家荣耀，法国一直对德国虎视眈眈，图谋一雪往日的耻辱。而德国对此心知肚明，因此在其对外政策中，始终以削弱和防范法国为核心，俾斯麦曾说：“必须勒死法兰西，否则即便它化为灰烬还是会死灰复燃的。”为了防止法国报复，德国竭力联合其他欧洲各国孤立法国。为孤立法国，德国联合俄罗斯、奥地利组成了三国联盟，后来俄国和奥地利在巴尔干问题上出现不可调和的矛盾，于是德国、奥地利在1882年与意大利共同组成了三国同盟。

▼普法战争后，普鲁士大军经凯旋门进入巴黎。

德国在1870年通过王朝战争实现统一后，紧紧把握住第二次工业革命的机会，大力发展化学、电气工业，国力与日俱增。在19世纪的最后30年里，

德国工业生产指数增长了3倍，钢产量翻了5番，化学工业跃居世界第一。到1900年，德国的工业生产总值已跃居世界第二位，仅次于美国，在生铁、钢、机器制造和化学工业等领域都已明显超过英国。而作为一个具有浓厚军国主义传统的国家，德国具有很强的侵略性和掠夺欲，它特别垂涎老牌发达国家手中的广阔殖民地。

德国的迅速崛起，对英国构成了极大的威胁。到20世纪初，面对德国咄咄逼人的气势，英国显得有些力不从心。为使大英帝国利益不受德国侵犯，英国逐渐放弃不合时宜的光荣孤立政策，寻求盟友的帮助，建立反德的“统一战线”。作为德国死对头的法国就成为英国反德“统一战线”最先争取的对象。1904年，英、法签订联盟协定，建立了非正式的同盟关系。而此时，欧洲东部的俄国也感受到德国的威胁，德国支持下的奥匈帝国正在加紧向巴尔干地区扩张，直接威胁到俄国在该地区的利益。德国还积极向中东地区扩张势力，已取代英国成为俄国在中近东地区的劲敌。在共同敌人的威胁下，英、俄缓和了双方在亚洲地区的矛盾，于1907年8月签订协约，表示双方将在未来的国际事务中相互支持，共同对付来自德国的威胁，至此英、法、俄三国组成了三国协约。

为什么说巴尔干是欧洲“火药库”？

巴尔干半岛历来是兵家必争之地，它是欧洲东南门户，连着小亚细亚，是欧洲大陆通往中近东必经之路，同时巴尔干及地中海地区有丰富的煤、铁、石油和棉花等资源，各国资本都加紧向这里渗透，使该地成为列强争夺的焦点。

（二）巴尔干问题与萨拉热窝事件

在17世纪末，曾经不可一世的奥斯曼土耳其帝国已经衰落，逐渐沦为“近东病夫”，其在巴尔干半岛的统治也出现松动。而这一地区民族宗教复杂，小国林立，各列强都想借机向该地区渗透势力，因此，该地区在19世纪后成为欧洲各国纷争的焦点，被称为“欧洲火药库”。

奥地利在被普鲁士打败退出德意志以后，和匈牙利组成了奥匈帝国，对外和德国结盟，积极向巴尔干地区扩张势力。而俄罗斯则利用其与巴尔干地区斯拉夫民族同源同种的关系，提倡大斯拉夫主义，积极支持当地民众反对土耳其的斗争。在此背景下，巴尔干各族民众纷纷发起独立运动，试图摆脱土耳其的统治。塞尔维亚、罗马尼亚及保加利亚相继获得独立，而南斯拉夫的波斯尼亚和黑塞哥维那地区则由奥匈帝国托管。当地的南斯拉夫人不甘心忍受奥匈帝国和土耳其的统治，民族主义情绪十分严重。1908 年，奥匈帝国借土耳其发生革命运动之机，宣布吞并波斯尼亚、黑塞哥维那地区，引起与该地区同文同种的塞尔维亚民众的强烈愤怒。

▲ 斐迪南大公夫妇遇刺

1912 年和 1913 年，爆发了两次巴尔干战争，塞尔维亚成为胜利方，因此获得了马其顿的大片土地，它的实力和国际地位大为加强。塞尔维亚与奥匈帝国在巴尔干地区出现了激烈的矛盾，俄罗斯则为了夺得巴尔干的控制权，支持塞尔维亚与受到德国支持的奥匈帝国抗衡。一时间，巴尔干半岛战争阴云密布，一触即发。

1914 年 6 月 28 日，奥匈帝国皇太子斐迪南大公，到波斯尼亚首府萨拉热窝检阅当地军队。他一行乘车进入城内时，被 17 岁的塞尔维亚青年普林西比射出的“仇恨的子弹”击中，大公伤重毙命，萨拉热窝事件成为第一次世界大战的导火线。萨拉热窝事件之后，德国坚决主张奥匈帝国对塞尔维亚采取军事行动，并保证给予支持。俄国则表示支持塞尔维亚，法国支持俄国，英国不久也加入法、俄的行列，第一次世界大战在各国相继向敌国宣战的电文中拉开了帷幕。

（三）大战的简要经过

大战初期，同盟国方面除了德、奥之外，还有土耳其和保加利亚，而原来是三国同盟之一的意大利因和奥匈帝国不和，在 1915 年加入了协约国方面作战。协约国除了英、法、俄三国外，还有巴尔干地区的塞尔维亚、罗马尼亚及希腊等国以及比利时、葡萄牙等西欧国家，亚洲的日本、中国，美洲的美国、巴西、古巴也相继加入协约国一方。

第一次世界大战爆发后，德意志帝国基本上按照总参谋长阿尔弗雷德·冯·施里芬在战前制订的以“速战速决”为主要特征的“施里芬”计划，迅速向西推进，企图先击败法国，再回师对付俄国。德军在占领卢森堡和比利时后，在法国北部同法军展开了激烈的“边境交战”。德军很快获胜，逼近巴黎。最后，德军与英法联军在法国的马恩河两岸展开了殊死的血战，德军的进攻在英法军队殊死抵抗下受挫，德国速战速决的“施里芬”计划宣告失败，从此，战争转入旷日持久的阵地战。

在东线，俄军攻入东普鲁士，德国派兴登堡率军支援，在坦能堡战役中大败俄军，俘虏了20多万俄军官兵。但由于奥匈帝国在加利西亚被俄军所败，德军又集合力量对俄军发起猛攻，虽占领了俄国大片领土，歼灭大量俄军，但仍未摧毁俄军主力，德奥与俄国在东线也陷入对峙的僵局。

在巴尔干战场，德奥凭借雄厚的军力在1915年秋南下，很快占领了塞尔维亚和阿尔巴尼亚等国，后于1916年8月又占领了加入协约国作战的罗马尼亚，至此德奥几乎控制了整个巴尔干半岛。

进入1916年，德国把主力放到西线战场上。1916年2月21日，德军在凡尔登发起进攻，长达一年的凡尔登战役开始。凡尔登为通往巴黎的首要天险，法军在贝当元帅的领导下死战不退，德军最后猛攻5个月，仍无法攻克凡尔登，双方的损失都在50万人以上。为了牵制凡尔登的德国军队，以英军为主力的英法联军于7月在法国北部发起索姆河战役。一直到11月份，双方仍处于胶着状态。索姆河两岸大雨滂沱，被炮火破坏的地面变成一片片沼泽，部队连行进和生存都困难，进行战斗简直是不可能，索姆河战役这才不得不宣告结束。通过这次战役，英法联军虽然牵制住了德军，使其放松了对凡尔登的攻势，但也付出了巨大的代价，光英军损失就达42万人之多。

凡尔登绞肉机

凡尔登战役是第一次世界大战中破坏性最大、持续时间最长的战役，战事从1916年2月21日延续到12月19日，德、法两国投入100多个师的兵力，军队死亡超过25万人，50多万人受伤。伤亡人数仅次于索姆河战役，被称为“凡尔登绞肉机”。

在海上的战争主要为英德之战。1916年3月31日，双方的海军主力在北海的日德兰海域爆发了有史以来规模最大的海战，英国皇家海军舰队损失虽多于德军，但在战略上，英国海军成功粉碎了德国海军突破封锁的计划，牢牢掌握着制海权，使得庞大的德国舰队被困海港，无法发挥作用。

美国在战争初期一直隔岸观火，保持中立立场，并通过向交战方提供军需品大发横财。1917 年，德国为改变被动地位，发动了“无限制潜水舰战”，宣布不列颠岛周围海域为战区，所有船只都是德军攻击的目标。无限制潜水战使得协约国商船损失惨重，且严重损害了美国的利益，最后美国在 1917 年对德宣战，加入协约国一方。美军的大量海军舰只加入海战，大大加强了协约国方面的海上力量，德国的“无限制潜水舰战”宣告破产。

1917 年，俄国爆发革命，十月革命后成立的苏维埃政府单独和德国媾和，退出战争。德军东线的压力减轻了，于是集中兵力在西线做最后一搏。1918 年 3 至 7 月，德军对英法联军连续发动了 5 次大规模的进攻，最终都以失败告终。德国的战略态势大大恶化，军力和战略物资消耗殆尽，战场上的主动权转移到了协约国手中。在巴尔干战场，英法联军突破了保加利亚和土耳其军队的军事防线，在 1917 年 9、10 月，保加利亚和土耳其相继宣布投降。

在协约国强大的攻势之下，奥匈帝国的基础发生动摇。10 月 29 日，匈牙利首都布达佩斯爆发大规模罢工和起义。11 月 2 日，匈牙利宣布独立，奥匈帝国瓦解。11 月 3 日，奥地利承认战败，宣布投降。德国此时也自身难保，11 月 3 日，基尔港发生水军起义。11 月 9 日，柏林爆发革命，德皇威廉二世仓皇逃往荷兰。11 月 11 日，德国新成立的临时政府向协约国投降，双方签订了停战协定。至此，历时 4 年多的第一次世界大战宣告结束。

（四）一战的影响

第一次世界大战给交战国军民造成了巨大的损失，据估计，大战导致 1000 万人死亡，2000 万人受伤，600 万人失踪，经济损失达 2600 亿美元，战争的惨烈损失使得战后各国工商业陷入萧条，工人大量失业，民众陷入无限痛苦之中。

在政治方面，俄国、奥匈帝国、德意志和土耳其四个帝国政权被推翻，相继建立了共和制度。在苏联则出现了第一个共产主义政权，在东南欧也出现波兰、捷克、南斯拉夫及匈牙利等独立国家，欧洲的政治版图大为改变。英、法传统强国的国力和影响受到严重削弱，美国和日本的实力则大为增强。

《凡尔赛和约》

全称为《协约国和参战各国对德和约》，是第一次世界大战结束后由战胜国英、美、法、意、日等为一方，和战败国德国为一方签订的对德和约，因 1919 年 6 月 28 日在巴黎近郊的凡尔赛宫签订，而被称为《凡尔赛和约》。参加制定和约的 27 国代表中，美国总统威尔逊、英国首相劳合·乔治、法国总理克里孟梭起着操纵作用。和约共 432 条，主要内容有：德国把阿尔萨斯—洛林地区归还法国，其他许多边界地区割让给丹、比、捷、南、波等国；萨尔区由国联管理 15 年，其煤矿归法国开采，期满后举行公民投票决定其归属；德国的殖民地全部被英、法、日等国瓜分；德国向英、法、美等战胜国交付巨额战争赔款；协约国占领莱茵河左岸德国领土 15 年；限制德国军备，规定德国境内莱茵河以西整个地区和莱茵河以东 50 公里为非军事区，规定德国只可保留 10 万军队。其对德国的苛刻惩罚，导致德国上下层民众萌发强烈的民族主义复仇情绪，为日后德国纳粹的崛起提供了条件。

二、俄国二月革命与十月革命

沙皇俄国在第一次世界大战战事失利的危机中，终于无法挽回其灭亡的命运，被民众发动的二月革命所推翻。而革命后建立的临时政府根基薄弱，面对复杂的国内外危机局面软弱无力，处置失当。列宁领导的布尔什维克党借机发动十月革命，推翻了临时政府，建立了世界上第一个共产主义政权。

（一）俄国革命的背景

19 世纪以来的沙皇俄国，是当时欧洲最为黑暗和专制的国家，历代沙皇奉行专制独裁统治作风，政治上重用奸臣，腐化堕落，秘密警察横行，中央和地方的官职都由贵族垄断，他们拥有免税和免役的特权，普通民众在政治上的权利被剥夺殆尽，阶级矛盾非常尖锐。

俄国是一个以农为本的国家，国内的资产阶级力量十分薄弱。1861 年，为了巩固政权，沙皇亚历山大二世进行了农奴制改革，宣布给予国内 2600 万农奴以人身自由。被解放的农奴虽然可以利用政府贷款向地主购买土地，但必须负担苛刻的地租和税赋，生活状况没能得到多大改善。

▼ 亚历山大二世

19 世纪，俄国也开始进行工业革命。到 19 世纪末，俄国建造了 2.2 万公里的铁路，冶金和燃料工业也得到长足发展，工人数量大增，当时俄国各行业的工人已经达到 279 万。但俄国工人的处境要远差于西欧国家的工人，他们工资低廉，工作时间长，工作环境恶劣，工人的不满情绪与日俱增，工人运动成为后来俄国革命的主导力量。

（二）共产主义政党的建立与发展

在政治腐败和经济萧条的形势下，俄国出现了很多反对旧制度的新思潮，如巴枯宁与克鲁泡特金的无政府主义、托尔斯泰的不抵抗主义。最后，马克思的共产主义思想由西欧传到俄国，经过普列汉诺夫和列宁等人的宣传，在当时的知识界和工人阶级队伍中有着广泛的影响，出现了很多带有共产主义色彩的政党，如社会民主工党、社会革命党、立宪民主党等。

俄国社会民主工党于 1898 年 3 月在明斯克召开第一次代表会议，宣告成立。到 1903 年召开第二次代表会议时，以列宁为首的马克思主义者，同以马尔托夫为首的改良主义分子在制定党章时发生尖锐分歧，大会在选举中央领导机关成员时，拥护列宁的人得多数票，称布尔什维克（意为多数派），马尔托夫等得少数票，称孟什维克。

从此，在俄国社会民主工党内出现了两个政治观点对立的派别。布尔什维主义的出现，标志着新型无产阶级政党在俄国的建立，标志着列宁主义的诞生。列宁后来指出："布尔什维主义作为一种政治思潮，作为一个政党而存在，是从 1903 年开始的。"

（三）二月革命

在第一次世界大战中，俄军被装备与指挥水平远胜于自己的德军打得落花流水，近 600 万俄国士兵在战争中伤亡或成了德军的俘虏，前线士气低落，连战连败，后方经济萧条，粮食产量锐减，出现严重的饥荒，物价高涨。

1917 年 2 月，食物短缺，民不聊生，加上经济崩溃，大规模革命起义的诱因业已齐备。1912 年 3 月 3 日（俄历二月），俄国首都圣彼得堡（又名彼得格勒）的工人率先发动罢工，拉开了革命的序幕。之后几天，罢工工人云集圣彼得堡，局势渐趋紧张。3 月 8 日，示威者为庆祝国际妇女节而举办一连串聚会与集会，并渐渐把示威活动政治化。参与者首次使用在俄国较为敏感的口号，如"反对战争”“结束专政”等。沙皇尼古拉二世派军警镇压，警民冲突，双方互有死伤，后来相当多的士兵在革命群众的感召下，反向倒戈，支持起义，令起义浪潮更趋激烈。此时，沙皇已深感不安，于是解散国会杜马，并下令强迫工人复工。但议员和工人都不听命，反而各自成立新的政权，圣彼得堡工人和士兵建立了革命政权——工兵代表苏维埃，国会杜马成立了国家杜马临时委员会。

▲ 最后的沙皇尼古拉二世

尼古拉二世见大势已去，被迫于3月15日宣布退位，并让位于其弟米哈依尔。但米哈依尔拒绝即位，这样，统治俄国达304年的罗曼诺夫王朝在战争与革命的浪潮下土崩瓦解，二月革命获得胜利。

二月革命之后，原属政府的国会杜马与圣彼得堡工人建立的苏维埃争夺政府领导权。双方最后和解，决定成立一个临时政府。临时政府接管圣彼得堡的政权，由属于立宪民主党的利沃夫任首脑。但由于苏维埃渐渐壮大，临时政府的统治能力非常有限。虽然苏维埃最初支持临时政府，但其后来掌握了军队、工厂和铁路，又得到工人支持，故此拒绝加入临时政府。因此，俄国就形成了“双重政府”之局。

（四）十月革命

临时政府虽然表达出改革的愿望，但仍坚持对德作战，从而在国内引发了反战的抗议，利沃夫被迫下台，由克伦斯基任政府首脑。

此时作为俄国社会民主工党的左派力量借机发展势力，列宁从瑞士回国，主张立即停止战争，俄国实行无产阶级专政，一切政权归苏维埃，由工人管理工厂，农民均分土地。布尔什维克的主张很快得到越来越多民众的拥护，实力与影响大增。

1917年11月7日（俄历十月）晚，列宁领导的布尔什维克“赤卫队”向临时政府所在地冬宫发动进攻，并于次日凌晨2点占领冬宫。克伦斯基逃离圣彼得堡，随后纠集军队企图反扑，也很快被布尔什维克击败，克伦斯基逃离俄国。布尔什维克宣布推翻俄国临时政府，成立了以列宁为首的临时政府，这就是历史上的“十月革命”。

十月革命后，苏维埃政府与德国签订《布列斯特条约》，正式退出第一次世界大战。1918 年 1 月，列宁下令解散刚成立的立宪会议，另行建立一个由苏维埃，即工人委员会所组成的政府。之后，苏俄通过新宪法，确立了无产阶级专政的政体。后来布尔什维克改称俄国共产党，并于 1922 年改国名为苏维埃社会主义共和国联盟（简称苏联），迁都莫斯科。

杜马

根据俄文音译而来，在俄文中原意是“思想、思维”，后又引申为“会议”之意。作为俄国中央和地方咨议机关的名称，在历史上存在着三种形式：（一）大贵族杜马。15 至 17 世纪，由沙皇亲信贵族组成的咨议机关，协助沙皇解决有关立法、司法及行政等大问题。1711 年，彼得一世设立参政院处理政事，大贵族杜马形同虚设。（二）城市杜马。十月革命前，俄国的市参议会于 1785 年成立，管理城市经济和市政事务。1870 年后，由有房产者、商人、工厂主和缴付巨额税款的纳税人选出代表组成城市杜马。（三）国家杜马。1905 年爆发革命运动后，沙皇尼古拉二世为缓和政治危机，于同年 9、10 月宣布召集“国家杜马”，赐予一定权力。杜马的权力不大，但名义上是国家的议会。最开始时作为沙皇俄国的国家咨议机关，后在工人罢工的压力下改为立法机关。沙皇政府竭力削弱杜马的权力，同时限制工人、农民的选举权，使杜马为地主资产阶级及其政党所控制。十月革命前夕，临时政府在 1917 年 10 月 6 日颁布命令，正式解散了国家杜马。1993 年，俄罗斯对于议会下院恢复“国家杜马”的称呼。

三、法西斯主义的兴起

一战以后，资本主义世界出现严重的经济和社会危机。这时，在德国和意大利等国家出现了法西斯主义思潮，希特勒、墨索里尼等法西斯政党首领，利用社会危机和民众的不满思变情绪，借机夺取了政权，他们上台后实行了一系列专制和扩张政策，直接挑起了第二次世界大战，给人类带来了深重的灾难。

（一）意大利法西斯党的崛起

第一次世界大战结束后，意大利虽然以四大战胜国之一的身份出席巴黎和会，但在《凡尔赛和约》中，英、法对意大利原先所作的许诺并未兑现，特别是位于亚德里亚海的港口阜姆被划给了新成立的南斯拉夫，导致意大利国内民族主义情绪高涨。而意大利在这次战争中总共动员了500万人，死亡65.5万人，伤残145万人，财产损失达150亿美元。因此，意大利对《凡尔赛和约》强烈不满，民族主义分子借机发动了一场反对《凡尔赛和约》的政治运动。民族主义分子邓南遮组建了一支由2500名退伍军人和狂热的民族主义分子参加的义勇军，于1919年9月12日占领阜姆城，并宣布阜姆与意大利合并。但在1920年，意大利政府迫于国际压力，和南斯拉夫签约，承认阜姆为一独立的自由邦，此举让当时的意大利政府颜面扫地。

一战后，意大利有100多万士兵退役，这些人主要来自农村，多数是无地或少地的农民。王国首相曾在他们入伍时许诺：退伍时分给他们土地，但战后政府却拒不履行这个诺言。退伍军人对现政权不满，他们期望有人能帮助自己改变现状。此时，国内工商业一

▲ 意大利法西斯党魁墨索里尼

片萧条，通货膨胀，失业严重，工人运动此起彼伏，政局动荡不安，资产阶级迫切希望能有强人出现稳定政局，维护他们的经济利益。

就在这时，退伍军人墨索里尼凭着自己敏锐的政治嗅觉，在动荡与混乱中发现了机会，看到了乱中夺权的希望。

墨索里尼 1883 年出生于一个铁匠家庭，他从小好勇斗狠，具有极强的政治野心。1900 年，墨索里尼加入当时的左翼政党——意大利社会党，他曾担任《前进》报的编辑，经常写文章和发表演说，公然鼓吹战争，不久后退出了社会党。1915 年，他应征入伍，由列兵升为军士，后因负伤而复员。1919 年 3 月，他联合一些退伍军人正式建立法西斯组织，取名“战斗的意大利法西斯”，因党员都穿“黑衫”，被称为“黑衫军”。墨索里尼为法西斯党员制定了极其严格的纪律，要求他们绝对服从领袖，不惜牺牲自己的生命，并提出了“信仰、服从、战斗”的口号。由于法西斯党迎合了意大利国内一股仇视共产主义的情绪，势力迅速膨胀。

1920 年 8 月 30 日，意大利北部地区爆发了 60 万工人占领工厂的运动，“战斗的意大利法西斯”中央委员会此时成为镇压工人运动的先锋队。法西斯分子在政府当局的纵容下，开始对工人阶级采取大规模的暴力行动。他们袭击和捣毁工会，殴打、杀害工人和革命者。法西斯分子在采取行动时，个个手提大棒，因而又被称为“棒喝队”。在短短几个月的时间里，法西斯分子的暴力恐怖政策收到了使资产阶级满意的效果。

（二）向罗马进军与法西斯独裁统治的建立

随着法西斯势力日益壮大，墨索里尼的野心也越来越大。1921 年 11 月，墨索里尼把“战斗的意大利法西斯”改组为“国家法西斯党”，并成为法西斯党的领袖。1922 年，社会党为抵制国家法西斯党参加政府，发起了全国总罢工，而墨索里尼以此为借口，命令其党军占领意大利北部和中部各州，并掌握了米兰市的控制权。10 月 24 日，墨索里尼在那不勒斯召开了有 3 万名法西斯分子参加的大会，墨索里尼在向黑衫队讲话时表示，法西斯即将“向罗马进军”，夺取国家政权。10 月 27 日，近 3 万名身着黑衫、全副武装的法西斯党徒，分成四路向古都罗马进军，一路上，他们畅通无阻，占领了许多城镇以及邮电局、火车站等重要设施，几乎没有遭到政府军队和警察的任何抵抗。面对这种局面，当时的首相法吉塔要求签发戒严令，镇压法西斯党的叛乱行动。但国王惧于法西斯党的强大力量，拒绝签发，他下令解散意大利政府，邀请墨索里尼组阁。这样，墨索里尼登上了意大利首相的宝座。

▲ 黑衫军向罗马进军

墨索里尼上台后，大肆排斥异己，扩张法西斯党的势力。他首先下令禁止一切反对党的活动，严厉检查言论和出版领域，赋予首相厘定法令的特权，剥夺议会的立法权力，要求大学教授必须由法西斯党员担任，法西斯党借机接管了地方政府的权力。墨索里尼作为国家的最高首脑，身兼三军总司令，到 1939 年，更是兼任了 8 个部长的职务，权倾朝野，集党政军大权于一身。

（三）德国纳粹兴起的背景

按照一战后签订的《凡尔赛和约》的规定，德国为战争的失败付出了惨重的代价。德国失去了所有的海外殖民地和其欧洲国土的 13%，由于阿尔萨斯和洛林又被法国夺去，德国的煤产量减少了 19%，钢产量减少了 74%。战后德国经济凋敝，工业一蹶不振。

按和约规定，德国必须偿还 1320 亿马克的战争赔款，战后成立的德国魏玛政府无力偿还，只得增税和滥发纸币，造成恶性通货膨胀，到 1922 年，德国经济已经面临崩溃。1923 年，法国以德国不偿还赔款为借口，联合比利时出兵占领了德国最重要的工业区——鲁尔，此举造成德国工业生产全面停顿，对德国的经济构成致命一击，广大民众承受着失业、丧失财产、食不果腹的痛苦，对政府日渐不满，民族主义狂热情绪日渐高涨。恶性通货膨胀、高失业率与生活质量大幅下降，再加上《凡尔赛和约》对德国的严厉制裁，更是令生活朝不保夕的德国人沉浸在强烈的民族主义复仇情绪中，由纳粹党领导的民族社会主义运动，就这样在德国逐渐发展起来。

（四）纳粹党和希特勒

纳粹党的前身为1919年1月5日在慕尼黑建立的德国工人党，纳粹党的成分十分复杂，既有狂热的民族主义分子、种族主义空谈家，也有殷实的资产阶级，还有一般店主、职员、工人和农民。同年9月，以德国陆军政治工作职员身份到慕尼黑监视调查的阿道夫·希特勒，认为该党是实现自己政治野心的绝佳平台，于是加入该党，并成为领导委员会的第七名委员，开始参与该党的主要活动。

希特勒于1889年4月20日出生在当时奥匈帝国与德国巴伐利亚边境地区的莱茵河畔一个名叫布劳瑙的小镇，父亲是当地海关的一名普通职员。希特勒6岁时，全家搬到奥地利，他还被送到一家公立学校读书。1906年，17岁的希特勒孤身来到维也纳，计划报考当地艺术学院，但是考试落榜，在维也纳过了几年落魄的流浪汉生活。一战爆发后，希特勒应征入伍，成为陆军下士，担任团部传令兵，后来负伤回到国内疗养。1919年，他来到德国陆军军区司令部政治部新闻局任情报员。

▼墨索里尼与希特勒在一起

凭借着演讲特长和出众的组织才能，希特勒成为德意志工人党的骨干力量。1920年4月，德意志工人党改名为“民族社会主义德意志工人党”，根据德语“国家社会主义”的缩写字母读音而简称纳粹党，并于9月30日正式在慕尼黑登记。

希特勒于1921年7月修改纳粹党章，改组纳粹党，确立了"领袖原则"，并担任该党主席，拥有独裁权力。1923 年 11 月 8 日晚，希特勒在慕尼黑发动"啤酒店暴动"，扣押巴伐利亚州军政官员，宣布"全国革命已经开始"。经过次日同警察的流血冲突，纳粹的首次夺权阴谋活动失败了。希特勒被捕，判刑五年。但希特勒于 1924 年 12 月 20 日获释，他在狱中著成《我的奋斗》。

希特勒的替身

一份美国联邦调查局的秘密报告显示，希特勒拥有至少四个替身，这些替身都是由纳粹高级情报官马格达·泽特菲德帮希特勒找来的，马格达制造了四个以假乱真的替身。四个替身都和希特勒拥有同样的身高和体形，他们连走路和说话的方式都和希特勒一模一样。

（五）纳粹独裁统治的建立

1929 年，世界经济危机爆发，德国经济再度陷入崩溃状况，失业人数达 300 多万，生产削减，税收减少。希特勒及纳粹党以民族复兴和变革现实为号召，向社会各阶层分别许诺，乘机展开大规模的宣传和竞选活动。结果在 1930 年 9 月的国会选举中，纳粹党获得 650 万张选票，在国会得到 107 个席位，一跃成为德国第二大党。在 1932 年 7 月的国会选举中，纳粹党获得 37.4% 的选票，拥有 230 个席位，成为国会第一大党。这时，德国经济危机加剧，政局极度混乱，许多工商资本家急欲物色强有力的人物组织政府，因此希特勒成为他们新的希望。在大资本家的支持下，1933 年 1 月 30 日，希特勒终于获得兴登堡总统的信任，出任政府总理，组织内阁。

希特勒上台后，马上着手建立独裁统治。1933 年 2 月，他解散国会，并制造旨在迫害共产党和反对派的国会纵火案，大肆逮捕共产党领袖。3 月，希特勒操纵的新国会通过授予希特勒为期四年全权处置国内事务权力的法案，希特勒借此解散了所有反对党和工会。紧接着，他取消各州议会，使各州政府完全服从中央。自此，纳粹党成为德国唯一的政党。8 月 2 日，希特勒在兴登堡去世之后，兼任总统和总理，既是纳粹党的领袖，又是国家元首和政府首脑，其统一的头衔为"国家元首兼总理"。此外，希特勒还是武装部队的最高统帅。至此，希特勒领导的纳粹法西斯独裁统治正式建立。

德国纳粹党徽的来历

德国纳粹党徽所运用的卐字，又称钩状十字架，可以向左也可以向右。而纳粹德国纳粹党的标志是45°右旋，与此有区别。纳粹相信雅利安人的血统正被低劣人种的血所污染，只要消灭外来血统，新雅利安超人就将统治世界。为证明他们比较优秀，纳粹探究所有的神话与宗教，能牵连上雅利安人的信仰一律断章取义拿来引用。第一个被引用的是早期日耳曼民族共有的神祇索尔，他是北欧神话中的雷神，卐是他的槌子，索尔是深具男子气概的嫡神。古挪威人把卐字当作极地太阳的象征，异教君主因其蕴含生命与好运而广为膜拜。再加上卐造型内含十字架，被称为钩型十字架，又与基督教扯上关系。

希特勒在《我的奋斗》一书中写道："这是一个真正的象征，红色象征我们这个运动的社会意义，白色象征民族主义思想，卐字象征为雅利安人胜利而奋斗的使命。"因此，目前可以确定的是：配色与制图确实是由希特勒本人设计，但是此标志的图形是取材于北欧神话的雷神之锤标志，延伸解释为白人至上主义的象征，最后再硬套上雅利安人的种族主义偏见。

▲ 纳粹党徽

四、第二次世界大战

《凡尔赛和约》并没能解决欧洲各强国之间深层次的矛盾。一战之后的 20 年中，欧洲始终处于一系列动荡和危机之中，最终在德意法西斯一阵阵侵略扩张的号角中，第二次世界大战拉开了帷幕，人类文明世界再次陷入一场空前惨烈的历史浩劫之中。

（一）法西斯的对外扩张

希特勒上台后，马上组织扩军备战，穷兵黩武，他于 1935 年将德国陆军由 10 万扩充到 60 万，并在 1936 年公然违反《凡尔赛和约》的规定，命令德军进入莱茵河非武装区。1938 年 3 月，希特勒利用奥地利国内的亲德势力，以军事威胁为手段，吞并了奥地利，把它变为纳粹德国的一个省。之后希特勒借口捷克斯洛伐克苏台德区的德国裔居民受到迫害，于 1939 年陈兵德捷边境，发出战争威胁。当时英、法等国在和平主义的气氛下实行绥靖政策，企图牺牲小国利益，以保持欧洲的和平局面。这更助长了希特勒的侵略气焰，他的要求也与日俱增，又要求兼并苏台德区。

▼ 1935 年的德国阅兵

为了避免战争，9 月 29 日，英国首相张伯伦与法国总理达拉第、意大利首相墨索里尼及德国元首希特勒一起，在慕尼黑举行四国首脑会议，商讨割让苏台德事宜。最终签署了将捷克斯洛伐克的苏台德区及与奥地利接壤的南部地区割让给德国的《慕尼黑协定》。1939 年 3 月，得陇望蜀的希特勒索性吞并了整个捷克斯洛伐克。

出于共同利益的需要，德国和意大利迅速接近。1936 年 10 月，两国缔结了军事政治同盟条约，成立了德意轴心。德国还利用英、法和苏联的互不信任以及苏联向东欧地区扩张的企图，在1939年8月和苏联签订了《苏德互不侵犯条约》，稳住了苏联，避免了一战时两线作战的困境。

万事俱备后，波兰成为纳粹德国的下一个目标。直到此时，英、法才意识到战争已经不可避免，只得放弃绥靖政策，宣布采用一切手段保卫波兰的领土完整。为了制造进攻波兰的借口，希特勒煞费苦心地导演了“波兰人”袭击德国电台的闹剧。1939年8月31日深夜，数十名化装成“波兰军人”的德国囚徒，在纳粹党卫军指挥下，向地处德波边境的德国格雷威茨电台发起突然袭击。随即遭到事先埋伏在电台四周的党卫军的机枪扫射，几分钟之内全部毙命。一名纳粹摄影师立即对战斗现场进行了拍照。翌日的德国各大报纸，全都刊登了“波兰人”入侵德国的新闻照片。1939年9月1日凌晨4点45分，德国160万大军以迅雷不及掩耳之势，从东北和西南两个方向实施闪电战，全力进攻波兰，并派4000架飞机轰炸波兰各大城市。战争已经不可避免，英、法随即对德国宣战，第二次世界大战正式爆发。

（二）战争的进程

在德军闪电战的攻击下，猝不及防的波兰军队全线溃败，而苏联为了维护自己的利益，也在9月17日进军波兰，在波兰背后猛插一刀。9月28日，波兰首都华沙被德军攻克，波兰不久被德国和苏联瓜分，波兰再次亡国。

1940年5月，德军开辟西线战场，上百万全副武装的德军潮涌般扑向北欧和西欧，北欧的丹麦和挪威很快败降。到5月底，荷兰、比利时和卢森堡也被德国占领，通向法国的门户洞开。5月12日，德军出兵阿登森林，绕过法军的防线袭击法国，长驱直入，直指巴黎。法军无力抵挡德军的强大攻势，连连败退，英法联军在5月底被困于法国边境的敦刻尔克港口。英国在一周时间里动用了它能利用的一切海上运输工具，将33万英军和一部分法军撤回英国本土。6月14日，巴黎被德军占领。6月20日，法国总理贝当宣布对德投降。德国与贝当政府签约，由德国直接占领法国北部，而南部地区则由贝当在维希建立的傀儡政府管理。80 多岁的贝当活像一个可笑的君主，在法令的开头必自称为 :“我，法国元帅、法国元首……”

德国在占领法国后，又把侵略的矛头对准了英国。因德国的海军力量不及英国海军，于是希特勒决定通过空中打击摧毁英国的抵抗意志，迫使其媾和。因此，从 8 月 5 日起，德国每天出动一千多架飞机，对英国的大中城市进行狂轰滥炸。在海上，德国沿袭一战的策略，用潜艇攻击英国的船只。英国在德国的攻击下损失惨重，但英国军民在首相丘吉尔的领导下进行了不屈不挠的抵抗，终于挺过了德军的攻击。到 1941 年 5 月，不列颠空战结束，英国取得了抵抗德军进攻的胜利。

▲ **祖国——母亲在召唤**

这是二战期间苏联最有影响力的海报之一。它号召苏联广大青壮年拿起武器，奔赴前线抗击德军的入侵。

德军在进行不列颠空战的同时，于 1940 年 9 月出兵巴尔干，保加利亚、罗马尼亚及匈牙利等国先后被迫加入轴心国集团，沦为德国的仆从国。1941 年 4 月，南斯拉夫宣布投降。1941 年 4 月，德国支援屡攻希腊不利的意大利军队，很快打败了希腊军队主力，至此轴心国占领了整个巴尔干半岛。

德国占领巴尔干后，把侵略的矛头对准了苏联。1941 年 6 月 22 日，德国对苏联不宣而战，500 多万德国及其仆从国的军队排山倒海般攻入苏联。战斗力、指挥能力和装备远逊于德军的苏联军队遭遇了波兰军队同样的命运，连连败退，百余万苏军被德军歼灭，白俄罗斯、乌克兰及波罗的海沿岸接连被德军占领。到 10 月 20 日，德军已经推进到莫斯科郊外，但此时德军已成强弩之末，后勤补给日渐困难，官兵一直得不到有效的休整，恰逢苏联的严冬来临，德国面临着与一百多年前拿破仑军队同样的困境。同年 12 月，在苏军有效的反攻下，德军被迫后退，德军的闪电战计划在幅员辽阔的苏联没能取得成功，此后双方转入长期的攻防战。

日本为了配合德国在欧洲的攻势，同时达到其称霸东亚的野心，发动了太平洋战争。1941 年 12 月 7 日，日本战机突然袭击美国在太

▲ 正在向内陆推进的盟军士兵

平洋上的海军基地——珍珠港，使美国的人员、船只和战机都遭受到惨重的损失。第二天，美国国会一致通过决议对日宣战。三天后，德、意也对美宣战，第二次世界大战全面升级。

1941 年 8 月，英国首相丘吉尔和美国总统罗斯福签订了《大西洋宪章》，申明英、美作战的目标是打击并摧毁法西斯势力，并无意夺取轴心国的领土。1942 年 1 月 1 日，美、英、法、苏等 26 国代表在华盛顿签署了《联合国家宣言》，表示拥护《大西洋宪章》的宗旨和原则，美、英、法、苏四国共同约定不和轴心国集团单独媾和。

1942 年夏，德军出动 150 万军队围攻苏联南部城市斯大林格勒，苏军殊死抵抗，双方展开了激烈的巷战。到 1942 年 11 月，苏军挫败了德军的进攻，并展开了顽强的反攻，包围了德军的第六集团军。1943 年 1 月，苏军发动总攻。2 月 2 日，德军统帅保卢斯投降，苏军全歼被围的 33 万德军。此后，苏军获得了战场的主动权，发起各路攻势，把德军赶出了苏联国境。

1942 年，德军在著名统帅绰号“沙漠之狐”的隆美尔的指挥下，在北非战场连败英军。1942 年 10 月，英军在蒙哥马利将军指挥下，在北非发动阿拉曼战役，重挫隆美尔的非洲军团。11 月 8 日，美英盟军占领了摩洛哥和阿尔及利亚，进逼突尼斯。1943 年 5 月 13 日，25 万德意军队向盟军投降，北非战场成为盟军最先取得全面胜利的战场。

7 月 10 日，盟军又从北非地区起航，在意大利的西西里岛登陆，进军意大利本土。意大利军队本来就不强，加之国民厌战，法西斯政权统治危机四伏，1943 年 8 月，意大利国内发生政变，墨索里尼法西斯政府垮台。9 月 8 日，意大利无条件投降，英国广播公司广播了意大利投降的正式文告。

1944 年 6 月 6 日，200 多万英美盟军经过周密的准备，出动 4000 多艘战舰、1.1 万架飞机，冒着狂风骤雨横渡英吉利海峡，直奔法国的诺曼底海岸。盟军登陆后，迅速抢占滩头阵地，向纵深扩展。在与德军经过近两个月的激烈交战后，盟军于7月24日取得了诺曼底登陆战役的胜利，顺利开辟了欧洲的第二战场。1944年8月25日，巴黎光复，戴高乐成立法国临时政府。到11月，盟军已经进逼到莱茵河畔，战事由此转入德国境内。1945年1月，在遏制住德军顽强的反攻后，盟军大举进攻德国。3月越过莱茵河，占领了德国的中部和西部大片地区，而此时东部战场的250万苏军也展开了全面的反攻。4月25日，英美盟军和苏联军队在易北河会师，德国被一分为二。4月26日，苏军对柏林发起了总攻。4月30日，希特勒在绝望中自杀身亡。5月1日，柏林的德国守军停止抵抗。5月2日，英美盟军进入西柏林。5月8日，德国宣布无条件投降，二战的欧洲战场胜利结束。

在太平洋战场，美军于1945年2月收复了菲律宾首都马尼拉，并开始把战火推向日本的本土。1945年8月6日、9日，美国向日本的广岛和长崎各投下了一颗原子弹，造成数十万当地军民伤亡，从根本上摧毁了日本法西斯的作战意志。8月8日，苏联对日宣战，近百万远东部队进攻中国的东北，日本的关东军全线溃败。8月15日，日本宣布无条件投降。9月2日，日本政府代表和盟军签署了正式的停战投降文件，第二次世界大战至此以盟军的彻底胜利而结束。

今天，枪炮沉没，一场大悲剧结束了，一个伟大的胜利赢得了。天空不再降临死亡，海洋只用于贸易，人们在阳光下可以到处行走。全世界一片安宁和平，神圣的使命已经完成我们体验了失败的痛苦和胜利的喜悦，从中领悟到绝不能走回头路。我们必须前进，在和平中维护在战争中赢得的东西。

——1945年9月2日美国驻日总司令道格拉斯·麦克阿瑟在东京受降仪式向全世界人民发表的讲话

（三）二战的影响

第二次世界大战历时6年，战火蔓延到欧、亚、非三大洲。全世界共60多个国家，4/5的人口卷入战争，双方动员的兵力达7000万人，阵亡的军人约1000万人，平民死于战争者达1200万人，至于死于集中营或因营养不良而死亡的无辜平民也超过1000万，战争给人类造成了巨大的灾难。在经济上，各交战国的财产损失估计达3万亿美元以上，是一战损失的10倍。战后，除了美国外，参战各国的经济都普遍处于萧条状态。

经过二战的冲击，英、法等欧洲强国国力已大不如前，二战后，亚洲、非洲各殖民地纷纷摆脱英、法等欧洲国家的统治，获得独立，欧洲国家从16世纪起建立的殖民帝国体系全面崩溃。

而本土没有遭受战争波及的美国通过战争期间的军需品贸易，经济实力大增，不仅掌握了核武器，海军实力也超越英国，跃居世界第一，国力空前增强的美国完全摆脱了孤立主义的影响，在战后全面介入欧洲事务，西欧诸国成为美国在欧洲的陪衬和小搭档。

苏联虽然在战争中付出了高昂的人力、物力代价，但经过战争，其国土有了很大的扩展，军事力量也获得提升，成为可以和美国抗衡的超级大国。战后苏联控制了整个东欧地区（除希腊外）和德国的东部，它迅速把自己的社会主义制度移植到这些国家，建立起与美国为首的西方国家相对立的东方集团。东西两大阵营对立，展开了长达半个世纪的冷战，使战后的世界一直处于紧张不安的状态。

联合国

联合国是第二次世界大战结束后成立的一个有着普遍代表意义的国际组织。成立联合国的设想最早可以追溯至第二次世界大战期间，当时的主要反法西斯盟国曾在一系列重要的首脑会晤和双边或多边国际宣言、声明中涉及此事。

1944年，美、英、苏三国签署了《关于建立普遍性的国际组织的建议案》，首次将该国际组织定名为“联合国”，建议案使《联合国宪章》的主要内容及联合国的初步轮廓得以基本构成。1945年6月，在美国旧金山召开了联合国制宪会议，50多个与会国家讨论、通过并签署了《联合国宪章》。随着《联合国宪章》于同年10月24日正式生效，联合国正式宣告成立。

根据宪章规定，联合国的主要机构是大会、安全理事会、经济及社会理事会、国际法院和秘书处。在战后的年代中，安全理事会一直是联合国的核心。联合国的总部设在美国纽约，并在瑞士日内瓦设有欧洲办事机构。联合国大会每年秋季在纽约举行。联合国是国际政治史上迄今为止规模最大、最为普遍的一个国际组织，它的成立是国际关系史和世界历史上的重要事件。

第七章

分裂的欧洲

第二次世界大战从根本上改变了欧洲的政治版图，美国和苏联取代了原来的英、法、德成为欧洲世界的实际控制者。二战后，在美国和苏联分别控制着的欧洲国家间，实行了两种不同的意识形态和社会制度，欧洲在冷战的背景下被分割为两个世界。而随着冷战的结束，欧洲统一运动加速运转，欧洲又迎来了统一的时代。

一、冷战起源

1946年3月5日，英国前首相丘吉尔在美国总统杜鲁门陪同下抵达美国密苏里州富尔顿，在杜鲁门的母校威斯敏斯特学院发表了题为“和平砥柱”的演说。“从波罗的海的什切青到亚得里亚海边的的里雅斯特，一幅横贯欧洲大陆的铁幕已经降落下来。在这条线的后面，坐落着中欧和东欧古国的都城。华沙、柏林、布拉格、维也纳、布达佩斯、贝尔格莱德、布加勒斯特和索菲亚——所有这些名城及其居民无一不处在苏联的势力范围之内，不仅以这种或那种形式屈服于苏联的势力影响，而且还受到莫斯科日益增强的高压控制。”这一演说，为西方人眼中民主和专制的对立抗争的冷战揭开了帷幕。

（一）东欧社会主义国家的建立

1945年夏，苏联红军相继从德国纳粹手中解放了波兰、捷克斯洛伐克、保加利亚、罗马尼亚和德国的东半部，不久在这些国家中建立了“人民民主”的政权。由于当时的政治力量对比不同，在捷克斯洛伐克、匈牙利、罗马尼亚和保加利亚等国家，组成了由共产党联合左翼资产阶级政党所组成的联合政府，其成员往往包括共产党、社会党、农民党等，但在波兰、南斯拉夫、阿尔巴尼亚和东德，则一开始就建立了共产党势力占主导地位的社会主义政权。

随着美苏矛盾的加剧，苏联加大了对东欧国家的控制力度。苏联计划在东南欧建立一条“安全带”，毗邻苏联的小国，如芬兰、波兰、罗马尼亚、保加利亚、匈牙利、捷克斯洛伐克和南斯拉夫等必须受苏联控制，由苏联掌握它们的军事计划和外交政策。在这一原则指导下，苏联支持捷克斯洛伐克、匈牙利、罗马尼亚及保加利亚等国家的共产党，排挤其他党派势力，建立共产党单独执政的一元化政治体制。到1948年，东欧地区除了希腊外，几乎都成立了社会主义的国家政权，苏联实现了建立“安全带”的政治目标。

（二）铁幕演说与杜鲁门主义

1946年3月5日，在美国密苏里州富尔顿市的威斯敏斯特学院，英国前首相丘吉尔在杜鲁门总统的陪同下发表了名为《和平砥柱》的演说。丘吉尔耸人听闻地提出：“从波罗的海的什切青到亚得里亚海边的的里雅斯特，一幅横贯欧洲大陆的铁幕已经降落下来……现在需要的是作出解决问题的安排。”他声称：“美国此刻正高踞于世界权力的顶峰……如果拒绝、忽视或糟蹋这个机会，我们将受到后世长期的责备。”丘吉尔主张建立英美军事同盟，共同对抗苏联及其控制的东欧国家，该铁幕演说成为冷战的前奏曲。

而此时，希腊国内的共产党正组织反对英国控制的希腊民族解放阵线，开展了力图推翻英国支持的希腊政府的武装起义和游击战争，并取得了节节胜利。英国在向希腊政府调拨4亿英镑和大批军事物资后，仍无力对抗希腊共产党的强劲攻势。1947年2月21日，英国政府通知美国：英军已无力承担对希腊的经济与军事援助，希望美国从4月1日起接管英国在东地中海承担的抵抗共产主义的义务。而此时，苏联也向土尔其政府施加压力，试图取代土耳其对黑海海峡的控制权。

▼丘吉尔的标志手势

1947年4月12日，杜鲁门在国会两院联席会议上宣读了他的一篇咨文。杜鲁门在咨文中宣称“希腊受到共产党领导的几千名武装人员恐怖主义的威胁”，“希腊的邻国土耳其也值得我们给以重视”。他说“混乱和无秩序状态就很可能扩及整个中东地区”，这不仅将给欧洲一些国家带来影响，并且对全世界都具有

“灾难性”。因此，杜鲁门请求国会在 1948 年 6 月 30 日以前向希腊、土耳其提供 4 亿美元的援助，并采用一切经济和军事手段来帮助希腊和土耳其政府抵制共产主义的渗透，这就是后来所称的“杜鲁门主义”。

在美国的支持下，希腊的共产党起义遭到残酷镇压，土耳其也全面倒向西方阵营，苏联向地中海北部的南下策略受到遏制。

（三）北约与华约

为了加强与西欧盟国的军事政治合作，遏制共产主义势力的扩张，1949 年 4 月，美国与英、法、意、比利时、荷兰、卢森堡、丹麦、挪威、加拿大、冰岛及葡萄牙等 12 国，在华盛顿举行了《北大西洋公约》签字仪式。这是美国自建国以来第一次在和平时期同欧洲国家结成政治军事同盟。北大西洋公约组织的建立，是第二次世界大战以后美国发动冷战，完成以控制西欧为重点的全球战略的重要步骤，也是当时实力虚弱的西欧国家为求自保不得不依赖美国保护的结果。

《北大西洋公约》规定：任何时候任何一缔约国认为缔约国中任何一国领土之完整、政治独立或安全遭受威胁，各缔约国应共同协商并采取联合行动，包括动用武力。这样，东起西欧、西至北美、北到格陵兰岛、南抵西非的广大领土，都处于《北大西洋公约》保护伞的保护之下。

《北大西洋公约》从 1949 年 8 月开始生效，由各国的外交、国防和财政部长组成一个理事会，另由各国军事参谋长组成一军事委员会，其下设最高指挥部，以巴黎为总部，由各国移交一定数量的军队与配备给最高委员会管辖。

面对北约的成立，苏联也着手组织和东欧国家的军事联盟。1955 年，在联邦德国加入北约后，苏联和 7 个东欧社会主义国家在波兰首都华沙签订了《华沙条约》，成立由苏联直接控制的政治与军事同盟。这两个机构可以算是和平时期最庞大的军事联盟。

“冷战”一词的来历

沃尔特·李普曼（1889—1974）是美国著名的政论家。他 1911 年从哈佛大学毕业后，投身于自己热爱的新闻事业，先后在多家报纸任职。他热衷于政治新闻的报道并亲身参与活动，以擅写政论文章而闻名于世。李普曼在 30 多岁时就已经跻身于美国一言九鼎的人物之列，周旋于各国的决策层，成为各国首脑的座上宾。

在 1947 年，他发表政论文章，逐条反驳署名“×”的乔治·凯南关于“遏制”政策的文章，后来这些文章结集出版，发行的单行本取名《冷战》，“冷战”一词从此流行开来，成为一个时代的名称。在这本书中，李普曼认为“斯大林不过是步彼得大帝和伊凡雷帝的后尘而已”，并非凯南所言的意识形态狂热分子。他主张美苏关系在欧洲实行政治解决，而不是在苏联周围进行遏制。

二、欧洲经济的重建和复苏

二战后，欧洲大地满目疮痍，百废待兴，欧洲国家的经济在战火的打击后处于一片萧条之中。为维护美国的全球战略利益，遏制苏联对西欧地区的渗透，美国开始对西欧国家进行大规模的经济援助。西欧国家在美国的扶持下，结合自身良好的科技基础和人力资源，很快走出困境，进入崭新的经济复兴阶段。

（一）马歇尔计划

欧洲是第二次世界大战的主要战场，这场浩劫带来的灾难、损失难以言状。战争使英国的国民财富损失了1/4，船舶吨位减少了3/4，和其他西欧国家一样，黄金外汇储备枯竭，一半以上的工业完全瘫痪，煤矿完全关闭，失业人数突破600万。国内公债从1939年的72亿英镑增到1946年的237亿多英镑，原来世界的债权国变成了债务国。丘吉尔惊呼“大英帝国的权力与地位一落千丈”，“英帝国的力量和影响已下降到惊人的最低点”。

法国的状况更为严重，法国在希特勒闪电战中败降而饱尝亡国之痛，战争夺去了140万的生命，经济损失惨重，按1945年价格计算，其损失高达48930亿法郎，百万公顷以上的土地被破坏而无法耕种，1945年初的工业生产还不及1938年的一半。加之1946年底又碰上了百年罕见的特严重的酷寒，真可谓饥寒交迫，民不聊生。

1946年，联邦德国地区的工业生产只有战前1938年的23%，几乎所有的大城市都成了一堆瓦砾，老百姓已经无法生活下去。其他西欧各国生产凋敝，濒临崩溃，原料、燃料和日常生活品奇缺。经济的衰败使得西欧民众对现政权的不满与反抗情绪与日俱增，政局

▲ 五星上将马歇尔

动荡，法国、意大利共产党力量迅速壮大，西欧各国资产阶级政权处于风雨飘摇之中。

在这种情况下，美国意识到必须通过经济贸易援助的形式帮助欧洲各国实现经济复苏，如此才能保持欧洲的政治稳定，抑制西欧各国共产党势力的膨胀，维护美国在欧洲的战略利益。

1947 年初，美国前总参谋长马歇尔将军出任美国国务卿。6 月 5 日，在哈佛大学毕业典礼上，马歇尔向场内 8000 名听众发表演说，提出了欧洲复兴计划。他首先对欧洲的经济形势做了简要回顾，强调欧洲已经是一片废墟，整个经济结构已土崩瓦解，这种局面如果不改变，就会给美国和整个“自由世界”带来灾难性的影响。他说：“美国应该尽其所能帮助世界恢复正常的经济状态。”他还强调这个经济复兴“计划”必须是联合性质。“马歇尔计划的一个特点在于它是以自助为基础的，其目的是要使欧洲各国联合起来，与美国共同设计出一套符合它们需要的解决办法。”马歇尔这次演说为“马歇尔计划”定下了基调。

马歇尔计划在欧洲引起强烈反响，被政治、经济危机压得喘不过气的西欧各国政府立即作出积极的反应，响应马歇尔计划。原来马歇尔计划也不排斥东欧国家，但苏联认为马歇尔计划要求制定一个欧洲实现“统一”的经济计划，出于害怕美国势力向东欧渗透的考虑，苏联对该计划持反对态度。接着，苏联先后与东欧各国签订了一系列贸易协定，进一步巩固了苏联与东欧的经济联系，东欧各国在苏联的压力下拒绝了马歇尔计划。

1947 年 7 月 12 日，英国、法国、意大利及奥地利等 16 个西欧国家在巴黎开会，建立起“欧洲经济合作委员会”。9 月 24 日，这个委员会向美国总统杜鲁门提出了一个总体复兴计划，作为与之相对应的美国财政援助的方案。杜鲁门向国会提出的所谓“欧洲复兴计划”的咨文，1948 年 4 月 2 日经国会批准，正式定名为《1948 年经济合作法》。根据该法规定，西欧国家与美国签订了一系列双边与多边协定，援助总额达 130 多亿美元，由美国利用财政公共开支购买食品、燃料、机器设备等物质来援助西欧各国，其中联邦德国、英国、法国及意大利等国受援最多。

马歇尔计划的援助，使西欧受援国的经济迅速复苏。到1950年，西欧各国生产已达到战前水平，年增长率达6%，有的国家高达10%。英、法、意的工业生产，在1948年底已超过战前水平。德国西方占领区的工业生产，到1952年为战前的115%。该计划还推动了西欧国家的经济联合，为20世纪50年代末建立欧洲经济共同体进而实现西欧经济一体化奠定了基础。

▲ **欧洲推行马歇尔计划的海报**

参加国的国旗以风车叶片表示，而美国国旗则位于风车负责控制方向处，宣传标题为“无论在任何恶劣天气下，我们都会共同向前走”。值得注意的是，尽管卢森堡接受了援助，但在扇叶中并无卢森堡的国旗，这可能是因为其国旗和荷兰国旗差异不大。

（二）战后西欧主要国家的经济政策

二战后，西欧各国政府都把工作重心放在发展经济上面，英、法、德等国依靠马歇尔计划给予的经济援助，渡过了经济危机，并紧紧抓住第三次科技革命的机遇，大力发展新兴高科技产业，各国经济都出现了不同程度的复苏和繁荣。

在英国，工党上台后推行一系列国有化政策。1945年底，英国议会通过大英银行国有化法案，建立了英国史上第一个国家银行。1946年英国开始实施煤炭工业国有化，政府用1.6亿英镑的补偿费，将全国800家公司收归国有，并建立煤炭工业管理局统筹经营。1947年8月以后，政府先后依据一系列国有化法令，在铁路运输、电力、煤气、航空、电讯及航运等企业部门推行国有化。

实施国有化以后，英国经济逐渐摆脱困境，出现了较长时期的低速稳定增长。1955年之后的20年里，英国经济的年均增长率始终保持在3%左右。但同时，国有化也使英国政府背上了沉重的财政负担，随着经济发展，又出现了许多新的问题，使英国民主社会主义政策遇到严重挑战。

法国在战后也和英国一样推行国有化政策，加大国家政府对经济领域的干预力度。1947年初，政府制订“莫内计划”，对煤、电、钢铁、水泥、农机及运输六种主要工业部门规定了为期四年的生产指标；

并计划大量进口原料和机械。这个计划对法国经济恢复产生了积极影响。1947 至 1948 年，法国工业生产恢复并部分超过战前水平，生产呈继续增长趋势。从 1958 年开始，法国政府实施了三个现代化和装备计划，到 20 世纪 60 年代末，法国国民经济获得明显的进步与发展。

二战后，联邦德国迅速投入到恢复生产、发展国民经济的建设之中，战后的联邦德国政府奉行“社会市场经济”路线，该理论认为，社会市场经济不是自由放任式的市场经济，而是有意识地从社会政策角度加以控制的市场经济。简而言之，“社会市场经济”是要按市场经济规律行事，并辅之以社会保障的经济制度。联邦德国主政者推行社会市场经济机制的政策目标是，实现最大限度的全面经济发展，建立正常运转的货币秩序，保证价格稳定，实现社会安全、社会公平与社会进步。

1952 年，联邦德国经济的主要指标均已超过战前水平，顺利实现了经济复兴计划，开始进入经济高度增长时期。在 1952 至 1965 年的 13 年中，国内生产总值和国民收入的年平均增长率和年平均增长速度均保持在 9.8% 左右，增长速度一直居西方国家前列。1970 年，国民生产总值较 1952 年提高了 6 倍，经济实力居西方国家第二位。高速发展的工业，促使对外贸易连年顺差，极大地改善了国际收支地位，黄金外汇储备迅速增加，使联邦德国的绝对国力空前增强。

莫洛托夫计划

1947 年，苏联为防止波兰和捷克斯洛伐克等东欧国家“离苏倾向”，针对在冷战时期美国的遏制战略和和平演变策略，苏联采取了针锋相对的反击措施。1947 年 7、8 月，苏联分别与保加利亚、捷克斯洛伐克、匈牙利及波兰等东欧国家签订了贸易协定，加强与东欧国家经济联系，援助东欧经济发展，以此来抵制和反击美国提出的“马歇尔计划”，西方把这一系列贸易协定称为“莫洛托夫计划”。后来苏联又与东欧国家组成“经济互助会”，构成和西方资本主义国家相隔绝对立的经济体。

三、柏林危机和柏林墙

勃兰登堡门位于柏林市中心，是柏林市区著名的游览胜地和德国统一的象征，在勃兰登堡门后位于柏林东火车站附近有几处残檐断壁，这是柏林墙遗址。20 世纪 90 年代，来自世界各地的 118 名艺术家应柏林市政府邀请，在这段墙壁上作画。这些画用写意或抽象的手法，描绘出德国民众追求自由、解放、和平的心声，让人们不禁追忆起那段充满鲜血与眼泪的辛酸岁月。

（一）德国的分裂与柏林危机

二战后，按照盟国事先的约定，德国和柏林由美、苏、英、法四国分区占领，而德国的首都柏林被赋予一种特殊地位，将由四大国共同占领和管辖。但是苏联具有很大的优势，这不仅由于柏林位于苏占区中心，其他占领国要到达自己在柏林的辖区（西柏林）必须通过苏占区，而且苏联当局从一开始就规定了进入柏林的有限航空、铁路和公路线，这便埋下了东西方战后激烈冲突的祸根。

▼ 二战后盟国在德国的占领区图

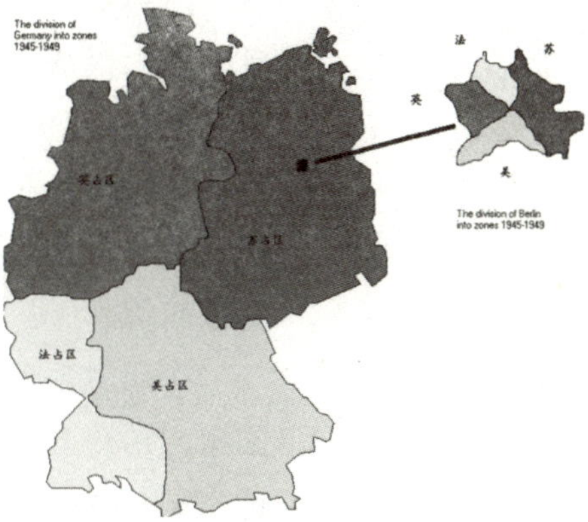

在战前，盟国虽然决定将德国分区占领，但只是基于现状的过渡性安排，并无把德国分裂的计划。但随着战后美、苏矛盾的激化，双方在德国处置问题上裂痕逐渐加深。苏联出于对西方资本主义扩张的戒备，力图在其周围建立亲苏的政权。另一方面，作为四大国之一的法国，对于统一强大的德国心存疑虑，因而不大同意重建统一的德国的计划，在这种背景下，四大国在谋划重建德国时，意见分歧日益扩大，最终各行其是。

在西方的占领区内，由于缺乏中央级的行政组织管理，致使许多占领区事务协调不便。1948 年 2 月，美、英、法在美国的主导下，将其占领区合并，成立了三联占区，于是形成苏联的“东占区”与西方三国的“西占区”对峙的局面，德国在分裂的道路上迈出了一大步。

1948 年 2 月到 6 月，美、英、法、比、荷、卢六国召开了伦敦会议，最后通过《伦敦议定书》，决定召集德国西部三个占领区各州总理联合会议，授权联合会议在 9 月 1 日前召集立宪大会，起草联邦德国宪法，并以此宪法组织联邦德国政府，完成联邦德国的建国。

“摇翅膀的叔叔”

在柏林空运期间，曾发生一段感人至深的真实故事。盖尔·哈尔文森是一名参与空运的美国飞行员，有一次降落在西柏林机场后，随手递给几名儿童一些糖果。在连食品供给都难以保证的日子里，糖果对于孩子来说简直是难以想象的奢侈品，他们手捧糖果表现出的无比兴奋深深地触动了哈尔文森。此后，他每次飞往西柏林时都要带上一大包糖果。为了让孩子们能从机场上空无数架飞机中认出自己，哈尔文森在每次投下糖果前都要将所驾驶飞机的翅膀摇晃几下，西柏林儿童由此亲切地称他为“摇翅膀的叔叔”。

6 月 24 日，苏联停止了连接西柏林的铁路客运交通和公路交通，切断了西柏林和外界的物资供应。苏联想凭借柏林完全处于苏占区的有利地理位置，封锁柏林的交通，以造成西方国家难以在西柏林立足的状况，从而迫使它们在德国问题上作出让步。

作为对苏联封锁西柏林的回应，6 月 30 日，美国国务卿马歇尔发表声明，宣布美国将留在柏林，并通过空运给柏林市民供应生活物资。在水陆交通都被封锁的情况下，从 6 月 25 日起，美国等西方国家动用上万架飞机，架起“空中桥梁”，向西柏林居民大规模空运粮食、煤炭等急需物品。

美苏双方经过一番或明或暗的较量，苏联感觉到封锁西柏林无法使美国作出实质性的让步，面对强大的国际舆论压力，苏联只得在 1949 年 5 月与美英达成协议，停止了对西柏林的封锁。

柏林危机虽然结束，但德国的分裂局面却无法挽回。1948 年 6 月，西占区成立了由地方议会选派代表组成的议会委员会，以制定具有宪法地位的《基本法》。1949 年 5 月 8 日，《基本法》正式获得通过颁布，并在 5 月 23 日得到英、美、法三国军事代表的批准后正式生效。9 月 20 日，德意志联邦共和国宣告成立，简称联邦德国，又称西德。

在西方占领区筹建西德国家的同时，苏占区也在积极筹建东德国家。1948 年 3 月 17 日、18 日，苏占区召开了德国人民代表大会，选出了由 400 人组成的“德国人民委员会”，作为临时常设代表机构。10月22日，该委员会通过了统一社会党提出的“德意志民主共和国”宪法草案。1949年3月18日、19日，德国人民委员会举行会议，最后批准了宪法草案。该宪法草案最终于1949年5月30日在第三届德国人民代表大会上得到批准生效。10月7日，德国人民委员会通过成立临时议院的决议，并宣布成立德意志民主共和国，又称东德。

（二）柏林墙的修筑

民主德国成立后，大量民众出于对国内政治环境和经济生活水平的不满，纷纷经由西柏林出逃到西方国家。据统计，从1949年民主德国建立之日起到1961年8月，自边境逃往联邦德国的东德居民约有260万，占民主德国总人口的16%，其中半数以上通过西柏林逃亡。逃亡的东德居民中，大部分是科学家、医生、工程师及熟练工人等社会发展的专业人士。人才的流失给民主德国经济建设带来巨大损失，为了保持国内社会的稳定，民主德国政府急切希望采取严厉措施，切断本国居民逃亡的途径。

1961年8月12日，在民主德国部长会议上通过决议：把欧洲的社会主义和资本主义之间尚处于开放状态的边界有效控制起来。修建柏林墙的工作很快以迅雷不及掩耳之势秘密展开。

为完成这次行动，民主德国政府成立了“特别行动指挥部”，组织发动了大批国家人民军、国家安全部、内务部及警察等人员。8月13日凌晨时分，全体人员集中到了西柏林周围的边境线。他们很快在开阔的地面上竖起了一根根水泥柱，架设铁丝网；而在别的地段，他们充分利用自然的河流与建筑物，拉起了一根根铁丝网。天亮以前，民主德国已经把整个边境完全控制起来，切断了西柏林与外界的地面交通。为避免过于激怒民主德国和苏联，导致局势恶化，美国为首的西方国家也只能容忍了

▼修筑柏林墙

这一既成事实。

到1961年9月中旬，一道高3.5米、长3.5公里的水泥勾缝土石墙破土而出。从1963年起，民主德国在一切能施工的地段建造光滑的水泥墙，并在其顶部建造水泥圆管，让人无法攀爬，后来又在一些重要地段建造内墙，两墙之间有100米宽的“无人区”，荷枪实弹的边防人员日夜把守，一旦有人擅自越境，边防人员随时可以开枪射杀。从1981年起，民主德国又沿柏林墙增设了20个瞭望台，将东西柏林的水泥墙增高到4.2米。加固的柏林墙越来越难以逾越，能成功西逃的人少之又少。据统计，柏林墙建成后，大约有5000人试图越墙逃跑，其中3200人被抓获，239人在越墙时被打死，260多人受伤。

当时的柏林墙在民主德国政府领导人心中，是保卫社会主义、防止西方颠覆的保卫墙，但在全世界面前，它是德国和欧洲分裂的标志，是美苏冷战的象征。

柏林墙的开放与德国统一

20世纪80年代后期，美苏对立缓和，在民主德国国内的抗议示威此起彼伏，国民不断经由匈牙利、捷克等国逃往联邦德国的情况下，民主德国政府于1989年11月9日晚做出一项重大决定，开放“柏林墙”，宣布民主德国公民从即日起经由民主德国边界出国旅行和多次往返，不必陈述特别理由，凭身份证就可去西柏林。这一决定公布之后，人们如潮水般涌向民主德国各边境站大门，等待出境。这一决定具有划时代的意义，它标志着民主德国40年来第一次开放了两个德国和东西柏林之间的边界，打开了两国之间长期封闭的闸门。柏林墙的开放被历史学家认为是东西方冷战终结的开端，也是东西柏林和东西德统一的标志。1990年10月3日，德意志民主共和国加入德意志联邦共和国，德国和柏林完成统一。

四、东欧剧变与苏联解体

1991年12月25日，从“八一九”事件中刚复职没多久的戈尔巴乔夫神情严峻地出现在电视中，发表讲话，正式宣布辞职。当日18时32分，在苏维埃社会主义共和国联盟成立69周年即将来临之际，在克里姆林宫顶上飘扬的苏联镰刀和锤子国旗徐徐下降；19时45分，一面俄罗斯的红蓝白三色旗升上克里姆林宫。从此，曾经与美国并驾齐驱的超级大国——苏维埃社会主义共和国联盟的历史宣告终结。

（一）波匈事件

二战后，苏联全力扶植东欧各国的共产党力量，建立了亲苏政权，并把苏联国内的计划经济制度与政治体制全面移植到东欧国家。但苏联对东欧的控制和内部事务的干涉引起了当地民众的强烈不满，计划经济在东欧水土不服，经济上也出现严重的问题。在各种因素影响下，东欧一些国家在20世纪五六十年代出现了反抗苏联控制的民族主义运动，波匈事件就是典型代表。

1945年，在苏联红军的帮助下，波兰从法西斯的铁蹄下获得解放，建立了人民政权。但是，波兰与苏联积累了很多历史和现实矛盾。二战期间，苏联和德国合谋瓜分波兰，苏联还秘密处决了大量波兰被俘军官。战后波苏和波德疆界的变动，使波兰被割去大片国土，严重伤害了波兰人民的民族感情，在波兰国内积淀着强烈的反苏情绪。

二战后，苏、波之间不平等经济关系，给波兰经济造成很大困难，加之波兰共产党实行亲苏路线，盲目推行苏联模式，造成经济

▲ 波匈事件中，群众高呼“我们要面包”。

结构比例失调，物价上涨，人民生活水平较低，广大群众对波兰党和政府存在极大的不满。尽管波兰党和政府为纠正过去的错误采取了一些措施，但积重难返，改革步子不大，人民的要求得不到及时解决，结果导致了波兹南事件的发生。

1956 年 6 月，波兹南的 1.6 万名工人为要求增加工资和减税，向政府请愿失败后，发动罢工和示威游行，反对政府追随苏联。政府出动军警镇压，数百名工人伤亡和被捕。

波兹南事件后，波兰党内主张改革的力量逐渐增强，人民群众要求改革的呼声很高，华沙形势紧张。10 月，波兰党准备举行八中全会，决定由改革派领导人哥穆尔卡担任党的领导，并讨论改革国内政策问题。八中全会前夕，苏联领导人赫鲁晓夫不请自来，率庞大代表团突然飞抵华沙。但波兰党顶住苏联的强大压力，反对苏联干涉波兰党内部事务，要求苏军撤走，波兰工人也举行示威游行给予支持。赫鲁晓夫自知公开干预不能达到目的，且波兰党人保证维护波苏友好和《华沙条约》。因此，赫鲁晓夫只得下令撤军并率代表团回国。波兰在此以后虽然取得了一些改革成绩，但仍无法从根本上摆脱苏联的控制和经济体制的危机。

战后匈牙利由于完全照搬苏联模式，给人民生活造成了许多困难。1949 年，匈牙利共产党听命于苏联清洗“民族主义分子”，使 20 万党员干部受到迫害，人民对此深为不满。为了缓和人民日益增长的不满情绪，1953 年，苏联授意纳吉·伊姆雷出任政府总理。纳吉上任后实行了一些改革措施，结果在 1955 年受到批判并被开除出党、撤销一切职务，社会群众对此更为不满，反苏情绪日益强烈。

10 月 6 日，匈牙利 30 万人为在镇压中遇害的拉伊克等原党政领导人举行国葬，这时传来波兰人民成功抵制苏联干预的消息，匈牙利的形势急剧发展。10 月 23 日，20 万人举行示威游行和集会，要求实行改革，由纳吉重新当政。以格罗为首的匈党领导人指责群众的举动是“民族主义”的表现，苏联驻军出动镇压，这进一步激怒了群众，部分军警掉转枪口站在群众方面，示威游行发展为武装冲突。次日，为缓和群众的情绪，匈党宣布改组中央领导，任命纳吉为部长会议主席，但流血冲突仍继续扩大。纳吉上台后要求苏军撤离匈牙利，并表示匈牙利要退出华约。纳吉之举激怒了赫鲁晓夫，他下令苏军全面接管匈牙利政权。11 月 4 日，苏军全面占领布达佩斯，推翻了纳吉政权并最终处死了纳吉。13 天的大动乱给匈牙利造成了巨大的经济损失和人民群众的伤亡，也对匈牙利民众的民族感情构成深深的伤害。

（二）“布拉格之春”

波匈事件发生时，捷克斯洛伐克并没有受到很大的冲击，但是进入 20 世纪 60 年代之后，捷克斯洛伐克共产党政权也面临严重的经济与社会危机。1968 年 1 月，改革派领袖杜布切克出任党和国家领导人。杜布切克上台后，马上着手在国内实行一系列改革，在政治上，改变共产党权力集中的状况，主张限制共产党官僚的权力与言论及艺术活动的自由化，并恢复在大清洗中牺牲者的名誉；在经济上，强调企业自身责任，引进市场机制，进行经济改革；在外交政策上，在强调与苏联同盟关系的同时，也强调要强化与西方国家的经济关系。这些改革后来被统称为“布拉格之春”。

▼ 苏联军队进入捷克斯洛伐克

捷克斯洛伐克的“离经叛道”引起了苏联的强烈不满，当时的苏联领导人勃列日涅夫企图逼迫杜布切克终止民主改革进程。可是，杜布切克坚决顶住压力，不愿屈服。恼羞成怒的勃列日涅夫决定冒天下之大不韪，用武力镇压“布拉格之春”，维持苏联对捷克斯洛伐克的绝对控制。

1968 年 8 月 20 日晚 11 时，苏联空军从天而降，迅速占领了距捷克斯洛伐克首都布拉格市中心仅 6 公里的鲁津机场，没过多久，一架架装载着坦克和士兵的巨型运输机，在突击队员的指挥下，以每分钟一架的速度降落于鲁津机场。大量的坦克、装甲车和士兵，从飞机的肚子里爬了出来。这支空降坦克部队在苏联驻捷大使馆车队的引导下，高速冲向布拉格，迅速控制了全市各个战略要地，并包围了捷共中央大厦和总统府。与此同时，苏联、东德、保加利亚、波兰和匈牙利5个国家出动了24个师，在无数飞机、坦克的簇拥下，从四面八方越过捷克斯洛伐克边界，占领了捷克斯洛伐克的各个战略要地。不到24小时，整个捷克斯洛伐克被占领。

苏联占领捷克斯洛伐克后，推翻了杜布切克的合法政权，扶植亲苏的政治派别上台，废除了原先进行的一切改革措施，"布拉格之春"在苏军坦克大炮的镇压中最终归于失败。

（三）东欧剧变

1985年，戈尔巴乔夫继任苏联党和国家领导人，3月任苏共中央总书记后，他提出实行"彻底改革""民主化""公开性""新思维""人类的利益高于一切"等口号，全面缓和与西方的关系。同时，他放松了对东欧的控制，减少了对东欧共产主义政权的援助。在国内普遍不得民心的东欧共产党，在失去苏联的有力支持的情况下，其统治基础马上面临严峻的挑战，国内的民主派反对力量借机发动一系列反政府的示威游行，东欧各国的政局在1989年出现显著变化。

▼ 戈尔巴乔夫

1989年4月，波兰统一工人党实行政治多元化和工会多元化的方针，与反对党团结工会举行圆桌会议。会议达成了关于团结工会合法化、进行议会大选等协议。在自由选举中，波兰统一工人党失利，团结工会获胜，其取代统一工人党成为执政党。团结工会上台，标志着波兰政治经济制度的剧变。

1989年2月，完全由改革派主政的匈牙利工人党召开全会，重新评价1956年事件，并把这一事件定性为人民起义，宣布在匈牙利实行多党制。1989年5月，为

1956年事件代表人物纳吉平反昭雪。1990年4月举行的自由选举中，反对派人民论坛获胜，匈牙利政权宣告易帜。

在1989年的民主德国，统一社会党政权已经是危机四伏、四面楚歌，国内反对派势力迅速坐大，不断发起规模庞大的游行示威，要求“新闻自由”“选举自由”，大批国内居民通过匈牙利，经奥匈边界逃往联邦德国，柏林墙已经形同虚设。随着国内政治形势的恶化，统一社会党渐渐丧失了对国内政权的掌控。1990年2月，统一社会党宣布改名为民主社会主义党，放弃了原来的共产主义目标。3月18日，民主德国举行第十届人民议院选举，结果基民盟大获全胜，原来的统一社会党成为在野党。同年10月3日，民主德国并入联邦德国，两德统一，民主德国成为历史名词。

捷克斯洛伐克进入20世纪70年代，要求为“布拉格之春”平反的呼声日渐强烈。1989年，布拉格爆发了一次又一次反政府示威游行，要求为“布拉格之春”平反，并撤出捷克斯洛伐克的苏联驻军。到11月，布拉格爆发了30万人大游行。迫于压力，捷克的共产党政府与反对派达成协议，宣布实行多党制，取消宪法中关于捷克共产党领导地位的条款。12月底，联邦议会选举1968年布拉格之春的领袖杜布切克为议长，反对派公民论坛领导人为总统。在1990年6月的全国大选中，哈维尔领导的公民论坛获得议会大多数席位，捷克共产党彻底丧失了政权。

罗马尼亚是东欧各国中独立性较强的国家，共产党总书记齐奥塞斯库在国内建立了严密的独裁统治政权，但1989年政治动荡也对罗马尼亚造成了剧烈的冲击。12月19日，罗马尼亚西部城市蒂米什瓦拉，因抗议解除一名持不同政见的神父职务举行的群众示威，演变成骚乱。不久，首都布加勒斯特也开始出现骚乱。齐奥塞斯库下令军队镇压，但军队拒绝执行命令，部分高级军官倒戈投向示威群众一边，齐奥塞斯库被迫出逃，但很快被捕并被判处死刑。12月23日，救国阵线宣告成立并接管了政权，宣布实行多党制，罗马尼亚共产党为非法组织，罗马尼亚在一片腥风血雨中推翻了原来的共产党政权。

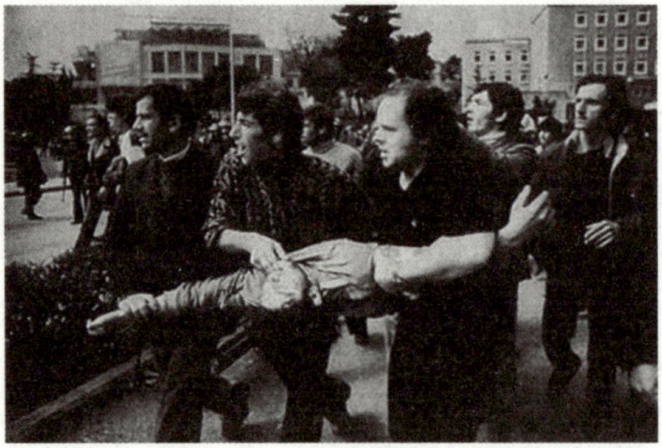

▲ 阿尔巴尼亚动乱

保加利亚和阿尔巴尼亚都是东欧经济水平比较落后的地区，在东欧其他国家动荡的影响下，这两个国家也在反对派组织的压力下宣布实行多党制，原来执政的马克思主义政党转变为社会党，放弃了原来的社会主义主张。

南斯拉夫在二战后由南共联盟长期执政，政权一直相对稳定，但到20世纪80年代末，由于经济形势恶化和国际环境的影响，南斯拉夫内部民族矛盾加剧，共产党政权出现前所未有的危机。1990年1月，南斯拉夫宣布实行多党制，南斯拉夫的共产主义政权逐步瓦解，并引发南斯拉夫国家的分裂。1991年，南斯拉夫分裂成波斯尼亚、黑塞哥维那、马其顿、斯洛文尼亚、南斯拉夫联盟及克罗地亚等共和国。

（四）苏联解体

在东欧剧变的同时，作为最大的社会主义国家的苏联也处于风雨飘摇之中，面对经济增长乏力、民族矛盾突出及党和政府威信下降等一系列问题，当时的苏联领导人戈尔巴乔夫提出“加速社会经济发展战略”，倡导“新思维”，提倡“民主化”“公开化”。1988年6月，苏共第十九次代表会议将改革的重点从经济改革转向政治改革，提出“全部政权归苏维埃”，放弃苏共是苏联政治体制的核心的提法。苏联社会在此背景下开始出现严重分化，原来隐藏的诸多民族矛盾和社会矛盾公开表现出来，反对派势力、民族分裂势力迅速抬头，政治制度逐渐向多元化和多党制演变。

东欧剧变这股强大的冲击波，促使戈尔巴乔夫及其支持者进一步加速右倾转变。3月的苏联人民代表大会修改宪法第6条，放弃苏联共产党的领导，实行“多党制”“总统制”。7月召开的苏共二十八大提出了要建立人道的、民主的社会主义，取消马克思主义是党的指导思想的提法。到1991年上半年，波罗的海三国、格鲁吉亚、亚美尼亚等加盟共和国相继宣布独立，脱离苏联。为挽救濒临解体的苏联，1990 年 11 月，戈尔巴乔夫提出新联盟条约草案。它规定，除国防、外交和关系全国经济命脉的部门仍由联盟中央掌握外，其余主权均归各共和国所有。条约将苏维埃社会主义共和国联盟改名为苏维埃主权共和国联盟，仍然简称苏联。

1991 年 8 月 19 日凌晨，在新联盟条约签署的前一天，苏联的传统强硬派势力为挽救苏联分裂的局面，借戈尔巴乔夫在克里米亚休假的机会发动政变，签发了《苏联领导人声明》，并发表《告苏联人民书》，称戈尔巴乔夫由于健康原因不能履行总统职务，总统的全部权力移交给副总统亚纳耶夫，成立以代总统亚纳耶夫等 8 人组成的苏联国家紧急状态委员会，并宣布从 1991 年 8 月 19 日 4 时起，在苏联某些地方实行为期 6 个月的紧急状态。但由于“八一九”事件的领导人得不到国内军队、民众和国际社会的有效支持，很快陷入孤立之中，在苏联改革派势力的代表——俄罗斯加盟共和国总统叶利钦的反击下，政变迅速失败。8 月 21 日晚，戈尔巴乔夫在克里米亚发表声明，宣称他已完全控制局势。他于 8 月 22 日凌晨回到莫斯科，当天发布总统令，撤销由国家紧急状态委员会公布的一切决定，解除该委员会成员的现任职务。此后，苏联和苏共的组织体系迅速瓦解。已对苏联共产党完全丧失信心的戈尔巴乔夫于 8 月 24 日宣布辞去苏共总书记职务，并建议解散苏共中央委员会。8 月 29 日，苏联最高苏维埃决定停止苏共的活动。

“八一九”事件后，戈尔巴乔夫逐渐被架空，原先拟定的主权国家联盟已经无人关心，苏联的解体过程明显加速，波罗的海三国加盟共和国的独立在此期间获得了国际承认，苏联解体的命运已经无法挽回。1991 年 12 月 8 日，俄罗斯、乌克兰和白俄罗斯三国在白俄罗斯首都明斯克签署了《关于建立独立国家联合体的协议》，宣布“苏联作为国际法主体和地缘政治现实将要停止其存在”。12 月 21 日，俄罗斯、乌克兰、白俄罗

▼“八一九”事件后，莫斯科街头的坦克。

斯、摩尔多瓦、阿塞拜疆、亚美尼亚、哈萨克斯坦、吉尔吉斯斯坦、乌兹别克斯坦、塔吉克斯坦及土库曼斯坦 11 个共和国首脑在哈萨克斯坦首都阿拉木图会晤，签署了《关于独立国家联合体协议的议定书》等 6 项文件，正式宣布“独立国家联合体”建立。12 月 25 日，戈尔巴乔夫宣布辞去苏联总统职务 .12 月 26 日，苏联最高苏维埃召开了最后一次会议，从法律上宣布苏联作为一个国家已经不复存在。

神秘的核按钮

戈尔巴乔夫在宣布辞去总统职务后所做的第一件事，就是把装有发射核导弹的公文包移交给俄罗斯总统——叶利钦。核公文包即通常所说的“核按钮”，是一种控制俄罗斯核部队的行之有效的装置，也是总统权力的象征。有关核公文包的全部信息一直是神秘的机密，直到最近才有所透露：平时，核公文包由最高领导人身边的一名军官携带。这名军官穿着一套醒目的黑色海军制服，这使总统很容易把他从人群中辨认出来。

核按钮是一连串指令的第一环，而最终环节是核导弹上的计算机。核按钮把总统对使用核武器的许可指令传送给指挥中心。24 小时都在指挥中心值班的参谋部军官，一接到编码信号，马上会使用适当的密码来确认发出信号的是否为总统本人。在总统信号的真实性得到确认之后，值班军官就打开带有他们自己密码的保险箱，把总统的密码信号传送到导弹发射台以及核潜艇。当这些密码被设置到导弹计算机上时，发射键就会被打开，导弹随即发射升空。

五、欧洲统一运动

1999年1月1日，在欧盟总部所在地布鲁塞尔，城中到处体现出欧元即将诞生的气氛。机场里有欧元的形象和介绍，在市区的主要街道上有欧元倒计时牌，欢庆新年的装饰物上到处都是欧元标志，甚至有人举着标有比利时法郎兑欧元汇率的牌子载歌载舞。从那天开始，德国马克、法国法郎及意大利里拉等货币退出历史舞台，欧洲联盟国家迎来了他们统一的货币——欧元。

（一）欧洲经济共同体的成立

欧洲统一运动的概念最早由英国前首相丘吉尔提出，他认为组织“欧洲邦联”是解决战后欧洲社会矛盾，避免再出现战端，复兴欧洲经济的唯一途径。1950年5月，法国外长舒曼提出了建立煤钢共同市场的《舒曼计划》，其内容是建议将法国、联邦德国和其他西欧国家的煤炭和钢铁工业，交由共同的机构来管理，煤钢的联营是促进西欧经济繁荣的捷径，也是西欧统一运动的基础。经过一年多的谈判，1951年4月，法国、联邦德国、意大利、荷兰、比利时和卢森堡六国签署了煤钢联营协定。1952年8月，煤钢联营的最高执行部门在卢森堡成立，负责确定实行煤钢联营机构的政策。由于把联邦德国重整军备的关键工业部门置于共同管理和监督之下，法国对德亦怨亦忧的情绪得到缓解，这就为欧洲统一运动铺平了政治道路。

1952年5月27日，西欧六国签订“欧洲防务共同体”条约，计划建立统一武装，但由于法国议会反对，该条约流产。1955年，六国政府协商确定，欧洲的联合应该首先从经济入手，并成立一个名

▲ **欧洲联盟盟旗**

欧盟的盟旗是蓝色底上的十二星旗，普遍说法是因为欧盟一开始只有12个国家，代表了欧盟的开端。实际上，十二星旗代表的是圣母玛利亚的12星冠，寓意圣母玛利亚将永远保佑欧洲联盟。

为斯巴克的委员会，进一步研究经济联合问题。1956年5月，六国外长在威尼斯举行会议，通过斯巴克委员会提交的报告，经六国政府反复讨论修改，最后形成了1957年3月25日在罗马签署的《罗马条约》的内容。1958年1月1日，该条约生效，一个包括西欧六国，拥有116.8万平方公里土地，1.6亿人口的经济共同体正式宣告成立。《罗马条约》包括经济共同体和原子能共同体两大项，6个部分、248条及10多个附件。该条约的宗旨是创建共同的经济区和共同市场，在各经济部门间逐步实现共同政策。

1965年4月8日，六国签订《布鲁塞尔条约》，决定将欧洲煤钢共同体、欧洲原子能共同体和欧洲经济共同体统一起来，统称欧洲共同体，条约于1967年7月1日生效。欧共体总部设在比利时布鲁塞尔，下设部长理事会、共同体委员会、欧洲议会及欧洲法院等机构。

欧洲经济共同体的存在与发展是以关税同盟为主要基础的，同时，共同的农业、渔业政策，共同的工业、能源和运输政策，经济和货币联盟，共同的教育和社会福利政策，也是欧共体发展和进一步扩大联合领域的重要条件。欧共体经济和货币联盟是从20世纪70年代初以来逐步形成的，它的基本内容是建立商品、劳务、资本和技术自由流动的经济统一体，固定汇率和外汇储备，设立联合中央银行，逐步发行统一货币。

（二）欧洲共同体的扩编

欧共体拟议创建过程中，曾积极邀请英国参加，但长期奉行孤立主义外交政策的英国从自身利益出发，在欧共体成立后组织了一个“小自由贸易区”，以期与欧共体抗衡。参加“小自由贸易区”的国家有英国、瑞典、丹麦、挪威、瑞士、奥地利和葡萄牙七国，也称七国自由贸易区。但由于七国自由贸易区从经济实力到合作紧密度都不及欧洲共同体，英国在对外贸易中处于越来越不利的地位。面对严峻的现实，英国政府及时作出了明智的选择，于1961年8月正式向欧共体提出申请，要求加入欧共体。七国自由贸易区成员国中的丹麦、挪威、葡萄牙也先后向欧共体提出正式申请，这个举动宣告了七国自由贸易区的解体。

英国的入盟要求遭到法国政府的强烈反对，法国戴高乐政府认为，英国加入欧共体，会使美国通过英国控制欧共体，法国的地位也将受到挑战，所以坚决反对接纳英国，并于1963年、1967年两次运用否决权，拒绝了英国的申请。1969年，戴高乐辞职，继任者蓬皮杜总统考虑到世界局势的发展变化，认为继续把英国关在欧洲统一进程大门之外已属不明智，遂开始转变原先强烈反对的立场。对此，英国采取了积极态度，表示要调整外交政策，放弃英美特殊关系。随着英美特殊关系的解体，英国连同爱尔兰和丹麦于1973年元旦正式加入欧洲共同体，英国重新回到欧洲大集体，欧共体也进入不断发展扩大的新阶段。1981年1月，希腊加入欧共体，1986年1月，西班牙和葡萄牙也正式成为欧洲共同体的一员，欧共体成员国增至12个。

（三）欧洲联盟的建立

冷战结束后，欧洲的政治版图再次发生天翻地覆的变化，与苏联和东欧集团的敌对状态结束后，欧洲一体化和统一运动面临着更广阔的发展空间。基于上述背景，1991年12月9日、10日，第46届欧洲共同体首脑会议在荷兰的马斯特里赫特举行。经过两天辩论，通过并草签了《欧洲经济与货币联盟条约》《政治联盟条约》，统称《马斯特里赫特条约》。这一条约是对《罗马条约》的修订，它为欧共体建立政治联盟和经济与货币联盟确立了目标与步骤，是欧洲联盟成立的基础。条约就欧共体的发展方向提出了全面的构想和目标，使欧共体在从经济实体转向经济政治实体的道路上迈出了历史性的一步。

《欧洲经济与货币联盟条约》确定了经济和货币联盟的最终目标，规定最迟于1998年7月1日成立欧洲中央银行，并于1999年1月1日实行单一货币。实行经贸联盟的目标意味着成员国把货币决策管理的自主权转让给欧洲中央银行，这个超国家机构将承担起行使成员国货币主权的职能，以确保价格稳定及实现统一大市场在经济增长和就业方面的整体利益。

《政治联盟条约》确定政治联盟的基本目标是在欧洲联盟范围内实行共同的外交、防务战略，条约准备把欧洲联盟变为一个地区性防御机构，作为政治联盟的组成部分，实施与防务有关的决定。在防务问题上，由于英国反对建立欧洲独立财务体系，主张联盟只作为北约的补充，而法、德则主张把联盟作为欧共体的防务机构。结果条约规定，把联盟建设成欧共体的防务机构，负责制定欧洲的防务政策，同时与北约保持一定联系。

1995年元旦，奥地利、瑞典和芬兰加入欧盟，欧盟成员国扩大到15个。1999年1月1日，作为欧洲联盟统一货币的欧元正式投入使用，除英国、丹麦、希腊和瑞典以外的11个欧盟国家加入欧元区。根据欧盟的规定，欧元现钞于2002年1月1日起正式流通，欧元区的各成员国原货币从2002年3月1日起停止流通，欧洲的经济一体化进程迈出了决定性的一步。

（四）欧盟的东扩进程

东欧各国摆脱苏联控制，推翻原共产主义政权后，为加快经济转轨和促进发展，主动向欧盟靠拢，希望能成为欧盟的会员国。而欧盟也希望通过东扩增强其整体实力，扩大其综合影响，将中东欧国家纳入欧洲一体化进程，实现大欧洲之梦是欧盟的跨世纪战略。

1998年3月30日，欧盟各国外交部长与波兰、匈牙利、捷克、斯洛文尼亚、爱沙尼亚和塞浦路斯中东欧首批六国外交部长聚会布鲁塞尔，正式开始了入盟谈判进程，谈判分为30个题目，其中包括农业政策、司法和内政、财政监督等方面。1999 年 12 月，在赫尔辛基首脑会议上，欧盟宣布将于 2000 年同 6 个新候选国，即斯洛伐克、罗马尼亚、保加利亚、立陶宛、拉脱维亚和马耳他开始入盟谈判。2002 年 12 月 13 日，在哥本哈根召开的欧盟首脑会议，决定结束与爱沙尼亚、拉脱维亚、立陶宛、波兰、捷克、斯洛伐克、匈牙利、斯洛文尼亚、马耳他和塞浦路斯这 10 个候选国的谈判，正式邀请它们在 2004 年 5 月加入欧盟。这 10 个国家在 2004 年 5 月 1 日正式成为欧洲联盟的会员国。2004 年 12 月，欧盟首脑会议在布鲁塞尔决定，罗马尼亚和保加利亚将于 2005 年签订入盟条约并在 2007 年正式成为欧盟的成员国。2007 年 1 月，罗马尼亚和保加利亚加入了欧盟。2013 年 7 月 1 日，克罗地亚正式成为欧盟第 28 个成员国。

欧盟经历 7 次扩张，成为一个涵盖 28 个国家的当今世界上经济实力最强、一体化程度最高的国家联合体。欧盟各成员国的国内生产总值总和与美国相差无几，约占世界经济总额的 1/3，在国际政治经济舞台上发挥着日益重要的影响。

欧盟的标志

欧盟会旗：1986 年 5 月 29 日正式悬挂，会旗为天蓝色底，上面有 12 颗金黄色的星。制作会旗的目的是表示要建立一个统一的欧洲，增强人们对欧洲联盟和欧洲同一性的印象。

欧盟会徽：1988 年 1 月开始使用，会徽的底呈蓝色，上面 12 颗星围成一个圆圈。

欧盟盟歌：贝多芬第九交响曲中的《欢乐颂》。

欧洲日：每年 5 月 9 日。

六、英欧历史纠葛

对于英国与欧洲大陆的关系，丘吉尔曾经有过一句名言："我们同欧洲在一起，但不是其组成部分。我们对它感兴趣，同其联系交往，但不能被并入或同化。"英国与欧盟的关系史，正是对这一名言的验证。

（一）光辉孤立情节

英国与欧洲大陆若即若离的关系，首先基于英国在欧洲独特的地理位置。英伦三岛隔英吉利海峡与欧洲大陆分离，除了1066年诺曼征服和第二次世界大战的不列颠空战之外，英国一直免于欧洲大陆国家对英国本土的直接攻击。在中世纪时，英国的前身英格兰王国和欧洲大陆关系密切。12世纪时，英格兰国王作为诺曼底公爵在法国的领地居然比英国本土大好几倍，法语长期作为英格兰贵族之间通用的语言。1337至1453年，英格兰为保有其在法国的领地与法国进行了长达一个世纪的英法百年战争，并一度在1420年占领巴黎。英格兰国王亨利六世也就此坐上法国国王的宝座，但在以圣女贞德为代表的法国民众的反抗之下，英国军队节节败退，其势力逐渐退出法国。

此后，英国只好专心经营不列颠自身事务。在思想文化方面，也清除法国的影响，形成了有别于欧洲大陆的民族文化。在制度上，英国和欧洲大陆的区别集中反映在法律制度方面，与欧洲大陆法系偏重于法典相比，英国在司法审判原则上更"遵循先例"，即作为司法审判的先例对其后的案件具有法律约束力。因此，英国的普通法也被称为习惯法。

19 世纪中期，英国率先完成工业革命，成为世界上第一个工业化国家。工业革命造成的生产力大发展，使英国国力大增，成为欧洲乃至世界头号强国。此时，英国皇家海军所向披靡，所占领的殖民地遍布全球，号称“日不落帝国”。在欧洲事务方面，英国仰仗自身强大的国力，把维持欧洲各大国关系的均势（Balance of Power）作为其外交政策的核心。在打败拿破仑之后，英国全面推行“光荣孤立”政策，即英国不同欧洲其他国家订立长期盟约，置身于欧洲事务之外，以便可以随时按照其需要，变换对外关系，弹性地调整和维持欧洲均势。英国外交大臣索尔兹伯里对此形象地解释说：“英国的政策是从容地顺流漂去，偶尔伸出船篙，以免触礁。”

到 19 世纪末、20 世纪初，英国逐渐丧失了“世界工厂”的工业垄断地位，实力相对下降。面对新崛起的德国咄咄逼人的挑战，英国被迫放弃“光荣孤立”政策，逐步与法国、俄国结盟，但是英国在“同盟条约”中宣称，只承担“有限责任”。“有限责任”一方面强调英国对欧洲大陆事务所担负的道义及关系其切身利益的现实责任；另一方面也强调了英国历史与地理的特殊性。第一次世界大战后，德国战败，法国成为欧洲大陆最强大的国家。英国继续实行传统的“均势”外交，采取“扶德抑法”政策，帮助德国恢复国际政治地位与经济实力，牵制法国。

（二）从拒斥到融合

第二次世界大战期间，在法国被纳粹德国占领，欧洲大陆除了苏联之外几乎都被德国控制的情况下，英国全面与美国结盟，建立了英美特殊关系。二战结束后，法国和联邦德国结束了敌对关系，并迅速接近，全力推进欧洲一体化进程，而英国则对此置若罔闻。1950 年 6 月，丘吉尔在英国下院发表演说：“由于我们处于英帝国和英联邦的中心地位，并在英语世界里与美国有兄弟般的关系，因此，我们不能接受欧洲联邦制度中成员国的地位。”在 1958 年法德主导的欧共体成立后，英国延续了其对欧洲大陆事务的超然态度。

英国非但不参加法德等六国筹建的“欧洲煤钢联盟”（European Coal and Steel Community，欧共体前身），还联合欧洲七个小国与1960年组成“欧洲自由贸易联盟”（European Free Trade Association），与之唱对台戏。但由于各成员国经济发展水平参差不齐，又实行松散的政府间合作，很难与欧共体相抗衡。

到20世纪60年代，英国的国际地位与实力急剧下降，英国在亚非地区的殖民地纷纷独立，大英帝国名存实亡，美国也并不像英国那样看重英美特殊关系，而欧共体已经取代英联邦其他国家，成为英国最主要的贸易对象。在欧共体各成员国通过市场整合都享受到一体化的益处后，英国出于经济利益考虑，只得向欧洲大陆靠拢。1961年7月，英国终于做出了申请加入欧共体的决定。

但以法国为代表的一些欧共体国家对英国的疑忌由来已久，出于对英国入盟动机和影响的疑虑，法国先后于1961年和1967年两次否决了英国的入盟申请。直到1969年，在坚决反对英国入盟的法国总统戴高乐下台后，为平衡在欧共体内部实力不断上升的联邦德国，法国才勉强同意接纳英国入盟。1973年，英国退出“欧洲自由贸易联盟”，成为欧共体的正式成员国。

（三）“留欧”与“脱欧”之争

▲ 撒切尔夫人

加入欧共体之后，英国国内各党派对欧洲一体化问题的争议从未结束。1979年5月，作风强硬的撒切尔夫人上台后，对于欧洲一体化要求各成员国出让经济贸易主权的议题，予以坚决反对。1989年9月20日，撒切尔夫人在比利时欧洲学院发表演说，主张建立一个独立主权国家的联合体，反对联邦主义的目标。撒切尔政府在欧洲一体化问题上的不妥协态度，不仅激起欧共体其他成员国不满，也遭到反对党——工党的指责，甚至导致保守党内部的严重分歧。面对保守党内部强大的反对声浪，撒切尔夫人被迫在1990年11月宣布辞职。

撒切尔夫人的继任者约翰·梅杰调整了关于欧洲一体化政策。梅杰主张逐步加入欧洲共同市场，但是拒绝加入欧洲单一货币体系。梅杰希望在欧洲一体化的浪潮中为英国争取更多的国家利益，但又极力避免英国担心的欧洲联邦式“超国家”的出现。梅杰也无法弥合保守党内部在欧洲问题上的分歧，并最终导致其在 1997 年大选中败给工党。

1997 年上台的英国工党布莱尔政府，改变了以前英国政府僵硬的对欧政策，提出了“融入欧洲，领导欧洲”的口号，并积极介入欧洲事务。但布莱尔政府仍然强调英国在欧洲的特殊地位，不愿意为推进欧洲一体化而出让英国的经济主权。英国始终拒绝参加在欧盟国家之间开放边境的《申根协定》。1999 年元旦，11 个欧盟成员国统一货币建立欧元区，英国成为欧盟唯一一个没加入欧元区的成员国。

2009 年底，以希腊为代表的欧盟部分成员国爆发主权债务危机，欧洲一体化进程出现严重波折，直接增加了英国对欧洲一体化的离心力。2010 年 5 月，以卡梅伦为首的英国保守党－自民党联合政府上台，英国政府坚决反对欧元区国家“集欧盟之力”解决债务危机。此后，英国国内“脱欧”的舆论声浪越演越烈，卡梅伦政府面临如何应对英国民众“脱欧”诉求的压力。

2013 年 1 月 23 日，卡梅伦就英国与欧盟关系前景发表讲话，表达了英国对非欧元区国家遭受欧债危机拖累的不满以及对欧洲一体化进程可能损害英国利益的担忧。他表示如果获得连任，英国将于 2017 年之后就是否退出欧盟举行全民公投。

2015 年 5 月 8 日，在新一届大选中，保守党大获全胜，赢得过半议会席位，卡梅伦成功连任首相。卡梅伦连任后，英国“脱欧”公决立即列入了新政府的施政时间表。

2016 年 2 月 20 日，卡梅伦宣布，英国将于 6 月 23 日就英国是否继续留在欧盟的举行全民公投。“脱欧”公投于 6 月 23 日上午 7 点开始，投票持续了 15 小时。最终的计票结果为，支持“脱欧”的选民票数有 17176006 票，占总投票数 52%；支持“留欧”的选民票数有15952444票，占总数48%。随后，卡梅伦宣布辞任英国首相，由特雷莎·梅接任。

2017年3月28日，英国首相特蕾莎·梅致函欧盟，正式触发《里斯本条约》第50条，启动英国脱欧程序。而与欧盟的谈判也并非易事，双方屡次交锋。

直到2018年11月14日，英国脱欧协议草案才公布。11月25日，欧盟27国通过了这份协议草案。但这份协议草案却未能获得英国国内支持，尤其有关北爱尔兰边境的“保障措施”备受争议。

自2019年1月起，不同版本的协议草案，先后四次遭英国议会下院否决，原定于3月29日的“脱欧”日期，被迫延迟至10月31日。6月7日，特蕾莎·梅辞去英国保守党党首职务。7月23日，鲍里斯·约翰逊成功当选保守党新任党首。7月24日下午，在获得英国女王伊丽莎白二世批准后，鲍里斯·约翰逊正式接任英国首相。当天稍早些时间，特雷莎·梅在发表完告别演说后，前往白金汉宫，向女王递交了辞呈。

英国脱欧对欧洲区域一体化进程而言，堪称一次重大挫折。它反映了英国国内新的社会分化和政治竞争，加重了欧洲一体化深化的困境。在经济上，虽然脱欧能为英国节省约占0.3%至0.4%GDP的年预算摊派费，减少外来移民给英国社会福利制度和劳动力市场造成的冲击，但是英国也面临金融市场动荡、英镑地位和伦敦作为世界金融中心地位受到冲击的风险。

未来的英欧关系

据路透社7月27日消息，新上任的英国首相鲍里斯·约翰逊曾一再表示，如果欧盟继续拒绝就特蕾莎·梅提交的脱欧协议重启，那么他将于2019年10月31日在没有协议的情况下带领英国脱欧。